KB057009

당신이 알아야 할 한국사 10

/ 인물편 / 1

당신이 알아야 할 **한국사 10** 인물편 1

초판 1쇄 인쇄 2015년 12월 24일
초판 1쇄 발행 2016년 1월 5일

지은이 서경덕과 한국여성독립운동연구소

발행인 최봉수
편집장 김문식
기획편집 권은정 최민석 김민혜 김보영 이선주 이다영
디자인 엄혜리
마케팅 안익주 이승아
제작 한동수 장병미 이성재 최민근

발행처 메가스터디(주)
출판등록 제2015-000159호
주소 서울시 마포구 상암산로 34(상암동) 디지털큐브빌딩 15층
전화 1661-5431 **팩스** 02-3486-8458
홈페이지 http://www.megabooks.co.kr

ISBN 978-89-6280-502-4 03910

엔트리는 메가스터디(주)의 단행본 브랜드입니다.
잘못된 책은 구입하신 곳에서 바꾸어드립니다.

서경덕과 한국여성독립운동연구소 지음

당신이 알아야 할 한국사 10

인물편

1

엔트리

독립을 위해 총을 들었던 여성독립운동가는 한 사람뿐만 아니다

2015년은 '광복 70년'인 해다. 동시에 세계적으로도 종전 70주년을 맞은 의미 있는 해였다. 대한민국의 문화와 역사를 전 세계에 널리 알리는 일을 해오면서 이처럼 의미 깊은 때에 국내외 많은 사람들에게 꼭 전하고 싶은 이야기가 있다. 그것은 바로 대대적인 독립운동의 도화선이 되었던, 그리고 무엇보다 세계적으로도 보기 힘든 '비폭력 평화운동'이었던 3·1만세운동이다.

우리가 살고 있는 지금 이 순간은 역사 속 너무나 많은 사람들의 고난과 희생을 통해 얻어졌다. 그러나 이를 체감하는 사람은 적다. 당연하게 대한민국이라는 국적을 가지고 태어난 우리는 역사를 배우면서 '아, 일본에 나라를 빼앗기기도 했구나. 나라를 되찾기 위해 많은 이들이 싸워

주었구나'라고 당시 상황을 가늠해 볼 뿐이기 때문이다. 자신에게, 가족에게, 한 민족에게 '우리나라'를 되찾아 주고 싶었던 사람들이 있다. 잊지 말아야 할 역사와 그 안에서 투쟁했던 사람들을 우리는 과연 얼마나 알고 있을까?

1919년 3월 1일에서 5월 말까지 이어진 3·1만세운동에는 2백만여 명이 참여했는데, 사망자는 7천 5백 명, 부상자는 1만 5천여 명, 체포자는 4만 6천여 명에 이르렀다. 3·1만세운동은 누구 하나 빠짐없이 전국의 지식인, 학생부터 평범한 시민 모두가 참여한 대규모 민중운동으로, 날선 총칼을 들이민 일제를 향해 오로지 "대한독립 만세"만을 외치며 태극기를 들고 맞섰던 비폭력 평화운동이었다. 이와 같은 이례적인 독립운동은 해외에서도 대서특필되기도 하면서 세계에 우리의 독립 의지를 알릴 수 있었으며, 일제의 무단통치를 문화통치로 바꾸는 계기가 되었다. 이것은 어떤 한 영웅이 아닌 민중의 역사다.

이러한 3·1만세운동의 정신을 세계에 다시금 알리기 위해 가장 먼저 '유관순' 열사를 떠올리지 않을 수 없다. 우리에게 너무나 익숙한 안중근, 윤봉길, 이봉창, 안창호와 같은 남성독립운동가들이 아닌 지금껏 잘 알려지지 않았던 숨은 독립운동가, 특히 여성독립운동가들의 삶을 재조명해보고 싶었다. 마침 올해 일제에 맞서 싸웠던 독립운동가들의 이야기를 담은 영화 〈암살〉이 개봉하면서 1천만 명이 넘는 관객들이 극중 무장 여성독립운동가인 '안윤옥'이라는 인물에 대해 많은 관심을 보였고, 그가 가상의 인물이 아닌 실존했던 여성독립운동가 '남자현' 지사라는 소식이 전해지면서 여러 매체에서 한국의 여성독립운동가들을 수복하기 시작했다.

이제는 많이 알고 있겠지만 독립운동에 참여했던 여성독립운동가는 남자현 지사뿐만 아니라 독립유공자로 인정받은 266명의 인물과 함께 2천여 명에 달한다고 한다. 광복 후 70년이라는 시간이 지난 지금 자료와 기록들이 거의 남아 있지는 않지만 나라를 되찾고자 독립운동 현장 안팎에서 싸웠던 여성독립운동가들의 삶은 그동안 조사하고 연구해 오신 분들뿐만 아니라 지금부터라도 더 많은 사람들에게 전해지고 지켜져야 한다. 그래서 한국의 여성독립운동가들에 대해 단지 한때의 관심이 아닌 지속적인 관심으로 이어가고자 책에 그들의 이야기를 담아야겠다는 생각을 하게 되었다.

지난 2년 동안《당신이 알아야 할 한국사 10》과《당신이 알아야 할 한국인 10》을 출판해 정말 감사하게도 많은 분들의 사랑을 받아왔고, 마침 '당신이 알아야 할' 시리즈의 일환으로 여성 영웅에 대해서도 전하고자 많은 고민을 하던 차였기에 주저 없이 한국여성독립운동가들의 이야기를 택할 수 있었다. 그래서 이번에도 한국사 분야별 전문가들과 의기투합해 대한민국을 대표하는 여성독립운동가 유관순, 윤희순, 조마리아, 남자현, 조화벽, 안경신, 박차정, 정정화, 김마리아, 권기옥까지 모두 10인을 선정하여 인물 중심의 역사책을 발간하게 되었다. 모쪼록《당신이 알아야 할 한국사 10》(인물편)의 출간이 우리 여성독립운동가들에 대한 관심이 유지되고 깊어지는 데 조금이나마 일조할 수 있기를 간절히 바라본다.

한국을 알리기 위해 세계를 다니다 보면 대개 어떤 나라를 생각했을 때 상징적으로 떠올리는 인물들이 있다. 특히 그 인물의 이야기와 삶을 투영해 해당 국가의 이미지를 지니기도 한다. 이와 같은 시대에 우리의 역사적 인물을 한국의 유산으로만 보는 것이 아니라 우리의 역사적 인물을 통해 세계를 바라보는 시각이 필요하다는 메시지를 함께 전하고 싶었다. 또 반대로 세계사 속에서 우리의 역사적 인물을 바라볼 수 있는 큰 안목이 필요한 때다.

특히 2014년에 조사된 바에 따르면 유관순 열사의 행적이 일본 교과서 7종 가운데 4종에 서술된 것에 비해 우리나라의 고교 한국사 교과서에서는 8종 중 1종에만 수록되었다고 한다. 안타까운 현실이다. 요즘은 세계 각 나라마다 자국의 역사뿐만이 아니라 세계사 교육을 강화한다고 하니, 우리나라 또한 올바르고 폭넓은 역사 교육을 더욱 강화해야 할 것이다. 자신의 역사와 영웅을 제대로 알고 소중히 여기는 것, 우리가 실천해야 할 역사라고 생각한다.

이제 '광복 70주년'을 넘어 다가올 2019년 '3·1만세운동 100주년'을 준비해야 할 시점이다. 이를 위해서는 역사를 제대로 알고 어떤 미래를 일궈가야 할지 고민을 함께 나눠야 할 것이다.

2015년 12월

서경덕(한국홍보전문가·성신여대 교수)

차례

◉ 대한독립여자선언서 ◉

〈대한독립여자선언서〉 전문

슬푸고 억울하다. 우리는 한 동포시여. 우리나라 이 반만 년 문명력사와
이천만 신성민족으로 삼천리 강토를 족히 ●존●만●거늘 침략적 야심으
로 세계의 공법공리를 무시●● 저 일본이 추세적 만성으로 조국의 흥망
리●를 불고●● 역적을 협동하여 압박수단으로 형식에 불과● 합방을
성립하고 제반 음독● 정치하에 우리 이천만 형제●●가 노예와 희●이
되어 천고에 씻지 못● 수욕을 밧고 모진 목숨이 죽지 못하여 스스로 멸
망● 함정에 가쳐서 ●로가 일년같은 지리● 세월이 십여년을 지나스니
그동안 무한● 고통은 다 말● 것 없이 우리 동포의 마음속에 품은 비수
로 明징거● 바로다. 필부함원에 오월비상이라 하였거든 하물며 수천만
창●의 억울 불평● 이소를 지공무사하신 상제께서 통촉●심이 업스리
오. 고금에 업●구주다●한의결속에 민본적 주의로 만국이 평화를 주창
●● 그 일을 당하여 각자하신 남●사회에서 ●● 츈화풍을 만나 만물이
소●할시 기가이르●스니 아무조록 용력우에 일정의 용력을 더하고 열성
중에 일도의열성을 더하여 유시유족●시을 혈성으로 괴로●●바오며, 우
리도 비록 규중에 ●활하여 지석이 몽●하고 신톄가 언약●아●의 우리
나라인 됨은 일반인으 량심은 ●가지라 용력이 절등하고 지식이 고명●
영웅 달사도 ●을 다 못하지하고 억울이 이 세상을 맛친 저 허다●것다는
바록 지극히 몽●● 필부라도 성력이 극도에 달하면 반드시 원●● 거슬
일우●거슨 소소● 천리가 우리 여자사회에서도 동석를 물론하고 후●의
모범될만● 숙녀현원이 허다 ●것마는 특별이 금일에 우리의 본바들 선
●을 들이말하면서 양사파벌 이라●● 나라에 사리라 ●● 부인은 농가
에 츌●으로 아달 여덟을 나아 국가에 밧첫더니 전장에 나가 승전은 하였
스나 불●이 여덟 아달이 다 전망하지라. 부인은 그 참혹● 소식을 듯고
조금도 슬퍼하지 아니하고 츔추며 노●●요 가라● 사파달 사파달아 ●

너를 위하여 여덟 아달을 나앗다 하며 의●리에 메리야라●● 부인은 청
누출신으로 의●리가 타국의 절제하에 있음을 분개히 넉여 ●정방침을
연구하며 청년사상을 취하여 ●절불회●● 지기와 신출귀몰●● 수단으
로 마●● 독립전●을 지시●얏스나 불●하여 열열● ●을 다 이루지 못
하고 이세상을 영별●●에 감은 눈을 다시 하고 제군제군아국가국가라●
비당● 유언에 습군의 격열● 피가 일시에 ●어 죽기로써 께서하여 의●
리의 독립이 그날노 되었으며 우리나라 임난●에 진주에 논개씨와 평양
에 화월씨● ●● 화류계 출신으로 용력이 무쌍● 적장 청정과 소섭을 죽
여 국가를 다시 붓든 공이 두 분 선●의 힘이라 하여도 과언이 아니니 우
리도 이러● 급●●를 당하여 겹나의 구습을 파괴하고 용감● 정신을 분
발하여 이러● 여러 선●을 본바다 의리의 전신갑주를 입으신력의방파
와 열성의 비수를 잡고 유진무●●● 신을 신고 일심으로 이러나면 지극
히 ●비하신 하●님이 한갑 ●시고 우리나라 충혼얼●이 명명중에 도으
시고 세계 만국의 공논이 없지 안이●가시니 우리는 아무 지적● 것 업스
며 두려● 것도 업도다. 사라서 독립기하에 활밤하신 국민이 되어 보고 죽
어서 구천지하에 이르러 ● 여러선●을 조● 수고●이 없이 즐겁게 묘시
● 거시 우리의 제일 의무가 아닌가. 간장에서 솟● 눈물과 충곡에서 나
오● 단심으로● 우리 사랑●● ●한 동포에게 업드려 고하오니 동포동
포여 ●● 두 번 이르지 아니하고 일은 지하면 못하나니 속히 분발하지어
다. 동포동포시여.
대한독립만세.

김인종, 김숙경, 김옥경, 고순경, 김숙원, 최영자, 박봉희, 이정숙 등
기원 사천이백오십이년 이월 일

해설

1919년 2월 간도間島에 있는 '애국부인회'가 우리나라 독립을 선언한 〈대한독립여자선언서〉이다. 3·1만세운동 이후 미국, 노령, 만주 등에 있던 여성들은 독립운동에 참여하기 위해 대한 부인회를 조직하고 〈대한독립선언서〉를 작성, 독립만세운동을 전개하였다. 선언서는 부녀자들도 독립운동에 동참할 것을 촉구하는 격문적 성향을 띄어, '독립운동은 우리의 제일의 의무이며 때는 두 번 다시 오지 않고 때를 놓치면 성사치 못하므로 속히 분기할 것'을 호소하고 있다. 여기에는 김인종金仁宗, 김숙경金淑卿, 김오경金五卿, 고순경高順卿, 김숙원金淑媛 등의 서명을 수록하고 있다.

사진 및 내용 출처: 독립기념관

유관순

1902~1920

내 나라 찾으려 한다

여덟 살 때 조국이 없어지고 '충량한 일본 천왕의 신민으로서'
순응을 강요하는 식민지 교육하에 자란 첫 세대였던 열일곱 살 소녀.
유관순의 삶과 죽음의 이야기는 일본 제국주의의 야만성에 대한
인류적 고발이자 자유와 독립을 향한 굳센 의지와 함께
한국민의 빛과 문명적 가치를 조명하는 이야기다.

▬▬ 영웅 없는 역사의 기록

1919년 2월 28일 저녁 5시, 가회동 170번지 손병희 집에서 천
도교, 기독교, 불교 지도자로 구성된 민족대표들이 모였다. 다음 날이 거
사일이었다. 최종 준비모임이었던 이 자리에서 감리교계 민족대표 박희
도朴熙道가 말했다.

"청년학생들이 운집한 가운데 독립선언식이 거행될 경우 일본 경찰이
이를 제지할 테고, 이것을 그 자리에 모인 많은 청년학생들이 보게 되면
일본 경찰과 충돌이 일어날 것이 불 보듯 뻔합니다. 그렇게 되면 많은 사
상사가 생기고 선언식 자체가 불발로 끝나는 불상사가 생길 것입니다."

그 자리에서 독립선언 장소가 탑골공원에서 태화관 요리점으로 바뀌

내 나라 찾으려 한다

었다. 하지만 내일이면 탑골공원에 모여들 학생과 시민 일반에게 장소가 변경되었다는 사실을 알릴 시간도, 방법도 없었다.

다음 날 학생과 시민들은 탑골공원으로 몰려들었다. 연희전문학교 2학년생 정석해鄭錫海(后에 연세대 교수가 되었다.)는 친구 이경화와 함께 예정시간보다 일찍 두근거리는 가슴을 안고 탑골공원으로 갔다. 날씨는 맑고 이른 봄치고는 따스한 햇살이 빛나고 있었다. 오후 2시, 그 시각이 다가오자 새까만 교복을 입은 전문학생, 고등보통학생들이 모여들기 시작했다. 정석해는 당시 상황을 이렇게 회고했다.

"새까만 학생들이 수없이 몰려들어 왔다. 어느새 공원 안은 입추의 여지없이 학생으로 꽉 차 있었다. '일이 일어나는구나' 하고 생각하니 온몸에 소름이 끼치며 긴장으로 가슴이 조여들었다."

1919년 3월 1일의 역사적인 독립선언은 이렇게 하여 민족대표들이 당초에 설정했던 '독립운동의 일원화'의 틀을 스스로 깨고 태화관과 탑골공원에서 '이원적'으로 이루어지게 되었다. 민족대표들은 대중과 격리된 태화관에 모여 독립선언식을 하고 일제 경찰에 연행되어 갔다. 그 바람에 탑골공원에 모여든 대중 앞에서 독립선언서를 낭독하여 거대한 독립운동에 불을 당기는 역사적인 역할은 민족대표가 나타나지 않아 당혹스런 상황에서 일정한 대표성을 띠지 않았던 인사가 스스로 낭독자 역할을 떠맡아 하게 되었다. 이렇게 하여 1919년 3·1독립만세 시위운동은 영웅 없는 역사가 되었다. 20세기 비슷한 시기의 러시아나 중국혁명에 레닌이나 마오쩌둥 같은 혁명적 영웅이 있었던 것과 대조되는 현상이었다.

3·1운동의 혁명적 영웅이 없는 빈자리는 독립선언서 낭독자처럼 자발적으로 각지에서 독립운동을 전파하고 조직하며, 주도한 시민과 학생,

전국 각지의 인사들이 채웠다. 이 때문에 3·1운동은 모두가 영웅이 된 특이한 혁명운동이었다. 모든 일이 지나간 후에는 간단하고 쉬워 보이지만, 각 참여자들에게는 운명을 건 결단의 순간이었다. 유관순도 그러했다.

■■■■■■ 17세 소녀의 선택

시위대의 "대한독립만세!" 소리가 멀리 탑골공원에서 시작하여 덕수궁 쪽으로 다가왔다. 서울 거리거리는 이틀 뒤에 있을 광무(고종)황제의 국장에 참관하러 온 지방 인사들로 북적거렸고, 특히 덕수궁 앞에는 곡을 하고 절을 올리는 사람들, 이를 지켜보는 많은 인파가 몰려 있었다. 전 고종황제의 갑작스런 죽음, 독살설, 국장 참관을 위해 지방에서 올라온 수많은 사람들, 그런 속에서 터져 나온 독립만세 소리는 기름에 성냥을 그어댄 듯 폭발했다.

시위대의 한 무리는 광화문을 돌아 새문안 쪽에서 러시아 공사관이 있는 정동길로 접어들어 이화학당 교문 앞에서 이르러 일제히 소리쳤다.

"이화 학생들도 나와라!"

토요일 오후 교내외의 심상찮은 분위기를 감지하고 있었던 이화학당 학생들이 기숙사에서 교문으로 우르르 달려갔다. 교문은 굳게 잠기고, 프라이 교장과 교직원들이 학생들을 막아섰다.

"돌아가, 기숙사로 돌아가!"

학생들이 소리쳤다.

"선생님! 대한은 우리의 조국입니다!"

"우린 우리나라를 위해 나가려는 겁니다!"

"비켜주십시오!"

프라이 교장은 완강했다.

"나는 책임을 버릴 수 없어요! 학생들, 나가려거든 내 시체를 넘어서 교문을 나가시오!"

이화학당 학생들은 그 순간 선생님 말씀에 순종하는 착한 학생이 되느냐, 조국을 위해 독립운동에 자신의 작은 힘을 보태 '행동'하는 학생이 되느냐의 갈림길에 놓였다. 대부분 학생들은 교장의 처사에 분노했지만, 툴툴거리며 다시 기숙사로 돌아갔다. 그러나 유관순과 네 명의 친구들은 학교 담을 넘어 거리로 달려갔다. 운명적 결단이었다.

유관순은 3월 5일 학생단 시위에도 친구 서명학·국현숙·김복순·김현숙 등 '5인의 결사대'와 이정수 등 다른 10여 명의 학생들과 함께 일찌감치 기숙사 아침밥을 먹고 담을 넘어 시내로 달려 나갔다. 그날 서양 선교사 노블 부인은 경찰들에게 무차별 구타당하는 사람들 중에 끼여 두들겨맞는 이화학당 여학생을 목격하고 이를 기록으로 남겼다.

상당수의 학생들이 심하게 구타를 당했고, 이화학당의 여학생 하나도 등을 두드려 맞았다. 그러자 비서인 김평율이 그녀에게 달려가 사람들을 밀어내려고 하였다. 일본 민간인들은(몇 명은 민간인 행세를 하는 경찰이었을 수도 있다) 그를 심하게 때리기 시작했다. 그의 머리를 내리쳐 몽둥이가 부러지고 고개가 젖혀질 정도로 목을 주먹으로 가격하였다. 결국 그는 감옥으로 끌려갔다.

해롤드가 이 모든 광경을 목격했다. 이화학당의 선생님들이 여학생들을 막으려고 무척 노력했지만 한 20명의 학생들이 빠져나갔다.

유관순

종로 거리의 독립 만세를 외치는 시위대

　유관순과 함께 했던 이정수의 회상에 의하면 유관순은 종로 6가쯤 갔다가 경찰에 붙들렸다. 유관순은 경무총감부에 구금되었으나 이화학당 당국이 경무총감부와 교섭하여 다른 학생들과 같이 풀려날 수 있었다. 경무총감부는 학생들이 다시 시위운동에 참여하지 못하도록 포승줄에 묶어서 선교사들에게 인도하였다. 이화학당 동급생 정복희는 유관순을 비롯한 학교 언니들이 포승줄에 두 손을 묶인 채 학교로 잡혀오는 것을 보았다. 이들이 입었던 몇 겹의 저고리는 예리한 칼에 잘린 듯 너덜거렸다.

　3월 10일 휴교령이 내려졌다. 학교가 문을 닫았기 때문에 유관순은 고향 집으로 가야 했다. 3월 13일 사촌언니 예도와 충남에 사는 친구들과 함께 천안으로 가는 기차를 탔다. 기차는 '치칙폭폭' 하며 달렸나. 상난기 있는 한 친구가 말했다.

"기차 소리가 '동전 한 닢, 동전 두 닢'처럼 들린다."

유관순은 말했다.

"내게는 '대한독립, 대한독립'처럼 들린다."

친구들이 합창했다.

"맞다 맞아, 대한독립, 대한독립!"

그때 함께 했던 친구 이정수의 기억이다.

▄▄▄▄▄ 아우내 장터 만세시위의 시작

　　유관순이 사는 지령리 어른들은 아우내拉川 장날인 4월 1일을 거사날로 정했다. 음력으로 3월 1일이었다. 당시 주도자이자 지령리 교회 속장이었던 조인원(조병옥 박사 부친)을 도와 시위운동에 앞장섰던 아들 조병호는 이렇게 말했다.

"그때부터 나는 예배당에 드나들면서 엄친(조인원)의 일을 도왔다. 엄친은 병천 장터에서 세 갈래로 손을 뻗치기로 하고, 나는 천안 길목, 수신면 쪽은 조만형趙萬衡 씨, 진천쪽은 박봉래朴鳳來 씨가 맡아 거사에 대한 연락을 담당하게 했다."

　　총본부는 지령리였다. 연락원은 비교적 의심을 덜 받을 수 있고, 서울의 시위운동을 직접 목격하고 참여한 유관순과 이화학당 졸업반 사촌언니 유예도가 맡기로 하였다. 유관순은 이튿날부터 발이 편한 짚신을 신고 수건을 머리에 쓰고, 예도와 같이 연락 작업을 위해 길을 떠났다. 그러나 예도는 몸이 약해 이튿날 앓기 시작하여 일찍이 탈락하고 유관순 혼자서 연락 일을 담당하였다. 또한 마을 사람들과 함께 태극기를 만들었다. 유관순은 3월 31일 밤 집 뒤 매봉산에 올라가 횃불을 올렸다. 각지 마을의 산봉우리에서 이에 호응하는 횃불들이 타올랐다. 4월 1일의 아우내 만세시위를 상기시키는 신호였다.

1919년 4월 1일 병천 아우내 장마당은 일찍부터 천안, 목천 북면 방면, 남쪽의 성남, 수신 및 연기 방면, 동쪽의 이동면, 진천 등 각 방면에서 모여든 약 3천 명이나 되는 사람들로 발 디딜 틈이 없었다.

유관순은 옷 속에 자신이 만든 태극기들을 감추고 있었다. 아우내 장터로 들어오는 세 방향의 길목에서는 마을 사람들이 장터로 들어오는 사람들에게 태극기를 나누어 주고 있었다. 오후 1시 장 마당 한가운데 장대에 매단 큰 태극기를 세우니 바람에 힘차게 펄럭였다.

"와!"

10년 만에 태극기를 본 군중들은 외마디 소리를 질렀다. 조인원이 싸전 앞에 쌓아 놓은 쌀가마니 위에 올라가 힘차게 낭독을 시작했다.

"선언서, 오등은 자에 아 조선의 독립국임과 조선인의 자유민임을 선언하노라!"

장내는 찬물을 끼얹은 듯 조용해졌다.

"최후의 일인, 최후의 일각까지 민족의 정당한 요구를 쾌히 발표하라!"

"대한독립 만세!"

조인원은 공약삼장까지 낭독을 마치고 대한독립 만세를 선창했다. 온 군중이 목이 터져라 "대한독립 만세!"를 외쳤다. 그 소리는 천둥소리가 되어 산천에 메아리쳤다.

유관순은 아버지 유중권, 숙부 유중무, 조인원 등의 시노자들과 함께 장대에 매단 큰 태극기를 들고 시위대열 앞에 섰다. 시위행진이 시작되었다.

아우내 장터의 시위운동은 제1시위와 제2시위로 구분할 수 있다. 제1시위는 장터에서 평화적으로, 아무런 무기나 폭력을 행사하는 일 없이 너무나 평화적으로 '대한독립 만세'를 부르며 행진한 것이었다. 제2시위는 이러한 평화적인 시위운동에 일제 헌병이 무단 발포하여 여러 명의 사상자가 발생하면서 격화되어 일어났다.

■■■■ 아버지의 흰 두루마기가 붉게 물들다

헌병 주재소장 고야마小山는 이날 아침나절부터 보통 때보다 장꾼들이 많이 북적대고 있는 것에 내심 불안감을 느끼고 있었다. 만세 시위가 이제는 전국적으로 퍼져가 비상경계를 펴고 있는 중이었다. 주재소에는 소장 고야마와 상등병 진상부漆相部, 보조원 정수영, 맹성호 등 5명이 있었다.

고야마는 시위 군중이 태극기를 앞세우고 하늘을 찌를 듯이 "대한독립 만세"를 부르는 소리에 깜짝 놀랐다. 시장에서 헌병 주재소까지는 약 50보 거리였다. 1보를 60cm로 치면 약 30m 거리이다. 고야마 주재소장은 헌병 상등병 진상부와 헌병보조원 1명을 이끌고 현장으로 출동하면서 보조원 정수영, 맹성호에게 지시했다.

"장터로 출동하니 주재소를 지키라. 발포할지 모르니 준비를 하고 있으라."

주재소장은 시위진압을 위해 실탄사격을 준비하고 현장으로 나갔으며, 처음부터 한국인의 자유의사를 철저히 총칼로 압살시킬 대비를 했다.

군중들은 자연스럽게 태극기를 든 선두의 조인원과 유중권·유중무·조병호·김상헌·유관순 등을 따라 시장에서 주재소 쪽으로 몰려가기 시작하였다.

"대한독립 만세!"

"만세!"

"만세!"

만세소리가 하늘을 진동하고, 수천 군중이 목청껏 만세를 부르며 헌병주재소로 향해오자 고야마는 두려움에 질렸다.

"해산! 해산! 해산해!"

그러나 태극기를 앞세우고 나라의 독립을 되찾고자 하는 시위군중이 그만한 제지에 물러설 리 없었다. 군중들이 너무 가까이 와 있기 때문에 총을 쏠 수 없자 고야마는 칼을 빼어들며 명령했다.

"베어라!"

김상헌의 가슴에 일본 헌병의 칼이 꽂혔다. 판결문에 남씨의 남편이라고 나오는 사람이 김상헌 바로 이 사람이다. 스물여섯 살의 김상헌은 붉은 피를 쏟으며 쓰러졌다.

"사람을 칼로 찌르다니!"

순간적으로 피를 보고 놀라 주춤하던 군중은 김상헌이 쓰러지자 흥분하여 헌병들을 향해 압박해 갔다. 고야마는 헌병조원들에게 "철수, 철수! 주재소로!" 하며 철수를 명령했다.

맨 앞에 큰 기를 든 조인원과 그 다음에 김구응, 조병호, 유관순이 더욱 큰 소리로 독립만세를 선도하며 앞장서서 나아갔다. 주재소에 돌이 날아들고 유리창 깨지는 소리가 들렸다. 헌병들은 주재소 입구 왼쪽 벽에 붙어서 돌을 피했다. 이때 앞장섰던 조병호는 다음과 같이 회상했다.

"이때 일본군은 군중의 기세에 눌려 소리도 못 내고 주재소 안에서 숨을 죽이고 있었다. 나(조병호)는 새파랗게 질린 채로 총을 들고 밖을 내다보는 야마모도山本 헌병에게로 달려가 철썩 따귀를 한 대 올려붙였다. 내가 야마모도를 한 대 후려갈기자 군중들의 격정은 더욱 높아졌다."

이를 본 조인원이 조병호 등을 보고 큰 소리로 호령하였다.

"사람을 상하게 하지 말라! 일본 사람 한 사람을 죽인다고 안 될 것이 되며, 죽이지 않는다고 될 것이 안 되는 것은 아니니 살생일랑 맙시다! 우리의 목적은 우리나라 자주독립을 선포하는 데 있는 것이지 여기 이 일인들을 죽이려 하는 데 있지 않습니다!"

조인원의 외침은 시위대가 군중심리로 치달으려는 것을 막아주었다. 폭력은 강력하게 보일 수 있으나 자칫 운동의 취지를 훼손하고, 오히려 탄압의 빌미가 되며, 일반 대중의 참여를 제한하는 까닭에 운동이 지속으로 퍼져나가는 데 지장을 줄 수 있었다. 또한 운동이 좀더 차원 높은 이상과 원칙에 따라야만 광범한 대중의 참여를 기대할 수 있었다. 때문에 지령리 지도자들은 "일체의 행동은 질서를 가장 존중하여 우리의 주장과 태도가 어디까지나 밝고 정당하게 하라"고 말했다. 이는 높은 수준의 비폭력 운동을 제창한 독립선언서 공약 3장의 행동강령에 맞추어 질서를 가장 존중하고, 평화적으로 공명정대하게 자주 독립의 의사를 표명하고자 하기 위함이었다. 시골장터의 만세시위에서도 한국민의 문명적인 태도가 빛났다.

이때 헌병이 달려와 총검으로 선두에 서서 시위군중을 이끌던 유관순이 들고 있는 작대기를 쳐서 부러뜨리고, 총검으로 유관순을 찔렀다. 고야마 소장은 피를 흘리는 유관순의 머리채를 잡고 질질 끌고 가면서 발로 차고 때렸다. 유중권과 이소제가 부모 된 마음에서 그 광경을 모습을 보자 차고 때리고 하는 그 뒤를 뒤쫓아 가며 "만세!", "만세!" 하고 절규하였다.

바로 그때 이제까지 숨을 죽이고 있던 헌병 하나가 "땅!" 하고 총을 쏘며 마구 총검을 휘둘렀다. 놀란 군중들이 흩어졌다. 이때 재빨리 유관순은 고야마의 손아귀에서 벗어났다.

"아버지!"

"여보!"

"형님!"

유중권의 옆구리에 일본군의 총검이 깊숙이 들어갔고, 이어 머리를 찔렀다. 유중권의 흰 두루마기가 붉게 물들었다. 찢어진 머리에서도 피가 흘러내리자 유중권은 서서히 무너져 내렸다.

헌병들이 다시 군중에게 총을 쏘려고 겨누자 유관순은 총구 앞으로 뛰어들었다.

"쏘지 말아요! 쏘지 말아요!"

유관순이 소리쳤다.

"이런 죽일 놈들. 평화적인 시위에 총칼질을 해서 사람을 이렇게 죽이다니!"

조인원과 유관순의 숙부 유중무도 동시에 소리쳤다.

유관순과 함께 서대문 감옥에 있었던 어윤희는 유관순으로부터 들은 이 상황을 다음과 같이 회상했다

그렇게 수건을 쓰고 다니면서 선전을 해놓고 용두리 장날 작대기를 높이 들고 이 귀퉁이 저 귀퉁이에서 태극기를 들면서 만세를 부르고 소동을 일으켰대요. 그랬더니 헌병이 쫓아와서 맨 가운데로 달려가 유관순이가 들고 있는 작대기를 칼로 쳐서 분질렀습니다. 그리고 창으로 앞에서 찌르라 치며 뒤로 앞으로 나갔습니다. 그 창 끝에 무슨 약을 칠했는지 창에 찔린 처녀가 아무리 약을 써도 낫지 않고 항상 고름이 나서 감옥에서도 고생을 많이 했었습니다. 그의 어머니, 아버지는 일본헌병들이 유관순이의 머리채를 잡고 끌고 가면서 차고 때리고 하는 그 뒤를 쫓아가면서 '만세, 만세!' 하고 부르짖고 (소리를 내어 울면서) 헌병대 앞까지 들어갔다가 그 놈들 한 총에 맞아 죽었다고 합니다. 이것이 유관순한테 들은 이야기입니다.

■■■■■ 제 나라를 찾으려고 정당한 일을 했건만

"여보게들, 형님을 업혀 주게!"

유중무는 부르르 떨고 있었다. 지령리 감리교회 선교사인 그도 이런 잔악무도함 앞에서 치를 떨지 않을 수 없었다. 사람들은 피를 흘리며 의식을 잃어 가고 있는 유중권을 동생의 등에 업혀 주었다. 유중무는 형의 옆구리에서 흘러내리는 피로 적삼이 젖으면서 뜨뜻해져 오는 것을 느꼈다. 그는 형의 딸인 유관순과 김용이, 조인원, 조병호 등 40여 대원과 함께 주재소로 밀고 들어갔다.

"사람을 살려내라!"

"안돼요! 물러가시오!"

"사람 살려내!"

"나가시오!"

조선인 헌병보조원 정수영은 다급하게 유중무를 밀어내며 주재소 문을 닫으려 했다. 이때 김용이가 정수영에게 "문 열어. 문 안 열어? 조선 사람이면서 뭣들 하는 거야? 너희들은 몇십 년 보조원이나 해 먹을 생각이냐? 너희들은 어째서 왜놈들에 빌붙어 보조원 노릇을 하느냐? 함께 만세를 불러라. 그렇지 않으면 죽여도 시원치 않다, 이놈들!" 하고 호통을 쳤다.

이때 성남 수신 방면의 시위대가 김교선·한동규·이백하·이순구의 지휘로 약 1백 명의 무리를 규합해 주재소로 쳐들어갔다. 김교선은 천안으로 연락되는 전화선을 끊었다. 그러나 변변한 도구가 없었기 때문에 돌로 두드려 전선을 절단하는 데 시간이 걸렸다. 그 사이에 천안 헌병대에 응원 요청이 되었다.

이백하는 "유치장에 갇힌 사람들을 풀어내어 놓아라!"고 요구하였으며, 이순구가 쇠스랑으로 유치장 벽을 때려 부수니 군중들은 일제히 환호성을 지르며 달려들어 유치장 벽을 걷어차며 부수었다.

보조원은 군중들의 기세에 놀라고, 총상을 입고 죽어 가는 사람을 보고 또한 시위대의 기세에 눌려 어쩔 줄 몰라 하며, "물, 물을, 부상자에게 더운 물을 주세요" 하며 주전자를 내어 주었다. 그러자 김용이는 "왜놈의 주전자에 담긴 물을 어떻게 마시게 할 수 있느냐!" 하면서 냅다 정수원의 가슴을 향해 집어 던졌다.

군중이 밀고 당기는 가운데 주재소 문이 열리고 일동은 주재소 안에까지 밀고 들어샀다.

"사람을 살려내라!"

사람들은 폭압적인 일제의 만행에 항의하였다.

이때 앞장서서 주재소 안에 들어간 조인원은 소장이 총을 겨누자 윗도리를 벗어젖혀 대들었다.

"쏠 테면 쏴라!"

그는 가슴을 총구 앞에 디밀었다. 옆에 있던 상등병 진상부가 유중권에게 총을 겨누었다. 조인원은 재빨리 몸을 돌려 진상부의 총을 붙들고 몸싸움을 벌였다.

그사이 우르르 헌병들이 모여들어 의식을 잃은 유중권을 주재소 밖으로 밀어내 던졌다. 군중들은 다시 유중권을 떠메고 주재소 진입을 시도하였다.

"제 나라를 찾으려고 정당한 일을 했는데!"

유관순은 숨을 몰아쉬면서 카랑카랑한 목소리로 말했다.

"어째서 군기를 사용하여 내 민족을 죽이느냐!"

한 헌병이 총구를 유관순에게 돌려 대었다. 유관순은 순간적으로 헌병의 가슴에 달려들었다. 그 틈에 김용이가 헌병의 총을 쳐서 방향을 다른데로 돌리고 다른 사람들은 5명의 헌병과 보조원들에게 달려들어 탄약함을 잡아당기며 빼앗으려 했다.

누군가 외쳤다.

"소장을 죽여라!"

군중들이 소장의 먹살을 잡아 끌어내려 하자 필사적으로 몸을 비틀어 빼며 소장이 권총을 빼들고 몇 발을 쏘았다. 일부 군중은 그 소리에 놀라다시 달아나고 몇 명은 또다시 쓰러졌다.

유중무는 입고 있던 두루마기 끈을 풀어서 큰 고함소리와 함께 헌병을 붙잡고 밀치고 당기고 하였다.

유관순은 소장의 군복에 핏자국이 있는 것을 보고 외쳤다.

"이 자가 죽였다! 이 자가 아버지를 죽였다!"

유관순은 소장의 멱살을 쥐고 흔들었다.

"아버지 살려내라! 우리 아버지 살려내라!"

그것은 절규였다.

시체를 떠메고 주재소로 돌입했을 때 조인원은 주재소로 밀고 들어가 총을 겨누고 있는 소장 앞에 옷고름을 풀어 헤치며, "쏠 테면 쏘아 봐라! 쏴, 이 살인마야!" 하며 소장의 총 앞에 달려들었고, 또한 진상부가 총을 쏘지 못하게 달려들기도 했다.

그러나 또다시 총구는 불을 뿜었다.

조인원(이명)仁沃은 기골이 장대하고 사내답게 생겨 호남아로 불렸는데, 의리가 강하고 동정심이 많아 가난하고 사정이 억울한 일을 당한 사람들을 잘 도와 마을 사람들의 칭송을 받고 있었다. 당시 56세이던 그는 유관순과 함께 시위운동에 앞장섰다. 조인원은 일군경의 발포에 시위대 사람들이 피를 흘리며 쓰러지자 우왕좌왕하는 군중들을 보고 다시 한 번 외쳤다.

"대한독립 만세! 대한독립 만세!"

이에 군중들은 다시 돌아서 우렁찬 소리로 대한독립 만세를 일제히 외쳤다. 그러자 일제 헌병이 조인원을 향하여 방아쇠를 당겼다. 총알은 조인원의 심장 옆 반치 거리를 꿰뚫고 들어갔고, 다시 총검에 왼팔을 찔려 피를 흘리며 쓰러졌다. 군중들은 총소리에 놀라 썰물처럼 흩어졌다. 헌병들이 쓰러진 조인원을 주재소 안으로 끌고 들어가 지혈을 시키고 붕대를 감았다. 조인원은 진천에 있던 영국병원에서 치료를 받았으나 상처가 심해 3개월 치료를 받은 후 공주감옥에 수감되었다.

▬▬▬ 또 다른 이름 없는 영웅들의 비극

병천 헌병주재소를 지원하기 위해 천안 철도엄호대장이던 키네甲 대위 이하 6명이 자동차를 타고 병천으로 급히 달려왔다. 무차별 발포로 다시 다수의 사상자가 발생했다. 김구응이 대열의 선두에서 총탄을 뚫고 나아가다 일본 헌병이 쏜 총에 정면으로 맞고 쓰러졌다. 그러자 헌병들이 우르르 달려들어 총 개머리판과 총검으로 김구응의 두개골을 박살냈다. 쓰러진 그의 손에는 돌돌 말린 독립선언서가 있었다.(당시 시위에 참여했던 조만형趙萬衡 등은 생전에 독립선언서 낭독을 김구응이 했다고 증언하였다 한다.)

김구응의 어머니 최정철崔貞徹 여사가 소식을 듣고 달려왔다. 그녀는 아들의 시신 주변에 둘러선 일본 헌병의 멱살을 잡아 흔들며 절규했다.

"내 나라를 찾겠다고 만세를 부른 것도 죄가 되느냐? 당장 내 아들 살려내라!"

일본 헌병은 인정사정없이 눈앞의 최정철 여사에게 총을 쏘아 쓰러뜨리고, 총검으로 마구 찔렀다. 선혈이 낭자하고, 모자의 시신이 벌집 쑤신 듯하여 차마 눈뜨고 볼 수 없는 참상을 연출하였다. 이리하여 어머니와 아들이 한자리에서 참혹하게 숨졌다. 그때가 오후 6시경, 김구응의 나이 33세 때였다.

다른 가족의 비극도 있다. 26살의 한성녀는 남편 유기중과 함께 시위

유관순

에 참여하였다. 유기중이 대열의 선두에 서서 대한독립 만세를 외치며 일본군 수비대 헌병분견소로 쳐들어갔다. 시위대의 하늘을 찌를 듯한 함성소리는 곧 일군의 총칼 앞에서 비명소리로 변하였고, 피투성이가 되어 쓰러져 가는 주민들의 수가 늘어갔다. 이 아수라장 속에서 여인들은 일본 병졸들이 주민들을 베고 찌르는 장면을 두고 볼 수 없었다. 그들은 앞치마나 치마에 돌을 주어 담아 투석전을 지원했다. 한성녀는 미친 듯이 돌을 던져 원병을 요청하려고 전화를 걸던 일본 병졸을 쓰러뜨렸다. 또 칼을 휘두르며 마을 사람들을 찌르는 왜병에게 다가가 돌로 쳤다.

유근철柳根哲(모스크바 국립 바우만 공과대학 정교수)은 어머니 한성녀 여사가 들려주시던 그날의 이야기를 이렇게 회상했다.

훗날 어머님은 미친 듯이 돌을 던져 원병을 요청하려고 전화를 걸던 왜병을 쓰러뜨리고 칼을 휘두르며 마을 사람들을 찌르는 왜병을 돌로 칠 용기가 자신에게 있었다는 것을 회상하시곤 하셨다.

한성녀의 남편 유기중은 피를 흘리면서도 용케 피신하였다. 임진왜란때 행주산성 싸움같이 아우내 장터 시위에 많은 여성들이 참여하였던 것도 큰 특징이다. 한성녀는 일본 헌병에게 끌려가 모진 고문을 당했다. 매질과 고문으로 그녀는 정신착란증 환자가 되어 차마 눈을 뜨고 볼 수 없는 모습을 한 채 돌아왔다.

유관순의 사촌올케 노마리아는 유관순의 숙부집의 맏며느리로 시집와서 기난하지만 뜻있는 삶을 살고 있었다. 시댁 가족들이 기독교 신앙과 교육을 통해 잃어버린 나라를 찾고자 노력하고 있었기 때문에 공주

영명학교에서 신교육을 받은 그녀는 이 집에 인연을 맺게 된 것에 큰 의미를 두고 있었다. 당시 그녀에게는 두 살 된 아들이 있었다. 쌀값이 폭등하고, 식구는 많아 먹고 사는 일이 전쟁과도 같았던 그 시기 그녀는 주린 배를 안고 두 살 된 아들 유제경을 업고 시위현장에 참여했다. 그녀는 열렬하게 "대한독립 만세"를 부르며 아우내 장터에서 시위대열에 함께하고 있었다. 사람들이 "아기 어머니는 그만 들어가세요"했다. 그러자 노마리아는, "아기를 업었으면 어떤가요? 아기 어머니는 이 나라의 국민이 아닙니까?"라고 했다.

> 선인 61명 그중 18명은 부상 후 사망하다.
> 대부분 키네 대위 도착 전에 지방관헌이 사상자를 내게 하였다.

일본군의 사상자 보고이다. 처벌이 두려워 주민들이 이를 극구 숨기려고 했기 때문에 공식적인 인명피해 보고보다 더 많은 사망자나 부상자가 있다고 보아야 한다.

▬▬▬ 삼천리 강산이 어디인들 감옥이 아니겠습니까

"피해라, 얼른! 여기 있으면 죽는다!"

유관순은 아버지, 어머니의 시신 앞에서 몸을 숨기라는 이웃의 강력한 권고를 듣고 피신했다. 유관순이 정확히 언제 체포되었는지는 알려져 있지 않다. 다만 피신하여 다른 지역에서 시위운동을 계속하다 동생들이 걱정되어 집에 왔다 붙잡혔다는 기사가 있다. 사촌 유예도는 오빠의 도

1919년 서대문 형무소 수감 당시 유관순 수형기록표

움으로 청주감리교회 한태유韓泰裕 목사의 고향 홍성군 금마면 부평리로 피신하여 숨어살았다. 이 때문에 사촌동생 유관순이 죽은 것을 훨씬 후에야 알게 되었다.

　4월 1일 같은 날 오후 2시 공주 영명학교를 다니고 있었던 유관순의 오빠 유우석(준석)도 공주 시위에 참여해 부상을 입고 구금되었다. 유우석은 부상으로 말미암아 걸어서 재판정까지 갈 수 없어 간수들은 인력거에 태워 법정에 출두시켰다. 병천에서 부모님 서거 사실도 모르고 있었던 유우석은 공주재판소에서 유관순과 마주쳐서야 그 사실을 알게 되었다.

　공주재판소의 1심 재판에서 격렬한 법정 공방이 있었다. 유관순은 주장하였다.

"제 나라를 되찾으려고 정당한 일을 했는데 어째서 군기軍器(무기)를 사용하여 내 민족을 죽이느냐. 죄가 있다면 불법적으로 남의 나라를 빼앗은 일본에 있는 것이 아니냐?"

특히 17세 소녀라고 보기에는 너무나 논리정연하고 당당한 유관순의 주장에 일본 재판관은 격분하였다. 공주 지방법원은 유관순, 유중무, 조인원 세 사람에게 징역 5년을 언도하였다. 3·1운동의 민족대표 손병희 선생도 징역 3년이었던 것을 보면 평화적인 시위로 유관순이 받은 5년 형은 매우 중형이 아닐 수 없었다.

아우내 만세시위 주도자들은 서울 복심법원에 공소를 제기하였다. 당시 조인원은 56세, 숙부 유중무는 45세였으나 17세 소녀 유관순이 항소심 판결문에 이들과 함께 앞머리에 언급되고 있는 것에서 유관순의 활약이 중요했음을 말해 준다.

총독부 판사들이 3·1운동 시위자들의 항소를 거의 대부분 기각했던 것에 반하여, 1919년 6월 30일 경성 복심법원 형사부 재판장 조선총독부 판사 쓰카하라 도모타로塚原友太郎는 공주 법원이 내렸던 판결이 지나치게 과중한 징벌이라며 공소 이유를 인정하고 유관순 등에게 징역 3년을 언도하였다. 다른 사람들은 다시 최종심인 고등법원에 상고하였다. 그러나 유관순은 "삼천리 강산이 어디인들 감옥이 아니겠습니까." 하며 상고를 포기했다.

서대문 형무소는 5백 명이 정원이었는데, 3·1운동 후 손병희를 비롯한 민족대표들과 시위운동으로 붙잡혀 온 많은 사람들이 수용되어 기결수, 미결수를 합해 3천명이 넘었다. 당시 서대문 형무소의 전옥으로 그

후 조선총독부 감옥과장을 지낸 가키하라 다쿠로柿原琢郎는 당시의 상황을 다음과 같이 회고했다.

교회당이나 공장에도 철망을 둘러서 감방으로 대용하는 궁책을 취했으나 흥분한 재감자 중에는 방 안에서 큰 소리로 독립운동의 연설을 하면 박수로 공명하고, 그 혼잡은 도저히 비유할 수 없는 상황이며 게다가 감옥의 앞과 뒤의 고봉에 독립운동자가 올라가서 낮에는 한국기를 흔들고 밤에는 봉화를 올려서 재감자를 선동하는 일이 날마다 밤마다 연속되어 한 달 이상이나 계속되었다.

당시는 개축 공사중이어 3면의 기와벽은 겨우 완성되어 있었으나 1면은 취약한 재래의 함석판의 담이었으므로 파옥의 실행은 매우 쉬워서 실로 누란의 위기인 실정이었다. 만약 3천여 죄수가 일시에 밀고 나오면 치안이 아직 완전히 회복되지 않은 경성시내외는 어떻게 될 것인가 밤낮으로 걱정했다. 또한 파옥이 오늘이나 내일로 박두한 것을 기다리는 것과 같았다.

▬▬▬ 소녀 유관순, 의인 유관순

감옥의 높은 담과 쇠창살, 그 안에서 가해지는 비인간적인 학대도 유관순의 의지를 꺾지는 못했다. 유관순은 감옥 안에서도 수시로 "대한독립 만세!"를 외쳤다. 다른 감방에서도 이에 호응하기도 했고, 그러고 나면 분위기가 술렁술렁했다. 그때마다 유관순은 끌려 나가 발길로 채이고 모진 매를 맞았다. 박인덕 선생은 그런 유관순을 안타깝게 생각했다. 그녀는 자신의 자서전에서 다음과 같이 썼다.

그 아이가 감방 사람들을 이끌고 시위를 벌이자 간수들이 그 아이를 끌어내 구타하였다.

박인덕 선생은 저러다가 유관순이 죽겠다고 생각했다. 그래서 어찌어찌 통해서 청소하는 수감자를 통해 다음과 같은 권고를 전했다.

"만세 부르는 것도 좋으나 몸만 상하고 효과는 적으니 …… (중략) …… 뿐만 아니라 동지들의 신상에도 관계가 되는 것이니 제발 만세를 그만 불러라."

감옥에 수감되어 있던 이화학당 박인덕 선생의 간곡한 권고를 받은 유관순은 선생님의 권고를 받아들여 그 후부터 만세를 부르지 않았다. 그러기까지 유관순의 몸은 구타와 고문으로 망가져 있었다.

유관순은 감옥 안에서 자신보다 다른 사람들을 걱정했다. 그녀는 "고향 사람들이 몇 사람이나 붙잡혀 갔는지 모르겠다"고 걱정했다. 또한 "어머니, 아버지께서 돌아가셨는데, 내 동생들도 암만 생각해도 죽은 것 같다"며 항상 동생들 걱정을 했다. 그럴 때면 유관순은 "나는 앞으로 어떻게 해야 할까요." 하며 깊은 슬픔에 빠져들기도 했다.

그럴 때마다 같은 감방에 수감되어 있었던 어윤희는 유관순의 어깨를 두드려 주며, "울지 마라. 울지 마, 괜찮을 거다. 괜찮아." 하며 어린 유관순을 위로했고, 유관순은 "우리 이화학당에서 선생님이나 누가 한 번 찾아와 주었으면 좋겠어요. 제발 누가 와서 우리 동생들 살았는지 죽었는지 알았으면 한이 없겠어요"라고 말했다.

유관순에게는 아무도 찾아오는 사람이 없었다. 다른 사람은 옷가지를 넣어준다, 사식을 넣어준다 했지만 유관순에게는 그럴 사람이 없었다.

무엇보다도 동생들이 어떻게 되었는지 걱정이 되어 견딜 수 없었다.

"아주머니, 저는 부모님도 다 죽고, 형제도 찾아오지 않으니 다 죽은 모양입니다."

"애, 그럴 리가 있겠니? 무슨 사정이 있어서 그런 것이겠지, 걱정 말아라. 걱정 말아. 걱정 할 것 없어. 충직하고 정직하면 무엇이든지 할 수 있어."

어윤희는 유관순이 슬픈 생각에 빠질 때마다 다독거리며 따뜻하게 위로하고 격려했다.

박인덕 선생도 어느 날 밤 침묵이 내리누르고 있는 감옥 안을 울리는 유관순의 울부짖음을 들었다.

"왜놈들이 우리 어머니, 아버지, 오빠를, 우리 마을 사람들을 죽였어요. 모든 것을 빼앗아 갔어요."

그 흐느낌과 울부짖음은 듣는 사람의 애간장을 도려내는 듯하였다.

체격이 큰 유관순은 감옥에서 굶어 죽지 않을 정도로 주는 밥 때문에 항상 허기가 졌다. 게다가 유관순이 대한독립 만세를 부르는 등 감옥 안에서 문제를 일으킬 때마다 잡아 가두고 고문하며 밥을 굶겼다. 배고픔은 또 다른 고문으로, 견딜 수 없는 고통이었다. 어윤희 여사는 이렇게 당시를 회상했다.

> 그 애가 감옥에서 기뻐하는 하루가 있다고 그러더군요. 그 주먹만 한 콩밥 덩어리 주는 날이 제일 기쁘다고 그래요. 닷새 만에 콩밥을 주었어요. 죽지 않을 정도로······.

항상 유관순은 배가 고팠다. 자다가도 배가 고파 잠을 이루지 못하여 일어나 "아주머니, 배가 고파요." 하며 배고픔을 호소했다. 그러나 어윤희로서도 어찌할 방법이 없었다.

"내가 여기서 어떡하니, 아무 것도 없으니……."

어윤희 여사는 민족의 독립과 애국지사들을 위해 금식기도를 할 때마다, 그리고 때로는 일부러 금식을 핑계로 나이 어리고 몸집이 큰 유관순에게 자기 몫의 밥을 주었다. 또 유관순이 고문을 당하고 올 때마다 어루만지며 위로해 주었다.

유관순은 항상 허리를 감싸 안고 고통스러워했다. 병천에서 붙잡힐 때 총검에 찔린 것이 도무지 낫지 않아 계속 고름이 흘러나왔다. 거기다가 수시로 매를 맞고 고문을 당하여 몸이 성한 날이 없었다. 어윤희 여사는 이렇게 말했다.

그때 감옥에서 유관순이는 너무 매를 맞고 고문을 당해서 죽었어요. 다리를 천정에 끌어올려 매고 비행기를 태우고 …… (울면서) 물을 붓고…….

유관순은 동생과 가족에 대한 걱정, 외로움과 배고픔, 육체에 가해지는 심한 고문, 옆구리의 고름이 멈추지 않는 고통으로 고생을 하고 있었지만, 슬픔에 잠겨 있지만은 않았다. 같은 감방 안에 구세군 사관부인 엄명애라는 여성이 아기 낳을 때가 되어 1919년 10월에 보석으로 풀려났다가 11월에 아기를 낳아 안고 다시 들어왔다. 동짓달 엄동설한에 기저귀가 얼른 마르지 않자 유관순은 뻐적뻐적 언 기저귀를 몸에다 감아 차고 녹여서 주었다. 그런 유관순의 모습을 어윤희 여사는 이렇게 회상했다.

그 안에서 일을 하는데 관순이가 모든 사람들한테 순진한 마음으로 대하면서 일했습니다. 모자 같은 것을 짜고 샤스 같은 것을 뜨고 너무 충직스럽게……하나를 뜨더래도 성의껏 일을 해서 모든 사람들한테 신임을 받았습니다.

어린 애가 무슨 일이든지 충직하고 책임감이 강하고……. 나는 유관순 같이 충직하고 책임감 강하고 의에 사는 그 같은 순진한 사람을 다시 보지 못하고 이때까지 지냈습니다.

어윤희 여사는 몇 번이고 유관순에 대한 칭찬을 아끼지 않았다.

■■■■ 만세를 부르다 죽어도 괜찮겠지요?

"아주머니, 우리 여기서 만세 부르더라도 괜찮겠지요?"

불쑥 유관순이 어윤희 여사에게 입을 떼었다. 유관순은 미리부터 준비하고 있었다. 박인덕 선생이 주의를 준 이후로 대한독립 만세를 부르는 일을 자제하고 있었지만, 진작부터 '3·1운동 1주년이 다가오는데 어찌 그냥 있을 수 있는가.' 하는 생각을 하면서 이 날을 기다린 것이다. 유관순은 먼저 감방 안의 어윤희 여사와 의논하였다.

"그래도 괜찮겠지요? 우리를 죽이지는 않겠지요……? 우리 3월 1일 만세 부를까요. 아주머니, 그래도 괜찮겠지요……?"

유관순은 작은 소리로 속삭였다. 그러나 그것은 딱히 어윤희 여사의 동의를 얻기 위해서라기보다 자기 자신에게 하는 중얼거림처럼 늘렸다.

"그러면 여기서 소동이 나겠지요. 아주머니, 우리 만세 부르다가 죽어

유관순이 수감되었던 서대문 형무소 8호 감옥

도 괜찮지요? 저를 위하여 죽어도 괜찮겠지요……."

"그래, 만세를 부르면 한바탕 큰 소동이 일거다. 하자, 해. 다시 한 번 만세를 부르자."

어윤희 여사도 결연한 빛으로 찬성을 표했다.

유관순은 통방이라는 감방 안의 비밀통신방법을 통해 17개 여자감방 전체에 다 연락을 통했다.

1920년 3월 1일 오후 2시, 유관순이 있는 8호 감방에서 만세소리가 터져나왔다.

"대한독립 만세!"

"만세!"

"만세!"

그러자 각 감방에서 일제히 호응했다.

"대한독립 만세!"

"만세!"

"만세!"

만세소리는 감방마다 연쇄폭발을 하듯 했다. 감옥 안에서 유관순이 선도하여 일으킨 3·1운동 1주년 기념 옥중 만세시위는 3천 명이 넘는 수감자들이 호응하여 변기 뚜껑으로 철창을 두드리는 소리, 발길로 문짝을 차는 소리 등으로 감옥 안이 요란했을 뿐만 아니라 냉동, 애오개, 서소문 등 감옥 바깥으로도 시위가 퍼져나갔다.

당시 수감되어 있었던 이애주李愛主에게도 감옥 안 어느 감방에선가 "대한독립 만세!" 하는 소리가 터져 나오는 것을 들렸다. 이내 곧 삐익, 삐익 호각소리라 들리고 감옥 안에 비상이 걸렸다. 우다다다 간수들이 이리 뛰고 저리 뛰는 발자국 소리가 부산스럽게 들렸다. 곧 보복이 뒤따랐다. 열쇠 꾸러미 소리와 함께 감방 문이 차례로 철거덩 소리를 내며 열렸다. 죄수들을 이끌어내 복도의 시멘트 바닥에 꿇어 앉혔다. 욕지거리와 함께 손때 매운 손으로 모든 죄수들의 뺨을 차례로 올려붙였다. 그러고는 하나씩 감방 안으로 들어가게 했다. 간수들이 정신여학교 학생 이애주의 방문 앞으로 와서는 "너는 지랄을 안 했구나." 하고 말했다.

일찍이 이애주는 저녁식사를 가져온 기결수 취사부에게 "저 성질 괄괄한 처녀가 누구요?" 하고 물은 적이 있었다. 예전 언젠가 그 처녀가 여간수에게 "4천 년 역사를 가진 우리가 삼천리 금수강산을 빼앗기고 그 압제와 구박 속에서 그대로 죽여주시오 하고 있이야 옳단 말이오?" 하고 대들며 싸우는 것을 들었기 때문이었다.

"유관순이래요."

당시 취사부가 귓속말로 그리 일러 주었던 것이 떠올랐다. 그때 간수가 제8호 감방 앞에 서서 하는 말소리가 여자 감방 안에 메아리쳤다.

"오늘 이 소동의 주동자는 누구냐?"

그러자 8호 감방 안에서 동시다발로 대답이 터져 나왔다.

"나요!"

"아니오, 나요!"

"내가 제일 먼저 부르자고 하였으니까 내가 선동자요!"

8호 감방의 7, 8명이 서로 자기가 주동자라고 주장했다.

"무어가 잘한 짓이라고? 상이라도 탈 줄 알고 덤비는 거야!"

간수는 꽥 소리를 지르고는 8호 감방 사람 모두의 뺨을 두 대씩 갈겼다.

"너지?"

간수들은 대뜸 유관순을 지목했다. 마침 저녁 식사시간이 되어 그 방 다른 사람들은 다 들여보내고 유관순과 개성 미리흠여학교 학생 심명철만 복도 바닥에 그대로 꿇어앉혀 두었다. 심명철은 맹인이었다.

"흥, 눈깔은 멀어가지고 만세나 부르면 장하단 말이냐!"

간수가 빈정댔다.

"눈깔이 멀었으면 애국심도 멀었나요?"

심명철은 이와 같이 대꾸를 하여 벌을 받고 있었다. 간수들은 지나갈 때마다 욕질을 하며 머리끄댕이를 잡아당겼다.

끝까지 저항했던 유관순은 끝내 의식을 잃었다. 유관순은 방광 파열상을 입고 광목 이불을 둘러쓰고 드러눕게 되었다. 병동의 유관순 옆에는 간호사가 지키고 앉아 감시했는데, 간호사가 없을 때 감배후라는 여자

죄수가 몰래 유관순의 소식을 감방 동료들에게 전해 주었다. 그러나 유관순을 지키고 있는 간호사가 하도 지독하여 그 소식을 잘 알아올 수가 없었다.

유관순은 그 3·1운동 1주년 옥중 시위날에 갖은 구타를 당한 후 심명철과 함께 취침 시간이 되어 감방 안의 모든 불을 끈 후에도 얼마를 더 복도에 꿇어앉아 있다가 방으로 들어갈 수 있었다.

■■■■ 친구들 품으로 죽은 채로 돌아오다

이화학당의 다른 친구들 대부분은 학교로 돌아왔다. 학교에서는 학생들이 돌아오지 않으면 학교 문을 닫을 수밖에 없다고 학생들 집으로 전보를 쳤다. 이 전보를 받고 학교로 돌아온 기숙사 같은 방 친구 이정수는 1920년 가을 어느 날 학교에서 유관순이 감형이 되어 나오게 된다는 소식을 듣고 친구들과 함께 유관순이 나오게 되었다고 좋아했다. 이화학당 교직원과 학생들 중에서 유관순은 가장 길게 장기 복역을 한 경우였다.

겨울 밤 기숙사에서 공부를 하다가 만두 파는 갈돕회 고학생들이 지나갈 때면 유관순이 담을 넘어 가서 만두를 사 친구들과 나누어 먹었었는데, 이제 친구들이 출옥하는 유관순을 위해 한 푼씩 돈을 모아 새 옷을 맞추고 머리핀과 구두를 사 환영회를 준비했다.

그러던 어느 날 이정수가 교정을 거닐고 있는데 대문을 박차며 문을 열라는 소리가 들렸다.

"문 여시오!"

이화학당 시절 유관순(뒷줄 맨 오른쪽)

　항상 손때가 까맣게 묻은 무명 은행 가방의 끈을 어깨에 둘러메고 이
화학당에서 외국 선교사들의 은행 업무를 담당해 왔던 이서방이 문을 열
었다. 그러자 썩은 냄새가 진동하는 들것이 사람들에게 들려 들어왔다.
이정수와 다른 학생들이 우루루 달려가 보았을 때 거기에 붉은 수의를
입고 시신이 되어 돌아온 유관순이 있었다. 얼마 안 있으면 나올 줄로 알
고 옷과 머리핀을 준비했던 친구들은 놀라고 슬퍼 울음을 터뜨렸다. 교
정은 울음바다가 되었다.
　유관순이 감옥에서 얼마나 큰 고통 속에 죽어갔는지에 대해서는 아무
런 기록이나 증언이 남아 있지 않다. 다만 마지막으로 그녀를 면회했던
유우석과 김현경, 월터 선생은 죽음을 예감할 수 있었다. 시위현장에서
입은 옆구리의 상처가 계속 유관순을 괴롭혀 온 데다 계속적인 구타와

고문으로 방광이 터져 몸이 썩어 들어가고 있었는데도 중죄인이라고 치료는커녕 죽게 내버려 둔 감옥 당국의 처사가 결정적인 요인이었다. 그녀는 고통 속에서 촛불이 꺼지듯이 그렇게 붉은 벽돌담 안에서 생명이 꺼져갔다.

대정 9년(1920년) 9월 28일 오전 8시 20분 경기도 경성부 서대문 감옥에서 사망

오빠 유우석의 호적부에 있는 유관순의 사망 기록은 오랫동안 알려지지 않아 엉뚱한 날을 기념하다 80여년 후에야 비로소 바로잡았다. 3·1운동의 작은 영웅 유관순은 그렇게 오랫동안 생일, 순국일조차 제대로 알려지지 않은 채 신화 속에 갇혀 있었다.

■■■■ 유관순의 죽음은 일본의 야만성을 보여주는 생생한 증거다

1895년 경복궁을 침입하여 황후 민씨를 처참하게 살해하고 시신을 불태운 것, 1905년 한국민의 격렬한 반대에도 불구하고 왕궁을 군대로 포위하고 을사조약을 강제하여 외교권을 빼앗아 보호국으로 만든 것, 1907년 대한제국의 황제를 강제 퇴위시키고 군대를 해산하여 대한제국을 무력화시킨 것, 결국 병합하여 5천년 역사와 문화를 가진 민족을 노예화한 것, 의병을 잔혹하게 토벌한 것, 마을들을 초토화시킨 것, 붙잡힌 의병들을 총살 또는 장미당에다 줄줄이 목을 매달아 숙여 놓고 사람들이 보게 만든 것 등 일본의 야만적 행위를 일일이 열거하기에는 입

이 아플 것이다.

일본인들은 한국민을 열등한 민족으로 취급하며 언론, 출판, 집회, 결사의 가장 기본적인 자유를 박탈하고, 경찰과 군대, 조선총독부의 일사불란한 관료조직, 가혹한 형벌을 통해 한국을 영구히 완전 복종시킬 수 있으리라 생각했던 것 같다. 한국은 영원히 일본의 식량과 원료의 공급기지가 되고 일본 상품의 판매 시장이 되어 줄 것이며 한국인의 교육은 일본의 2등 국민으로서 일본 관리 보조역할을 하는 데 필요한 문자해독과 계산능력을 가르치는 정도만 시키고자 했다. 그래서 대학은 애초에 만들지도 않았다.

필요하면 한국민은 언제든지 일본을 위하여 희생제물로 만들 수 있을 것으로 생각했다. 그 결정판이 1918년 8월 일본의 쌀 소동 때 나타났다. 일본은 자국 쌀값을 안정시키기 위해 오사카의 스즈키永穆상점 등 민간업자들을 내세워 한국 쌀을 비밀리에 매점하여 일본에 반입하게 했다. 이로 인해 쌀값이 폭등했다. 평년 섬石(도정한 쌀 144kg)당 14~15원 (1917년 당시)했던 쌀값이 배 이상 뛰었고, 1919년 3월초에는 41원 넘게까지 폭등했다. 굶어 죽는 사람이 속출했다.

유관순은 나이가 어려서 이런 저런 모든 것을 다 알지는 못했을 것이다. 그러나 일본인들의 야만성은 3·1운동 참여자에 대한 일본인들의 가혹한 탄압에서 적나라하게 드러나 이를 목격한 외국 선교사들을 경악하게 했다. 무엇보다 유관순 자신이 생생한 증거였다. 아우내 장마당에서의 집단학살과 부모님 동시 참변, 일신에 가해진 비열하고 가혹한 고문과 투옥, 일방적인 재판, 병자 방치 등으로 온몸과 마음에 고스란히 고통을 받았다.

유관순

■■■■ 가장 어두운 시대를 밝혔던 불꽃같은 소녀

17세 이화고등보통학교 1학년 유관순. 그녀는 일제가 심혈을 기울여 구축한 식민지 교육의 첫 세대였다. 서구 문명국가를 철저하게 모방한 일본 제국주의는 17세 소녀 하나를 감복시킬 만큼 문명적이지 못했다. 오히려 유관순의 저항과 옥중 순국을 야기할만큼 야만적이었다.

영웅은 태어나는 것이 아니라, 선택하는 것이다. 유관순은 3월 1일 교문 앞에서 착한 학생이 되느냐 조국의 독립을 위해 자신도 작은 힘을 보태느냐의 갈림길에서 후자를 택했을 때 그 결정이 앞으로 어떤 길로 인도하게 될 것인지 알지 못했을 것이다. 그러나 죽음에 이르는 그 순간까지 진실하게, 자유를 향한 불꽃 같은 삶을 살았으며, 정복당하지 않는 자유혼의 발자국을 뚜렷하게 남겼다.

가녀린 소녀 유관순은 살아서 일본 제국주의의 거대한 국가 폭력적 힘이 육신을 가둘 수는 있었으나 자유를 갈망하는 정신은 결코 가둘 수 없다는 것을 보여 주었으며, 그녀의 죽음은 압제자의 역사에 영원히 부끄러움을 새기게 했다.

"5천년 문화민족이 어떻게 일본의 노예로 살 수 있단 말인가!"

법정에서 수없이 울려 퍼졌던 3·1운동 참여자들의 당당한 주장이 바로 유관순의 정신이었고, 한국민의 자존심이었으며, 한국의 오랜 역사와 문화의 빛에서 나온 것이었다.

윤희순

1860~1935

잃어버린 조국을 위해 싸운
최초의 여성의병장

"저는 천하에 무서운 것이 없습니다.
천 번을 넘어지면 만 번을 일어서겠습니다. 한민족의 원수를 갚고
우리 가족의 원수를 갚고, 조선의 국권을 찾기 위해 목숨을 걸고 싸우겠습니다."
조국이 암울했던 시기, 타국에서 조국독립의 염원을 서슴없이 외쳤던
한말 최초 여성의병장 윤희순. 그는 여성독립운동의 시작을 알렸다.

▬▬▬ 시대에 저항한 여성독립운동가를 기억하라

'시대가 원하는 소리'를 듣는 이들의 행동은 대범하고 거침이
없다. 그것은 시대를 통괄했던 인물의 활동에서 확연히 나타난다. 자신
이 처한 환경과 성별, 연령의 제약을 뛰어넘거나 그 경계를 넘나들며 펼
쳤던 활동의 면면을 조금만 더 자세히 들여다보면 나라사랑으로 무장된
이들에게는 남다른 무언가가 있었다는 것을 알 수 있다. 특히 일제 침략
에 저항했던 독립운동가의 행적이 그렇다.

일제 치하에서 벗어나서 해방을 맞이하기까지 많은 독립투사들이 오
직 독립을 위해 목숨을 바쳤고 나라사랑을 불태웠다. 그 아픔의 시대는
때로 그들에게 헌신과 희생을 요구했으며 변치 않는 올곧음까지 부가했

다. 고되고 힘든 상황에서도 절대 그치는 법 없었던 독립투사의 시대를 향한 소리는 저항의 행렬에 함께 했던 소리 없는 조력자가 있었기에 가능했다. 역사에 부각되지 않은 그 조력자들, 그들은 소리 없는 영웅이었다.

한국독립운동사에서 남성과 더불어 여성의 독립운동 또한 하나의 축을 이루었으나 지금까지 다수의 관심으로부터 벗어나 있었던 것이 사실이다. 일반적으로 여성독립운동가로 누구를 떠올리는지를 물으면 대부분 '유관순'을 답한다. 하지만 실제로 수많은 여성독립운동가가 국내외에서 독립운동에 투신했고 다방면으로 활동을 했다. 2015년 8월까지 국가로부터 인정받은 여성독립유공자는 266명으로, 이외에도 2천여 명의 여성이 독립운동에 참여한 기록이 있지만 자료 부족으로 인해 독립유공자로는 인정받지 못하고 있다. 하지만 그들은 모두 대한의 땅에서 오롯이 나고 자라 나라를 위해 목숨을 던진 이들이었다.

일제강점기 여성의 활약은 우리가 익히 알고 있는 3·1만세운동에 집중되어 있다. 하지만 그뿐만 아니라 국내외에서 벌어졌던 항일운동인 학생운동, 의병활동, 의열투쟁, 문화운동, 임시정부 활동, 광복군 등 여러 운동계열에 모두 참여하여 가열찬 독립활동을 전개했다. 1919년 전국의 장터를 중심으로 확산된 3·1만세운동에서 여성의 활약이 특히 두드러졌던 만큼 다수의 관심이 당시 두드러지게 활약했던 인물들에게만 집중되어 있으나, 이제는 역사의 뒤안길에 고이 잠들어 있는 여성독립운동가에도 관심을 가져야 한다.

어느덧 대한민국은 광복 70주년을 맞이하게 되었고 그 역사의 시간은 계속 흐르고 있다. 더 늦기 전에 다시금 여성독립운동가들에 대한 기억을 펼쳐야 한다. 조국을 지키기 위해 총과 칼을 들었던 대열에서 민족의

윤희순

자유와 평화를 외쳤던 '우리의 어머니'의 기억을 이제야 더듬어 본다.

그 첫 시작으로 광복을 일군 한국의 독립정신의 근간이자 독립운동의 모태라 할 수 있는 '의병운동', 이 의병운동에서의 활약과 함께 여성 의병단체를 이끌며 40여 년을 구국투쟁으로 일관했던 한말 최초의 여성의병장 윤희순에 대한 기억을 펼친다.

■■■■ 시대 상황에 분노한 민중이 저항의 대열에 들어서다

1895년 10월, 일본 자객에 의해 조선의 국모가 시해되는 참담하고 침통한 사건이 일어났다. 조선 주재 일본공사 미우라 고로三浦梧樓의 지휘 하에 경복궁으로 난입했던 일본 자객은 조선의 국모를 무참히 시해한 것이다. 역사의 파란을 일으켰던 국모 시해사건인 을미사변은 외압에 의해 숨죽이고 있던 민民의 저항의식을 불러일으켰다.

당시 삼정문란과 부정부패로 인해 민심이 흉흉하기도 했지만 일제의 수탈과 외세 침략으로 민중의 울분은 극에 달해 있었다. 그런 상황에서 일제가 조선을 장악하기 위해 국모 시해와 함께 폐위 조치를 자행하자 개항 이후 반봉건·반침략의 주장을 일관했던 위정척사운동의 주도 세력과 조국의 위기를 대면하고 있었던 민중의 분노는 결국 터질 수밖에 없었다. 상상할 수도 없었던 참담한 사건에 지식인들은 반대 상소를 빗발치게 올리기 시작했고, 민중은 울분을 삼키지 못해 온몸으로 시대에 항변했다. 그동안 조선과 일본 사이에 눌려 있던 대립과 갈등이 일시에 수면 위로 높게 치솟은 것이다.

같은 해 11월, 을미사변에 이어 다시 한 번 민중을 울분케 하는 사건이 발생한다. 바로 전국적인 단발령 시행이다. 잔악한 일본의 침략적 만행에 이어 다시금 민족을 옭매려한 사건, 단발령 시행은 민중들로 하여금 본격적으로 시대에 저항하는 대열에 앞장서게 만들었다. 예로부터 조선은 예와 도를 숭상한 나라였기에 단발령 시행은 분노 그 자체를 넘어서서 기본적인 예를 무시한 침탈의 행위로 받아들여졌다. 그 어느 때보다 거세진 민중의 분노는 남녀를 불문하고 자발적 저항의 대열이었던 의병운동으로의 적극적 참여 의지로 이어졌다.

여기서 잠시 '의병'의 개념에 주목할 필요가 있다.

> 의병義兵이란 민군民軍이다. 국가가 위급할 때에 즉각 의義로써 분기하여 조정의 징발령을 기다리지 않고 종군하여 성내어 적대하는 자이다.

한말의 유학자이자 독립운동가였던 박은식이 쓴 《독립운동지혈사》에서는 의병을 가리켜 '민군'이라고 말한다. 즉 국가에 소속된 군인이 아닌 민의에 의해 자발적으로 모인 민군인 의병은 민중의 항쟁 의지이자 생존권을 위한 저항의 뜻으로 일어난 것이다.

명성황후 시해사건과 단발령 시행으로 인해 일어난 을미의병은 아관파천을 계기로 김홍집 내각이 붕괴되면서 오래가지 못하고 해산되었지만, 이후 정미의병은 전 민족 저항운동으로 일어나며 항일 저항의 주 세력으로 자리 잡았다. 이러한 의병활동의 한 자락에서 일었던 여성들의 움직임이 포착된다. 위정척사운동의 진원지였던 강원 지역을 시작으로 춘천, 강릉, 홍주, 진주, 안동 등지로 확산된 의병운동의 과정에서 여성의 병단체를 이끈 여성이 있었으니, 바로 한말 최초 여성의병장 윤희순이다.

조선 선비의 아내가 일본군 대장에게 보낸 격문

강원도 춘천 지역은 화서 이항로李恒老의 학통을 이은 척사론자의 주 활동지역으로, 학파 제자 간에 긴밀한 교류가 이뤄지고 있었다. 이 지역에서 화서학파를 중심으로 많은 지식인들이 의병운동을 자처했는데, 주로 위정척사 계열의 지식인이었다. 그들이 주축이 되어 창의의 명분을 밝힌 격문 〈격고팔도열읍檄告八道列邑〉이 전국 각지에 띄워졌을 때, 그 지역의 한 조선 여성이 일본군 대장에게 경고성 격문을 당당히 보냈다.

당시 〈격고팔도열읍〉의 내용이 국가의 수치를 갚기 위해 관료들이 앞장서서 적세의 두려움 없이 궐기를 해야 한다는 주장을 담고 있었다면, 조선 여성이 보낸 격문은 조선 침략을 당당히 꾸짖는 글귀로 채워 있었다. 그는 일본군 대장을 상대로 조선 침략을 강하게 비판했고, 그들에게 본국으로 돌아갈 것을 훈계했다. 또한 그 격문의 마지막에 자신을 '조선 선비의 아내 윤희순'이라고 당당히 밝혀, 세상에 던진 파장은 무척 컸다. 당시 유교사회의 분위기를 고려한다면 신선한 충격이 아닐 수 없었던 것이다. 그렇게 윤희순은 외세에 저항하는 여성 인물로 역사에 등장했다.

윤희순은 자신의 생각을 직접 붓 끝에 담아, '조선 선비의 아내'라는 당당한 문구처럼 기개 있는 글로써 자신의 저항 의지를 피력했다. 당시 그가 쓴 격문에는 국가 위기 상황을 대하는 경고와 훈계가 강건한 어조로 서술되어 있다.

… 아무리 유순한 백성이라 한들 기만히 보고만 있을 줄 알았단 말이냐. 절대로 우리 임금님을 괴롭히지 말라. 만약 너희 놈들이 우리 임금님, 우

리 안사람 네들을 괴롭히면 우리 조선의 안사람들도 가만히 보고만 있을 줄 아느냐. 우리 안사람도 의병을 할 것이다. 더욱이 우리의 민비를 살해 하고도 너희 놈들이 살아서 가기를 바랄쏘냐. 이 마적 떼 오랑캐야. 좋은 말로 할 때 용서를 빌고 가거라. …(중략)… 우리 후대 후손들이 너희 놈들 잡고 너희 정치를 보지 않을 것이다 …(중략)… 좋은 말로 달랠 적에 너희 나라로 가거라. 대장놈들아. 우리 조선 안사람이 경고한다.

조선 선비의 아내 윤희순

윤희순의 격문에는 일본(오랑캐)에 저항하는 주체가 백성, 즉 안사람 인 것으로 표현되어 있고 국가, 임금, 왕비는 우리가 지켜나갈 것이라는 강건한 어조가 담겨 있다. 특히, '우리 조선 안사람이 경고한다'는 문구에 서 유교사회의 틀에 예속된 여성의 사회적 입지를 넘어서서 강인한 구국 의지를 앞세운 조선 여성의 필연의 의지를 느낄 수 있다.

■■■■■ **강인한 구국투쟁 의지를 심어주었던 가족들의 시대정신**

유교 집안의 여성에서 여성의병장, 여성독립운동가로 거듭나 면서 끊임없는 구국투쟁을 할 수 있던 윤희순의 원동력은 무엇이었을 까? 그것은 그의 성장기, 혼인기로 이어지는 과정에서 확고한 구국의지 가 정립되었기에 가능했던 것으로 추측된다.

윤희순의 성장환경을 살펴보면 그가 태어난 곳은 덕행德行과 의義를 우선하고 선비정신을 강조하는 유학자 집안으로, 올곧은 인격을 갖추는 것을 중시하였다. 그러나 해주 윤씨 윤익상尹翼商과 덕수 장씨 사이에 장녀로 태어난 윤희순의 성장기는 그리 순탄치 못했다. 황해도사를 지낸 조부 윤기성과 자헌대부공조판서資憲大夫工曹判書를 역임한 13대조 윤희평 등 해주 윤씨 일가는 사회적으로 인정받는 집안이었다. 하지만 윤희순은 태어난 지 이레 만에 어머니를 여의고 아홉 살에 극진히 보살펴주던 계모마저 세상을 떠나면서 그가 직접 집안일을 도맡아 해야 했다.

학문에 조예가 깊었던 아버지 윤익상은 화서학파의 2대 교주인 중암重菴 김평묵金平黙의 제자로 입문해 화서학파 문인들과 활발한 교류를 이뤘고, 그 영향은 집안 간의 혼인으로 이어졌다. 당시 화서학파는 국내외 척사구국운동에 있어서 선도적이고 중추적인 역할을 하며, 각 처에서 후학 양성에도 힘을 쏟는 학파로 유명했다. 그들은 문인공동체인 '강회모임'을 통해 유학에 심취했고, 비주류에 있었던 여성의 민족의식을 고취시키는 것에도 관심을 가지고 있었다. 그런 맥락에서 여성의 성선性善을 실천하는 것을 중요시 여겼던 가풍은 윤희순이 민족의식을 고취하는 데 중요한 동기로 작용한 것으로 보인다.

윤희순의 혼인 역시 일생의 전환을 이끄는 또 다른 동력으로 작용했다. 그는 일찍이 열여섯 살의 나이에 고흥 유씨 집안의 유제원柳濟遠과 혼인해 집안일을 도맡아 했으며, 결혼한 지 20년이 다 되어서야 큰아들 돈상을 낳았다. 그런데 아들의 돌이 얼마 지나지 않았을 즈음 시아버지 유홍석柳弘錫이 춘천 의병으로 출정했다. 윤희순은 늘 존경하고 의지했던 시아버지를 따라 의병을 가겠다고 쫓아나가며 떼를 썼다.

"아버님, 저도 의병에 나서겠습니다. 의병에 나아가 나라를 지키는 사람이 되겠습니다. 함께 갈 수 있도록 해주십시오."

"아가야, 너는 집안 가사에 힘쓰도록 해라. 혹여 내가 전장에 나가 소식이 없더라도 너는 조장을 잘 모셔야 한다. 자손을 잘 기르는 것이야말로 후대에 충성하는 것이다. 훌륭한 자손이 되도록 해라. 앞으로 너희들에게는 이런 일이 없도록 하마. 네가 참 불쌍하구나……."

유홍석의 당부에 윤희순은 걸음을 멈추고 멀어져가는 시아버지의 뒷모습을 바라보며 눈물을 흘렸다. 그리고 유홍석의 출정 이후 뒷산에 올라가서 승리를 기원하는 단을 쌓고 무사귀환을 바라는 치성을 드리기 시작했다. 300일 기도가 끝나는 날, 유홍석이 무사히 귀가하여 기뻐했다는 기록이 있다.

을미년에 벌어진 국모 시해사건과 을미의병으로 말미암아 위정척사운동을 주도했던 시댁 집안어른들은 의병으로 출정했고, 그 과정에서 윤희순은 적지 않은 충격을 받았다. 시대의 변화와 집안어른들의 출정은 진정 목숨을 바쳐 나라를 지켜야 한다는 구국의지를 굳건히 하게 하는 동기가 되었다. 윤희순 내면에 심어진 강인한 구국의지는 훗날 외부 환경과 연동되어 애국심으로 발휘되는데, 그것이 바로 여성의병운동이다.

▬▬▬▬ 적에 쏘아올린 붓의 힘, 〈안사람 의병가〉

처음 윤희순은 총 대신 붓 끝에 구국의지를 담았다. 그의 붓 끝에는 어떠한 주저함도 없었다. 붓 끝의 떨림을 잇는 것은 단호한 구국의지뿐이었다. 오직 나라를 생각하며 붓 끝에 호국 구국의지만을 담았다. 그렇게 저작된 윤희순의 의병가사는 〈왜놈 대장 보거라〉, 〈병정 노래〉, 〈왜놈 앞잡이들아〉, 〈방어장〉, 〈안사람 의병가〉 등 열두 편에 이른다. 그

중 〈방어장〉을 비롯한 많은 의병가사에는 의병의 정당성과 조국수호의 당위성이 피력되어 있는 것은 물론, 민심을 단결시키는 내용도 담고 있다. 누구나 부르기 쉽게 저작하여 일반 민중이 시대에 공감할 수 있는 의병가사와 노래로 유도했다.

> 우리 조선 청년들아, 의병 하러 나가보세. 의병 하여 나라 찾자. 왜놈들은 강성한데 우리나라 없이 어이 살며 어느 곳에서 산단 말인가. 원수 같은 왜놈들을 몰아내어 우리 집을 지켜가세. 우리 임금 세도 없어 왜놈들이 강성하니, 빨리 나와 의병 하고 의병 하여 애국하고 충신 되자. 우리 조선 사람 농락하며 안사람 농락하고 민비를 살해하니 우린들 살 수 있나. 빨리 나와 의병 하세. 우리도 뭉치면 무슨 일인들 못할쏘냐.
>
> — 의병가사 〈방어장〉 중에서

'시아버지와 남편을 비롯해 시댁 집안사람들이 의병으로 출정하여 일본과 맞서 싸우며 저항 의지를 피력하고 있는데, 안사람으로 내가 할 수 있는 일은 없을까?' 하는 생각을 거듭했던 윤희순은 과감하게 행동에 옮겼다. 그는 일본군 대장에게 격문을 보내고, 항일 의지를 담은 의병가사를 제작·배포하여 많은 이들로 하여금 의병운동에 관심을 갖게 했다. '구국의지를 실천하는 데는 남녀의 구분이 없다'는 확고한 의지를 담은 그의 의병가사에 모두가 운을 붙여 의병노래를 불렀고, 그 노래가 퍼지면서 점차 사람들의 관심은 고조되었다.

그런 윤희순의 활동에 염려를 표한 친적의 편지글이 남아 있다.

저녁이고 낮이고 밤낮없이 소리를 하는데 부르는 소리가 왜놈들이 들으면 죽을 노래 소리만 하니 걱정이로소이다. 실성한 사람 같사옵고 하더니, 이제는 아이들까지 그러하며 젊은 청년, 새댁까지 부르고 하니 걱정이 태산이로소이다.

―《외당선생삼세록》 중에서

숙모가 류중교 후손의 집에 보낸, 윤희순에 대한 걱정이 담긴 글을 통해 더 이상 윤희순은 집안의 안사람 역할에 그치는 이가 아니었다는 것을 알 수 있다. 엄한 유교사회 분위기가 팽배했던 당시 시대상을 생각했을 때 가히 파격적인 행보로 보이는 의병가사, 그 속에서 윤희순의 가슴에 국가를 향한 안사람의 염원이 피어나고 있음을 느낄 수 있다. 그가 남긴 의병가사는 춘천 의병 초기의 유일한 의병가義兵歌로 구전되었는데, 초기에는 의병에 참여했던 이들을 대상으로 하였지만 점차 여성 의병, 청년 등 대상에 따라 의병가사 내용을 달리하여 부르기 쉬운 노래 가사로 표현하기 시작했다.

어지러운 정국과 친일 세력이 난무했던 시기에 민중의 울분과 동요를 일으켰던 의병운동은 조선의 여인들을 변화시키고 있었다. 그런 변화가 일었던 사람 중 하나였던 윤희순의 의병가사를 보면, 을미의병, 정미의병, 국외 독립활동 등 제작시기에 따라 내용에 다소 차이가 있지만 구국활동의 주체로서 여성을 주목하고, 의병의 당위성을 강조했던 것은 일관되게 드러나 있다. 초기 그의 의병가사는 조국의 상황을 알리며 정신적 단결을 촉구하는 메시지가 주를 이루었으며, 특히 의병가사가 입에서 입으로 구전되는 데 목적을 두었다. 또한 단순하게 서술했던 차원에 그치

윤희순

윤희순 의병가사집

지 않고 의병가사를 통해서 많은 이들이 확고한 구국의식과 민족의식을 가지도록 하는 내용으로 구국의지를 성토했다.

친정 식구에 이어 시아버지, 남편이 의병운동에 투신하자 힘없는 여성이지만 조력할 수 있는 해결책을 찾았던 사람, 그리고 그 의중을 의병가사에 담았던 사람, 시대 상황에 견주어 옳고 그름의 구분으로 의병운동을 주장했던 양반가 사람…… 윤희순은 더 이상 집안에 안주하던 안사람이 아닌 조국을 가슴에 담은 여성으로 일어서고 있었다.

우리나라 의병들은 애국으로 뭉쳤으니 고혼孤魂이 된들 무엇이 무서우랴. 의리로 죽는 것은 대장부의 도리거늘 죽음으로 뭉쳤으니 죽음으로 충신 되자. …(중략)… 우리 의병들은 죽어서라도 너희에게 복수를 할 것이다. 그리 알고 우리 임금을 괴롭히지 마라. 원수 오랑캐야.

— 의병가사 〈병정노래〉 중에서

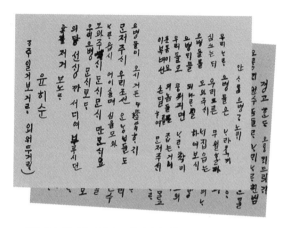
의병가사 〈안사람 의병의 노래〉와 〈경고한다 오랑캐들에게〉 사본

아무리 왜놈들이 강성한들 우리들도 뭉쳐지면 왜놈 찾기 쉬울세라. 아무
리 여자인들 나라 사랑 모를쏘냐. 아무리 남녀가 유별한들 나라 없이 소용
있나. 우리도 나가, 의병 하러 나가보세. 의병대를 도와주세. 금수에게 붙
잡히면 왜놈 시정 받들쏘냐. 우리 의병 도와주세. 우리나라 성공하면 우리
나라 만세로다. 우리 안사람 만만세로다.

— 의병가사 〈안사람 의병가〉 전문

'아무리 여자인들 나라 사랑 모를 쏘냐. 아무리 남녀가 유별한들 나라
없이 소용 있나'라고 외쳤던 조선의 여성은 의병가사를 제작하고 배포하
며 의병활동을 독려하는 일원으로 활동했다. 이러한 윤희순의 활동은 당
시 시대의 기준을 넘어서는 파격적인 여성으로 비추어졌을 것이다.

■■■■■ 여성이여, '안사람 의병단'으로 일어서자

어느 날 일제 경찰이 윤희순의 집으로 일시에 들이닥쳤다. 일제 경찰은 집안을 아수라장으로 만들고, 의병장으로 활동하고 있는 시아버지 유홍석의 행방을 다그쳐 물었다. 그 물음에 윤희순은 일관된 어조로 "나는 모른다. 나는 모른다." 하는 답변만 되풀이했다. 그 순간 윤희순의 아들이 들어오자 일제 경찰은 아들을 총으로 죽이겠다고 갖은 협박을 하며 다시금 시아버지의 행방을 다그쳤다. 그래도 윤희순은 눈 하나 깜짝하지 않고 거침없이 "나는 모른다"라며 더욱 단호하게 대답했다. 순간 강단 있게 맞서는 윤희순의 기백에 놀란 일제 경찰은 그의 아들을 놓아주고 돌아갔다. 한참 뒤에야 아들을 끌어안으며 가슴을 쓸어내렸던 윤희순의 당시 기억은 하나의 일화가 되어 《해주윤씨일생록海州尹氏一生錄》에 기록되어 있다.

그 시기 일본군과 대치했던 '남한대토벌작전'에서 수많은 의병 가족이 잡혀갔고 고문을 당했다. 또한 을미의병에서 정미의병으로 이어지는 과정에서 의병운동에 참여했던 가족들은 가족의 행방을 묻는 일본의 고문과 협박을 수시로 당했고 잡혀가기도 했다. 그런 일들이 반복되는 과정에서 윤희순의 의연함은 주변을 놀라게 했고, 특히 정미의병 당시 '안사람 의병단'을 이끄는 수장으로서 그의 강한 의지는 더욱더 빛을 발했다.

윤희순은 정미의병을 통해 여성의병활동을 본격적으로 시작했다. 을미의병에서 분출되었던 민중의 저항의 움직임이 누그러진 지 얼마 되지 않아, 1907년 정미의병에서 그 불씨는 다시 일어났다. 1907년 6월 고종은 네덜란드 헤이그에서 열린 '만국평화회의'에 조선을 대표하는 사절단을 파견하여 조선의 독립을 호소하고자 계획했지만 외교권이 없다는 이유로 조선의 참가는 거부되었다. 하지만 이준李儁의 고귀한 자결로 열강의 전횡이 밝혀지고, 그 사건으로 저널리스트 윌리엄 토마스 스테드 William Thomas Stead가 주재하는 국제협회에서 이위종李瑋鍾이 연설할 수 있게 된다. 이위종은 일본의 조선 침략을 주장했고, 그 내용은 각 국의 신문을 통해서 전 세계에 알려졌다.

그러나 이 사건을 계기로 일본은 오히려 조선에 대해 강경책으로 대처했다. 고종을 강제 퇴위시켰고 〈정미 7조약〉을 체결하여 조선 병합의 확실한 기회를 포착했다.

> 제1조 한국정부는 시정 개선에 관하여 통감의 지도를 수할 사.
> 제2조 한국정부의 범령의 제정 급及 중요한 행정상의 처분은 예히 통감의 승인을 경할 사.
> 제3조 한국의 사법 사무는 보통행정 사무와 차此를 구별할 사.
> 제4조 한국고등관리의 임명은 통감의 동의로써 차를 행할 사.
> 제5조 한국정부는 통감의 추천한 일본인을 한국 관리에 임명할 사.
> 제6조 한국정부는 통감의 동의 없이 외국인을 고빙(고)聘 아니할 사.
> 제7조 명치 37년 8월 22일 조인한 일한협약 제1항을 폐지할 사.
>
> ― 〈정미 7조약〉

일본은 앞서 〈정미7조약〉의 부수 각서에 의해 군대 해산 명령을 단행하여 조선의 무장 세력을 무력화시킨 바 있었다. 일시에 무장해제를 당한 병사들은 남대문에서 서소문 일대에 이르기까지 곳곳에서 치열하게 저항하며 일본군과 처절하게 대치했다. 그 과정에서 무장해제한 병사와 일본군의 치열한 격전으로 그 일대는 시체와 피로 물들었다. 이 사건을 계기로 1907년 8월부터 1909년 말까지 의병군은 일본군과 대치하며 항전에 항전을 거듭했다. 조국 상실 앞에서 격분했던 민중은 전국 각지에서 일어난 의병진과 합세했다. 당시 정미의병 과정에서 일본군에 의해 사망한 의병의 수는 1만 6천 7백여 명에 이르렀고, 부상자는 3만 6천 7백 70여 명으로 기록되어 있다.

의병군의 저항이 끊이지 않자 일본군은 의병군 토벌 작전을 본격적으로 전개했다. 그들은 전국 각지에서 일어나는 의병운동의 확산을 염려하며, 의병운동을 저지하기 위해 학살과 체포, 투옥과 같은 횡포를 서슴지 않았다. 잔인하기 이를 데 없는 일제의 만행에도 조국을 영원히 잃을 수 있는 상황을 앞두고 오직 처절한 몸부림으로 저항할 수밖에 없었던 끝이 보이지 않는 투쟁의 연속, 그것은 우리 선조들에게 주어진 잔인한 현실이었다.

그런 현실 앞에 사람들이 외쳤던 윤희순의 의병가사 〈의병군가〉속 '나라 없이, 임금 없이, 조상 없이 살 수 없다'는 외침은 나라를 되찾기 위해서는 오직 대동단결만이 필요하다고 믿었던 사람들의 간절한 마음이 담겨 있다.

나라 없이 살 수 없네. 나라 살려 살아보세. 임금 없이 살 수 없네. 임금 살려 살아보세. 조상 없이 살 수 없네. 조상 살려 살아보세. 살 수 없다 한탄 말고 나라 찾아 살아보세. 전진하여 왜놈 잡자. 만세 만세 왜놈 잡기 의병 만세.

— 의병가사 〈의병군가〉

윤희순의 절절한 마음은 그 시대의 절박함과 상통하며 남녀의 구분을 넘어서는 저항으로 항일 운동의 선상에 올라섰다. 더욱더 절박하게 의병가사를 제작·배포했고 보다 더 많은 이들이 의병가사를 부르도록 노력했다. 낮이고 밤이고 울부짖었던 시대의 노래는 얼마 지나지 않아서 사람들의 마음을 움직였다. 윤희순의 주변에 뜻을 같이하는 여성들이 서서히 모이기 시작한 것이다.

시대의 절박함은 순수한 의지를 끌어낸다고 했던가. 민중들의 의병활동 참여에 대한 필요성을 끊임없이 피력했던 윤희순의 노력은 결국 남녀노소 모두가 호응하는 구국활동으로 전개되었고, 그를 중심으로 춘천 지역의 양반가 집안을 포함한 각계각층의 여성들이 주축이 되어 여성의병단체인 '안사람 의병단'이 조직되었다. '안사람 의병단'은 의병장의 아내, 화서학파 연원의 부녀들, 그리고 춘천 가정리 지역의 여성들로 구성된 30여 명의 여성의병단체였다.

그들은 주로 춘천 의병 진영의 지원부대로 활약했는데, 밥을 짓거나 빨래를 하는 뒷바라지 활동부터 군자금 모금, 무기 및 화약 제조, 탄약 보급, 군수물자 지원 등에 이르기까지 광범위한 지원활동을 했다. 때로는 남장을 하고 정보 수집을 하기도 하며, 의병운동의 일선에서 마음을 모으기도 했다. 쪽진 머리에 단아한 한복을 입은 여성의 손에 무기가 들리면서, '국가 위기에서 남녀의 구분은 없다'는 것을 여실히 보여주었고 시대를 넘어서는 여성의병활동으로 주목되었다. 당시 윤희순이 이끌었던 그러한 활동들은 전통적 여성관을 넘어서는 여성 구국운동의 실체였다.

의병 운동의 과정에서 나타난 윤희순의 구국활동을 살펴보면 먼저 을

미의병에서는 의병가사 제작과 배포에 주력하며 의병활동의 당위성과 활동 제반에 걸친 뒷바라지의 필요성을 여성들에게 고취시키는 활동에 주력했다면, 정미의병에서는 군자금 모금 활동, 무기 및 탄약제조·공급 등에 이르기까지 저항의 일선에서 소통의 매개체 역할을 자처했다.

하지만 윤희순의 지속적인 노력에도 불구하고 나라는 망국의 위기를 벗어날 수 없었다. 하지만 그 과정 속에서도 끝까지 여성 구국의지를 발휘하며 투쟁했던 안사람 의병단은 우리나라 최초의 여성 부대이자 여성 구국활동으로, 그리고 윤희순은 한말 최초 여성의병장으로 기억되고 있다.

■■■■ 국권 상실의 순간을 마주한 윤희순과 의병 가족

10여 년의 의병 전쟁은 우리 민족이 국권회복을 하고야 말겠다는 의지를 불태운 시간이었다. 그 속에서 여성의병을 이끌었던 여성의병장, 윤희순은 국가 위기 속에서 여성의 역할을 분명하게 자각하며, 충忠과 애愛를 의병활동을 통해서 실천했던 결연한 의지의 여성으로 기록에 남아 있다.

그의 역사적 기록을 말미암아 한 가지 질문이 떠오른다. 왜 여성이 일어서야 했는가? 이 물음은 지난 역사를 되돌아보게 한다. 지난 역사에서 우리는 늘 시대를 이끌었던 지도자, 학자 등 백성을 이끌고 앞장섰던 걸출한 인물들에만 주목했고 그들의 역할에만 의미를 부여해왔다. 하지만 지도자는 홀로 설 수는 없다. 지도자가 품고 일어설 수 있었던 민중이 없었다면, 역사의 한 자락을 온전히 채울 수 없었을 것이다. 민중이 일으켰던 역사의 한 줄기, 그 가운데 한 맥을 차지했던 여성독립운동, 그 선상에서 윤희순은 의미있는 활동을 했다.

윤희순의 구국활동이 주목되는 이유는 전통적 유교 집안의 여성이 구국운동을 주도했다는 것은 물론 최초의 여성의병장으로 활약했다는 점이다. 즉, 시대의 틀을 뛰어넘는 여성독립운동가로 거듭난 인물로서 주목받고 있다. 더 나아가 의병운동의 과정에서 일제에 저항했던 여성의 소리를 의병가사를 통해서 전하고 민중의 구국의지를 불러일으키며, 기존의 고정되어 있던 단아한 전통 여성의 이미지를 혁파했다. 국권이 상실되는 위기가 눈앞에 펼쳐졌던 시기, 그 시대를 살았던 이 여성의 절실한 소망은 '국권회복'이었다. 특히 자녀를 양육하는 어머니에게 있어 국권회복은 분명한 시대적 소명으로 인식되었을 것이다.

윤희순의 열과 성을 다한 노력에도 불구하고, 1910년 8월 29일 윤희순과 오직 조국수호를 위해 목숨을 던졌던 이들 모두가 믿을 수 없는 현실을 마주하게 된다. 국권 피탈이 이뤄진 그 날, 전국적으로 타오르던 구국의지는 숨죽여 수그러들었고 수많은 민중은 허탈감에 빠졌다. 그들은 절절한 구국활동을 펼쳤지만 국권 피탈로 인해 일시에 소망이 무너졌다.

더 이상 국내에서 국권회복운동이 힘들 것으로 판단한 의병 가족들은 국외로 이주하기 시작했다. 그 대열에는 윤희순을 포함한 의병 가족 40~50여 가구가 포함되어 있었다. 압록강을 건너고 국경수비대의 감시를 피하며 천신만고 끝에 평정산 난천자 일대에 도착하지만 그 일대는 허허벌판이었다. 그러나 잠시 평정산을 돌아보니 청나라 태조 누르하치努爾哈赤의 조상 묘가 있고, 동쪽으로 4킬로미터 정도 거리에는 누르하치가 청나라 초대 황제로 등극하고 한汗을 칭했던 의미 깊은 곳이 자리하

윤희순

고 있었다. 산짐승이 출몰한다는 버려진 불모지의 땅에서 의병 가족은 황무지를 개간하고 난천자 물을 끌어들여 농사를 짓기 시작했다. 그리고 그들은 그 이름 없는 마을을 '고려구高麗溝'라 불렀다.

지금도 그 지역 주민들은 조선인들이 억척같이 마을을 일구어 거주했던 고려구를 기억하고 있다. 그 허허벌판의 땅에서 의병 가족들은 '독립'이라는 희망의 끈을 놓을 수 없었다. 인근의 중국인들은 조선인이 새로 일구어낸 땅에 감동했고, 의병 가족은 농사 기술을 중국인들에게 가르쳐주며 상호간 교류를 했다. 타국에서 추위와 배고픔의 전쟁을 치루며 희망을 일구었지만, 의병 가족을 이끌던 항일의병부대 '13도의군'의 도총재 유인석柳麟錫의 죽음에 이어 의병장이 연이어 세상을 뜨자 독립을 꿈꿨던 의지는 일시에 상실되었다. 의병장 유인석은 윤희순의 시백부이자 시아버지 유홍석과 형제지간으로 윤희순이 굳건한 의병정신과 항일투쟁의지를 형성하는 데 영향을 준 인물이었다. 의병장들의 죽음은 윤희순뿐만 아니라 많은 이들에게 아픈 상처를 남겼다.

그러나 장례를 준비하는 과정에서 타국에 흩어져 있던 의병 가족과 제자, 문인들이 다시 만나게 되면서 비통한 마음을 끈끈한 조국애로 다질 수 있었고, 이를 계기로 다시금 시국을 논의하고 독립운동의 방향에 대한 깊은 생각들을 교류해나가기 시작했다.

▬▬▬ 타국 땅에서도 잃지 않은 조국애로 만든 민족학교

북간도 용정에는 이상설李相卨에 외해 '시진서숙'이 설립되었다. 서전서숙을 시작으로 일찍이 중국에서 독립운동의 터전을 다졌던 이들은 민족학교를 설립하여 민족교육에 주력하고 독립군을 양성했다. 기록에 의하면 1916년까지 북간도 일대에 설립된 민족학교는 158개교에 달했고 학생 수도 3천 9백여 명에 이른 것으로 나타난다. 그 흐름은 남만주 일대에도 마찬가지였다. 남만주 지구의 환인현에도 '동창학교'가 세워지면서 지역의 독립운동가 양성에 박차를 가했다.

그리고 그 시기 윤희순 역시 항일 인재를 양성하기 위한 학교 설립을 추진하게 되는데, 당시 환인 지역의 조선인, 중국인, 그리고 많은 독립운동가로부터 조력 받은 운영자금으로 1912년 환인현 일면성에 동창학교의 분교인 '노학당老學堂'을 설립하게 된다. 의병정신을 잇고 애국 인재를 양성하겠다는 의지를 피력했던 윤희순의 염원은 교육기관 설립으로 현실화된 것이다. 늘 지행일치知行一致를 강조했던 가풍의 영향이 실천하는 여성독립운동가 윤희순으로 거듭나게 하는 순간이었다.

노학당은 비록 작은 규모였지만 교실과 운동장, 식당, 기숙사 등의 시설을 갖추고 있었고 창립 목적이 분명했다. '문화지식을 갖추며 애국정신으로 국권회복을 위하여 목숨을 바쳐 싸울 수 있는 항일인재 양성', 이것에 그 목적을 두었다. 노학당의 기본정신은 '항일', '애국', '분발', '향상'으로, 조국의 현실과 미래지향성을 담았던 네 가지 기본정신을 토대로 학생들이 지식을 습득하고 독립운동을 지향하는 청년으로 거듭날 수 있도록 했다. 실제로 노학당에서 투철한 항일의식을 가진 독립운동가가 배출되기도 했다. 노학당 출신의 인물들은 '대한독립단'을 비롯하여 항일활동에 주력하는 독립운동가로 활발히 활동하였다. 이렇듯 의병정신이 온전히 묻어 있는 노학당은 윤희순을 비롯한 의병 가족들이 머나먼 타국 땅에서도 상실하지 않았던 조국애를 가지고 일궈낸 의미 깊은 결실이었다.

윤희순은 열악한 환경 속에서도 항일 자금을 마련하기 위한 모금활동을 계속하며 애국인재를 양성하는 데 주력했으나, 1913년 12월 시아버지 유홍석이 세상을 떠나고 일제의 간섭과 외교적 항의가 거세지면서 노학당은 일제 경찰의 감시와 탄압의 주요 대상이 되어 1915년에 결국 폐교되고 만다. 조국의 독립을 향한 일념으로 항일 인재 양성을 위한 교육의 필요성을 절감하고 모든 열정을 쏟아 부었던 윤희순에게 노학당은 그의 사상과 철학을 실천하는 장이었다. 노학당의 건립부터 폐교 직전의 순간까지 그는 학교 운영 자금과 독립운동 자금 모금은 물론, 오직 항일 인재 양성을 위한 활동으로 일관했다. 오늘날 그 자리에는 노학당 창립 90주년을 맞이하여 윤희순의 항일정신을 알리기 위해 세운 공적비와 노학당 표석이 남아있다.

■■■■■ **지금 우리는 우리의 나라를 사랑하고 있는가**

윤희순의 국외 독립운동의 시작이 노학당이었다면 본격적인 활동은 '조선독립단'과 '조선독립단 학교', 그리고 '가족부대'를 통괄하는 일이었다. 그 시기에 윤희순은 독립운동을 위한 새로운 거점을 마련해 전투적인 활동으로 전환했다. 노학당이 폐교된 후 1915년 윤희순은 활동지역을 무순 포가둔으로 옮겼다.

몇 년이 지난 1919년 환인현에서 3·1만세운동이 확산되어 그 일대로 퍼져 활발히 전개되자, 일제는 1920년을 기점으로 서북간노와 연해주에서 그에 대한 토벌작전을 시작했다. 1920년 5월 13일부터 8월 18일

경신참변 당시 일본군이
한인 독립군을 총살하는 장면

까지 '중일합동수색'이라는 명목으로 그 일대를 수색하여 독립군 및 독
립운동가와 그들의 가족을 찾아서 사살했는데 훈춘, 연길, 화룡, 왕청,
동녕 등으로 이어졌던 그 일대의 한인 참변 실상은 어느 정도였는지 정
확히 알 수 없다. 하지만 그 해 10월, 11월 두 달의 통계 기록을 보면 각
각 3,664명, 155명이 피살되었다고 나타나 있다. 재산 피해의 경우, 민가
3,520동, 학교 59개교, 교회당 19개소, 곡물 59,970섬 등이 소실된 것으
로 기록되어 있다. 그렇게 일본군은 청산구 소아하구 항일 근거지를 토
벌하여 대량살상을 하는 '경신참변庚申慘變'의 기록을 남겼다.

　1920년 경신년에 일제는 간도 지역에 2만여 명의 대부대를 동원하여
거주하고 있던 한인들을 무차별적으로 죽였다. 교회당에 마을 사람들을
가두고 짚단을 올려 불을 지른 후 뛰쳐나오는 사람들을 총과 창으로 사
정없이 죽였고, 학교와 민가 곳곳에 불을 질렀다. 일제의 무자비한 횡포

윤희순

에 그 지역에서 활동하던 독립운동가들은 무장 세력을 구성하거나 독립군과 합류하여 일본에 대항하는 연합부대를 구성했다.

그 과정에서 윤희순도 조선독립단과 가족부대를 결성했다. 윤희순 일가도 일제의 잔악함에 무장투쟁 활동으로 선회한 것이다. 조선독립단은 만주와 몽골 등지에 흩어져 있던 의병 동지를 찾아 의병정신의 토대를 닦아놓은 새로운 독립단체였다. 윤희순은 수년간 만주와 몽골, 중원 일대에서 흩어진 의병군을 찾아 180여 명의 애국지사로 구성된 조선독립단을 만들고, 한·중 연합 투쟁을 통해서 확고한 독립의 기반을 구축하려 했다.

> 우리는 중국 땅에서 목숨을 걸고 일본 놈과 싸울 것입니다. 일본 놈과 싸우기 위해서는 식량이 필요하고, 군사 훈련을 할 수 있는 땅이 필요하며, 당신들과의 연합 투쟁이 필요합니다.
>
> — 윤희순의 항일연설 중에서

윤희순은 민족의 자유와 반제국주의의 의지를 조선인뿐만 아니라 중국인에도 각인시켰다. 의병가사를 보급하였고, 한·중 연합 투쟁활동의 필요성을 거듭 강조했다. 독립군 간의 통신 연락, 모금 활동, 정보 수집 등 어느 것 하나 소홀히 하는 일 없이 최선을 다하고 중국인과 활발한 교류를 이어가며 확고한 독립의지를 실천했던 그의 활동 면면은 중국인이 항일투쟁의 불씨를 피우는 데 영향을 주었다.

1926년에 윤희순은 무순 지역에 조선독립단 학교를 세워 다시 한 번 항일 인재 양성에 주력한다. 조선독립단 학교를 세우고 군자금 모금 활동과 병기 구입 등 독립을 위한 지원 활동에 총력을 기울였던 것은 항일 인재 양성의 중요성을 인식했기 때문이다. 윤희순 일가 유돈상柳敦相과 음성국陰聖國이 중심되어 설립된 조선독립단과 조선독립단 학교는 애국계몽은 물론 비밀리에 독립활동을 수행했다. 당시 조선인민회 회장직을 맡고 있었던 음성국, 음성진陰聖進과 교류하면서 윤희순은 유돈상과 함께 조선독립단 학교를 이끌었고, 비밀리에 반일무장단체를 운영했다. 이러한 무장투쟁활동의 과정에서 윤희순의 아들들은 조선혁명군을 이끌었던 양세봉梁世奉과 연합투쟁을 펼치는 데 참여했다. "남을 가르치려면 내가 먼저 실력이 있어야 하고 내 집안부터 실행해야 한다"는 말을 앞세웠던 윤희순은 집안 일가를 중심으로 가족부대를 구성하기도 했다.

　　…… 저는 천하에 무서울 것이 없습니다. 천 번을 넘어지면 만 번을 일어
　　서겠습니다. 한민족의 원수를 갚고 우리 가족의 원수를 갚고 한국의 국권
　　을 찾기 위해 지금 우리는 목숨을 내걸고 싸우겠습니다. ……

　　　　　　　　　　　　　　　　　　　　　　　　— 윤희순의 항일연설 중에서

　　독립운동은 오직 총과 칼로만 맞섰던 것이 아니었다. 교육현장에서 애국계몽운동을 통해 민족정신과 독립의식을 고취시키는 것 역시 독립운동의 큰 맥을 이루었고, 그 선상에서 윤희순의 애국계몽운동과 변함없는 애국정신의 결실 역시 독립운동사의 한 자락을 차지하고 있다. 이러한 윤희순의 올곧은 애국정신을 생전에 그가 했던 연설에서 온전히 느낄 수 있다. 타국의 연설대에 올라 '저는 천하에 무서울 것이 없습니다'라는 말로, 나라 잃은 슬픔과 강건한 구국의지를 담아 연설을 한 윤희순은

한·중 간의 연합 투쟁을 주장하며, 독립운동의 필연성을 비장한 각오로 소리 높여 외쳤다. 핏대 선 목선을 따라 타고 흘렀던 윤희순의 강건한 음성은 연설장을 장악했다.

그 모습은 마치 '지금 우리는 우리의 나라를 사랑하고 있는가?'라는 물음에 대한 답을 담고 있는 듯했다. 또한 일제강점기, 가혹한 수탈과 탄압에 망연자실할 수밖에 없었던 조국을 잃은 이들의 과제는 독립뿐이라는 것을 다시금 상기시켜주고 있었다. 당시 윤희순의 연설은 나라를 잃은 백성의 한 맺힌 외침으로 많은 이들의 주목을 받으며, 독립을 향한 강인한 의지를 지닌 한국 어머니의 진심은 듣는 이들의 마음을 움직였다.

장기간 타국 생활로 피폐해진 이들이 무너져가는 자존감과 주체의식을 되찾지 못하고 영영 잃지 않도록, 강인한 의병정신을 독립정신으로 잇고자 했던 윤희순. 그는 일평생 항일독립투쟁에 몸을 던졌다. 국내 의병활동 25년, 국외 독립활동 15년. 약 40여 년에 걸쳐 '한국의 국권을 찾기 위해 목숨을 내걸고 싸우겠다'고 외쳤던 그녀의 절절한 외침에서 시대의 암울함을 느낀다.

■■■■■ 빛바랜 기억, 《해주윤씨일생록》으로 남다

1935년 6월 12일 무순의 조선독립단 학교에서 강의를 마치고 용봉 신둔으로 향하던 윤희순의 큰아들 유돈상이 잠복해 있던 일제 경찰에 체포되어 무순감옥으로 끌려갔다. 사형상과 같은 무순감옥에 유돈상이 체포되었다는 소식이 윤희순에게 전해졌다. 그 시간, 유돈상은 일제

경찰의 고문대에 올라 있었다. 불을 달군 쇠꼬챙이가 살을 파고들었고, 거꾸로 매달린 채 고춧가루물이 코에 쏟아졌다. 정신을 잃으면 다시 살점을 도려내는 고문이 시작되었다. 쉴 새 없는 고문으로 고통 받는 큰 아들 돈상을 살리기 위해 윤희순은 방법을 수소문했지만 이후 감옥에서는 어떤 소식도 들리지 않았다.

그로부터 한 달이 지난 7월 19일, 윤희순은 아들을 찾아가라는 간단한 통지를 받았다. 한걸음에 달려온 무순감옥 앞에서 기다리고 있었던 윤희순은 피투성이가 되어 얼굴조차 알아볼 수 없는 아들을 마주하고 말았다. 아들을 부축해 걸음을 옮겼지만 얼마 못 가서 유돈상은 세상과 끈을 놓고 말았다. 시백부 유인석, 시아버지 유홍석, 남편 유제원에 이은 장남 유돈상의 죽음은 윤희순의 세상을 향한 믿음을 저버리게 했다.

그리고 한 달여가 지난 8월 29일 윤희순은 떨리는 손으로 자신의 일생을 돌아보며 후손들에게 글을 남기기 위해 붓을 들었다.

나의 일생 기록을 줄거리만 적어 보노라. 시집을 와보니 시아버님은 홀로 계시고 …(중략)… 이렇게 기구하게 살자니 죽어지면 좋겠는데, 죽자하니 광복이 빨리 와서 자손들이 조선에 가서 잘 사는 것을 보고 싶어 차마 죽을 수도 없고 죽어지지도 않고 하여 원수로다. …(중략)… 천민이라도 내 집을 찾아오면 반가이 맞아주고 반가이 보내주어라. …(중략)… 매사는 자신이 알아서, 흐르는 시대를 따라 옳은 도리가 무엇인가를 생각하여 살아가길 바란다. 충효정신을 잊어서는 안 되느니라.

윤 씨 할미가 자손들에게 보내는 말이니라.

한참을 써내려간 윤희순의 마지막 글은 현재 소책자로 남겨져 보존되어 있다. 파르르 떨리는 손에 잔뜩 힘을 주고 써내려간 윤희순의《일생록》. 그 기록에 일생 동안 독립운동에 투신했던 흔적과 그의 고뇌가 고스란히 묻어있다.

윤희순의 일생은 의병운동, 독립운동으로 채워진 후 광복의 끈을 잡은 채 마감되었다. 오직 일생을 독립을 위해 살았다고 해도 무방할 그의 구국운동의 기록은 오늘날 한국 여성 독립운동의 맥이 의병운동에서 비롯되었다는 것을 상기시켜주고 있다. 집안 4대에 걸쳐 독립정신을 계승하는 대들보 역할을 자처했던 독립운동가 윤희순의 행적을 통해서 역사 속 침잠되어 있는 한국 여성의 잠들지 않은 빛바랜 나라사랑에 주목한다. 쪽진 머리에 한복을 입은 조선의 여성이 오직 '조국 독립'만을 외치며 숨죽이고 살았던 그 일생의 기록은 역사의 일부로 여전히 숨 쉬고 있다.

역사는 거창한 기록이 아니다. 우리 역사에는 바로 우리 어머니의 이야기가 있다. 조국을 잃고 지식을 품에 안은 재 울부짖던 어머니의 모습의 기록이 역사를 말해준다. 마치 독립운동가 윤희순의 이야기처럼.

조마리아

?~1927

나의 아들과 나는
국민 된 의무를 다한 것뿐이다

죽음을 앞둔 안중근에게 어머니 조마리아는
자신의 애끓는 슬픔을 숨긴 채 글을 써 보냈다.
"나라를 위해 딴마음 먹지 말고 죽으라.
대의를 위해 죽는 것이 어미에 대한 효도다."
한국인 전체의 공분을 짊어졌다는 대의를 가지고 나라를 위해
의연한 죽음을 택할 것을 요구한 그는 자식의 위대한 스승이었다.

■■■■ 안중근의 소리 없는 든든한 조력자 조마리아

안중근의 어머니 조마리아(본명 조성녀)는 1862년에 백천 조씨 진사 선爀의 3남 2녀 중 차녀로 태어났다. 그리고 진해 현감을 역임한 순흥 안 씨 인수仁壽의 3남 진사 안태훈安泰勳과 결혼해 슬하에 안중근安重根, 안정근安定根, 안공근安恭根 3남과 안성녀安姓女 1녀를 두었다. 맏이인 안중근이 태어난 것은 1879년 9월 2일이었다.

안중근의 어린 시절과 청년기에 어머니 조마리아의 행적에 대해서는 거의 알려진 내용이 없다. 안중근의 아버지 안태훈은 비록 '3일 천하'로 끝나고 말았지만 갑신정변에 박영효, 김옥균 등과 함께 참여한 개화파 지식인으로, 인물 조명이 가능한 자료들이 더러 있으나 상대적으로 어머

니 조마리아에 대한 기록은 찾아보기가 힘들다. 안중근의 자서전에서조차도 아버지에 대한 이야기는 어느 정도 언급되어 있으나 어머니에 대한 일화는 거의 나와 있지 않다. 물론 곧 다가올 죽음을 앞둔 상황에서 급히 자서전을 저술하다 보니 시간에 쫓겨 어머니와의 관계에 대해서는 의도적으로 서술하지 않았을 수도 있다.

여러 정황상 안중근이 주로 아버지의 영향을 받으며 성장한 것으로 생각할 수 있겠지만, 안중근의 이토 히로부미 주살誅殺 이후 조마리아의 언행을 살펴보면 실제로는 어머니의 영향이 절대 적지 않았을 것이라는 사실을 금방 확인할 수 있다. 결국 조마리아에 대한 자료가 빈약하다는 것은 시대적으로 볼 때 남성 본위의 가부장적 권위주의가 팽배했던 사회 문화구조와 무관하지 않은 것으로 보인다.

안중근의 어린 시절과 관련하여 조마리아의 행적이 거의 드러나지 않는 또 다른 이유 하나는 남편 안태훈이 갑신정변에 참여해 쫓기는 신세가 되어 황해도 신천에 소재한 천봉산 청계동으로 피신해 있던 시절, 일가권속의 큰살림을 진두지휘하느라 여념이 없었기 때문이었을 것이다. 안중근이 여섯 살 되던 해, 안태훈 일가가 모두 청계동으로 이사하게 되면서 신분을 감춰야 하는 남편 대신 조마리아는 집안의 대소사를 도맡아 처리하며 그 과정에서 상당한 리더십을 발휘하였을 것으로 짐작된다. 그런 상황으로 인해 자연히 자녀들을 돌볼 시간을 많이 빼앗겼을 것이며, 당시 어린 나이의 안중근에게 어머니와 관련하여 기억에 남을 만한 특별한 일은 없었을 가능성이 크다.

1906년 1월 남편 안태훈이 사망하고 안중근이 애국계몽운동을 시작으로 본격적인 독립활동을 전개하면서부터, 그동안 남편의 그늘에 가려 있던 조마리아의 행동영역이 크게 달라지기 시작한다. 조마리아는 남편이 생존해 있을 때는 그의 충실한 내조자로서의 삶을 살았지만, 그가 타계한 다음에는 구국 차원의 애국계몽 사업에 뜻을 둔 안중근을 따라 개화운동이 활발했던 삼화항으로 이주했다. 남편을 내조하는 일을 내려놓은 후, 평소 안중근을 곁에서 지켜보며 그의 인물됨을 확인하고 독립운동에 뛰어든 아들을 적극 도와야겠다는 각오를 한 조마리아는 기꺼이 안중근의 뜻에 함께 한 것이다. 안중근이 해외 망명을 추진할 때는 "집안일은 생각하지 말고 최후까지 남자답게 싸우라"라고 격려하기도 했다. 아들이 삼흥학교와 돈의학교 운영에 전념할 수 있도록 돕는 과정에서 그는 위기에 처한 나라를 구하는 일에 여성들도 적극적으로 참여해야 한다는 생각을 충분히 하게 된다.

1907년 '국채보상운동國債報償運動'이 전국적으로 확산되고, 나라를 구하는 일이라면 즉각 실천에 옮겼던 안중근은 그에 적극 호응해, 국채보상회 관서 지부를 설치하고 지부장으로서 활발하게 활동했다. 안중근은 아내 김아려에게도 장신구 전부를 헌납하게 하고, 자신이 운영하는 삼흥학교 교원들과 학생들도 이 운동에 적극 참여할 수 있도록 독려하는 등 솔선해 모범을 보이면서 일반 민중들의 참여를 유도했다. 2월에는 평양 명륜당에 선비 1천여 명을 모은 다음, 취지를 설명하고 성금을 모으기도 했다.

안중근을 지켜보고 있던 조마리아도 아들의 헌신적인 구국활동을 적극 돕고자 발 벗고 나섰다. 그는 1907년 5월 평안남도 삼화항 은금폐지부인회를 통해 국채보상 의연금을 납입하였는데, 이는 당시 자신이 가진 패물을 모두 출연한 것으로 보이며 그기 얼마나 간질히 국권회복을 염원했는지를 잘 간파할 수 있는 대목이다. 당시 〈대한매일신보〉 1907년 5월

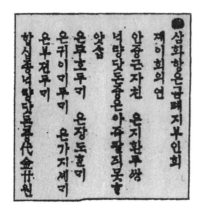

조마리아의 국채보상 활동을 실은
〈대한매일신보〉기사문

29일자 '국채보상 의연금 수입 광고'라는 제목의 기사에서는 조마리아
의 패물 출연을 다음과 같이 알리고 있다.

삼화항 은금폐지부인회 제이회 의연
안중근 자친 은지환 두 쌍 넉냥 닷 돈 중 아직 팔리지 못하였음.
은투호 두 개, 은장도 한 개, 은 귀이개 두 개, 은가지 세 개, 은부전 두 개.
합 십종 넉냥 닷 돈 중 대금 20원

이 기사는 조마리아가 이 단체에 회원으로 가입하여 국채보상운동에
적극 가담하였다는 사실을 잘 증명해 주고 있다. 그가 가장 아끼던 패물
을 흔쾌히 출연한 사실을 미루어볼 때, 국채보상회 관서 지부의 지부장
인 아들 안중근의 독립운동에 힘을 실어주자는 의지도 컸겠지만, 당시
삼화항 은금폐지부인회의 정신과 추진력이 조마리아의 마음에 적지 않
은 감동을 주었던 것으로 보인다.

조마리아

■■■ "내 아들은 이 나라 국민이고, 나라의 일로 죽는 것은 국민 된 의무다."

1909년 10월 26일 하얼빈 역. 이곳에서 안중근이 이토 히로부미伊藤博文를 주살하자 일제는 큰 충격에 빠졌다. 안중근은 거사 성공 직후 러시아 제국 공안에 의해 즉각 체포되어 하얼빈 영사관 지하 감방에 구금되었다. 일제는 거사의 배후를 추적하기 위해 현지에서는 우덕순禹德淳, 조도선曹道先, 유동하劉東夏, 정대호鄭大鎬 등을 용의자로 체포 구금하여 심문하였고, 국내에서는 용의자로 안창호安昌浩, 이갑李甲, 이종호李鍾浩, 김명주, 김구金九 등을 구속해 조사하는 한편 안중근의 고향집까지 덮쳐 조마리아와 자남 안성근, 삼남 안공근에 대해서도 심문조사를 벌였다. 조마리아는 집요한 심문조사 과정에서 일제 경찰로부터 갖은 조롱과 협박을 받았으나 꿋꿋하게 이겨냈다.

이후 안중근의 동생 정근과 공근은 여순 법원에 참고인 자격으로 소환되었는데, 당시 이들을 만난 안중근은 러시아와 영국인 변호사가 변론을 자청하고 있음에도 자신은 한국인 변호사의 선임을 원한다는 뜻을 전한다. 두 동생은 이 소식을 어머니 조마리아에게 전보로 알렸다. 당시 일제는 한국인 변호사의 선임을 반대하여, 이를 적극 방해하고 나섰다. 그러나 조마리아는 이에 굴하지 않고 한국인 변호사 선임에 적극 나섰다.

이 일로 조마리아가 평양의 천주교당에 머물고 있을 때, 일제 경찰과 헌병들이 수시로 찾아와 아들 안중근이 이토 히로부미를 주살한 것은 잘못된 자식 교육의 탓이라고 책임을 추궁을 하며 괴롭혔다. 그런 그들에게 조마리아는 당당히 맞서 이렇게 항변했다.

"내 아들이 나라 밖에서 무슨 일을 저질렀는지는 내 알 바 아니다. 그렇지만 이 나라 국민으로 태어나 나라의 일로 죽는 것은 국민 된 의무다. 내 아들이 나라를 위해 죽는다면 나 역시 아들을 따라 죽을 따름이다."

조마리아는 자신의 아들이 나라와 민족의 독립을 위해 거사를 감행하고 이로 인해 죽게 된다면 이는 '국민 된 의무'라고 규정하고, 자신도 일제의 어떠한 탄압에도 죽으면 죽으리라는 각오로 맞서겠다는 의지를 분명히 했다.

조마리아는 일제의 집요한 방해에도 굴하지 않고, 한성 변호사회가 추천해준 평양의 안병찬安秉瓚 변호사를 찾아가 아들의 변론을 맡아줄 것을 부탁했다. 안병찬은 조마리아의 집요한 간청에 여순으로 갔고, 11월 30일 관동도독부 지방법원장 마나베眞鍋 앞으로 변호인 신고서를 제출했다. 그러나 얼마 후 담당 서기는 안중근에 대한 재판은 일본 형법에 따라 일본 법정이 행하는 것이므로 외국인 변호인의 변론을 허용하지 않는다며 대신 관선 변호인 두 명을 선임했다는 회신을 보냈다. 이는 법원 당국이 한국인 변호인을 받아들일 경우 공판 과정에서 일제의 부당성이 낱낱이 드러날 것을 두려워했기 때문이었다.

■■■■■■■ **시모시자是母是子, 그 어머니에 그 아들이로다**

1910년 2월 14일 법정 공판에서 결국 안중근에 대해 사형선고를 내렸다는 소식을 들은 조마리아는 정근과 공근 두 아들을 급히 여순으로 보내 자신의 말을 전하게 했다.

"네가 공소를 한다면 그것은 목숨을 구걸하고 마는 것이 되고 만다. 네가 국가를 위하여 이에 이르렀은즉 죽는 것이 영광이다."

어머니로서 자식의 죽음을 비통하게 여기지 않을 자가 없겠지만, 조마리아는 안중근이 일제에게 목숨을 구걸하는 비굴한 인상을 주기보다는 오히려 의로운 죽음을 선택할 것을 바랐던 것이다. 이러한 바람은 아들의 행동이 분명 국권회복을 위한 의거였다는 믿음에서 비롯된 것이며, 일본을 향한 참을 수 없는 분노의 표출이었을 것이다. 무엇보다 그는 독실한 천주교 신앙인으로서 안중근을 조국에 바치기로 결심한 상황이었고 천국에서 다시 만날 것을 확신하였기에 아들의 죽음을 두려워하지 않았다. 그러나 자신보다 아들을 먼저 하늘나라로 보내는 어머니의 애끊는 심정은 어찌 할 수 없었을 것이다.

실제로 2월 19일 안중근은 어머니의 뜻을 따라 공소권을 포기했다. 항소를 제기하지 않고 판결을 의연하게 받아들이기로 한 것이다. 안중근의 의연한 결정에 놀란 쪽은 일제였다. 고등법원장 히라이시平石는 일부러 형무소를 찾아가 그에게 상고를 권했다. 그러나 이미 결단을 내린 안중근은 단호히 거절했다. 마찬가지로 감형을 염두에 두고 항소를 권하는 일본인 변호사의 권고에 대해서도 안중근은 이렇게 반응했다.

"나는 처음부터 무죄요, 무죄인 나에게 감형을 운운하는 것은 치욕이다."

이러한 안중근의 결단에는 조마리아의 비장한 충고가 크게 작용하였을 것임은 물론이다. 당시 국내의 〈대한매일신문〉과 일본의 〈아사히신문〉은 '시모시자是母是子(그 어머니에 그 아들)'라는 글을 실었다.

사형이 집행되기 사흘 전인 3월 23일 안중근은 어머니에게 유서를 썼다. 그 내용은 일본사료관에서 발굴한 안중근의 〈모주전상서母主前上書〉에 남아 있다.

예수를 찬미합니다.

불초한 자식은 감히 한 말씀을 어머님 전에 올리려 합니다. 엎드려 바라옵건대 자식의 막심한 불효와 아침저녁 문안인사 못 드림을 용서하여 주시옵소서.

이 이슬과도 같은 허무한 세상에서 감정에 이기지 못하시고 이 불초자를 너무나 생각해 주시니 훗날 영원의 천당에서 만나 뵈올 것을 바라오며 또 기도하옵니다.

이 현세의 일이야말로 모두 주님의 명령에 달려 있으니 마음을 평안히 하옵기를 천만번 바라올 뿐입니다. 분도는 장차 신부가 되게 하여 주기를 희망하오며, 후일에도 잊지 마옵시고 천주께 바치도록 키워 주십시오.

이상이 대요이며, 그밖에도 드릴 말씀은 허다하오나 후일 천당에서 기쁘게 만나 뵈온 뒤 누누이 말씀드리겠습니다.

위아래 여러분께 문안도 드리지 못하오니, 반드시 꼭 주교님을 전심으로 신앙하시어 후일 천당에서 기쁘게 만나 뵈옵겠다고 전해 주시기 바라옵니다.

이 세상의 여러 가지 일은 정근과 공근에게 들어 주시옵고, 배려를 거두시고 마음 편안히 지내시옵소서.

아들 도마 올림

사형 집행 전날인 3월 25일 안중근은 정근, 공근 두 동생들과 면회하면서 고향으로부터 수의 명주한복이 왔는지 물은 다음, 어머니 조마리아의 장래를 당부하였다. 평소에 아들 된 도리를 다하지 못한 것을 부끄럽게 생각하며 심려를 끼친 불효의 죄에 대해 용서를 구할 것을 다시 한 번

조마리아

조마리아가 보낸 흰 명주한복을 입고 순국의
순간을 기다리는 안중근

부탁하였다. 안중근으로서는 자식으로서 먼저 죽는 것이 어머니에게 불
효요, 애간장이 끊는 아픔을 드리는 일이라고 여겼을 것이다.

물론 어머니 조마리아는 안중근의 불효의 죄에 대해 이미 용서했다.
그 뜻을 담아 3월 26일 사형을 앞둔 안중근에게 보내는 글을 정근, 공근
두 형제를 통해 띄워 보냈다.

> 장한 아들 보아라. 네가 늙은 어미보다 먼저 죽는 것을 불효라고 생각한
> 다면, 이 어미는 조소거리가 될 것이다. 너의 죽음은 너 한 사람 것이 아닌
> 한국인 전체의 공분을 짊어진 것이다. 네가 항소를 한다면, 그건 일제에
> 목숨을 구걸하는 것이다. 나라를 위해 딴까음 먹지 말고 죽으라. 대의를
> 위해 죽는 것이 어미에 대한 효도다.

■■■■ 일제의 압박을 피해 떠난 망명길

　　안중근의 사형이 집행되고 나흘 만인 3월 30일 여순에 머물렀
던 안정근과 안공근은 진남포로 귀환했다. 이후 안중근 유족에 대한 일
제의 감시가 심화되자 이에 부담을 느낀 조마리아는 가족과 함께 연해
주로 망명해 이주하기로 작정한다. 이처럼 신속한 결정이 가능했던 것은
안중근의 부인 김아려와 자식들이 이미 러시아령 연해주 코르지포에 정
착하고 있는 상황이었기 때문이다. 안중근은 의거 이전에 직계 식구의
안전을 염려하여 국외 이주를 계획했었고, 의거 다음날인 1909년 10월
27일에 가족 일행은 하얼빈에 도착해 있었다.

　　조마리아를 비롯한 가족 일행의 연해주 정착에는 현지 독립운동가
들을 비롯하여 안창호의 도움이 컸다. 특히 안중근 순국 직후 연해주
에서는 '안중근 유족 구제공동회'가 결성되었는데, 이 단체의 주선으로
1910년 10월경에 이르러 코르지포에 조마리아와 정근 내외, 공근 등 안
중근 일가 여덟 명이 모여 살게 되었다.

　　그 후 안중근 가족 일행은 1911년 4월 경 코르지포에서 10여 리 정도
떨어진 조선인 마을 목릉穆陵 팔면통八面通으로 옮겨가 살게 되었고, 안
창호 및 이갑의 도움으로 벼농사를 짓는 등 농장을 경영할 수 있었다. 그
렇지만 안중근 가족에 대한 일제의 끈질긴 추적은 계속되었다. 급기야
1911년 여름에 안중근이 유언장에서 어머니와 아내에게 신부로 만들어
줄 것을 부탁했던 맏아들 분도가 일제의 밀정이 준 과자를 먹고 독살을
당하는 비극적인 사건이 발생했다.

　　이후 1917년 7월에 조마리아 일행은 니콜스크로 이주하여 벼농사를
시도했으나, 러시아혁명의 여파로 말미암아 타 지역으로 다시 이주를 결

　　　　　　　　　　　　　　　　　　　　　　　　조마리아

연해주에서 찍은 조마리아 수연 기념사진(둘째 줄 왼쪽에서 세 번째))

심한다. 그리고 1919년 4월 13일 그들은 대한민국 임시정부가 수립된 상해로 목적지를 정하고 그곳으로 향했다. 상해에 도착했을 때는 어느덧 10월이 다 되어서였고 프랑스 조계의 남영길리南永吉里에 정착하게 된다. 이들이 상해로 이주를 결정하게 된 배경에는 안중근의 아들 분도가 독살된 이후 안전한 활동근거지를 찾으려던 소망을 가지고 있었고, 김구와 안창호 등의 초청과 도움이 있었기 때문이었다.

상해에 거주하고 있는 독립운동가들에게 있어 조마리아의 가족 일행은 안중근의 상징성으로 인하여 전투장에서 천군만마를 얻는 것과 같은 의미를 지녔다. 특히 상해 교포들에게 민족의 영웅이었던 안중근의 어머니와 아내를 맞이하는 것은 용기백배가 되는 일이었다. 조마리아는 상해에서도 안중근의 어머니라는 특별한 위상과 그의 헌신성으로 이내 곧

독립운동가들과 교포들의 존경을 한 몸에 받았으며, 김구의 어머니인 곽
낙원과 함께 항일독립운동계를 중심으로 교포사회의 대모 역할을 했다.
각자 위대한 민족영웅의 어머니였던 조마리아와 곽낙원의 만남은 각별
한 관계를 형성할 수밖에 없는 일이었다. 조마리아가 다소 나이가 적어
두 사람은 서로 형님, 아우로 호칭하며 지냈다.

■■■■■ 상해에서의 조마리아 일가의 활약

조마리아 일행이 상해에 도착한 이후 1919년 러시아어에 능통
했던 셋째 아들 안공근은 안창호의 추천으로 임시정부 모스크바 특사로
임명되었고, 곧 임시정부 외무차장으로 발탁되었다. 1921년에 임시정부
에서 공식적으로 파견한 외교관으로 모스크바에 근무할 때는 레닌 등을
상대로 독립자금의 확보 활동도 하였다. 그리고 상해로 귀임한 1925년
이후부터는 어머니 조마리아를 비롯하여 안중근의 가족들을 부양해야
했고, 이를 위해 빙과점 운영을 하기도 했지만, 늘 빈궁한 생활은 면치
못했다.

그런 와중에도 안정근과 안공근은 임시정부의 주석 김구를 도와 독립
운동의 최전선에서 활발한 활동을 했다. 안정근은 김구가 낙양군관학교
에 한인특별반을 설치하자 국내외 청년들을 모집하는 데 크게 기여하였
고, 안공근은 한국독립당 창당 과정에서부터 15년이 넘게 김구의 최측근
동지로서 동고동락하는 생활을 했다. 특히 윤봉길의 의거 직후 김구가
일제 경찰에 쫓겨 가흥으로 피신했을 때, 안공근은 그의 지시를 받아 가
흥과 상해를 오가며 한인애국단을 총괄하는 임무를 담당했다. 더욱이 김

구의 장남 김인과 안정근의 딸 안미생이 결혼하면서 김구와 조마리아 두 집안의 사이는 더욱 돈독한 관계를 맺게 된다.

조마리아는 상해 생활에 정착하면서 독립운동에 도움이 되는 일이라면 무슨 일이든지 힘써 헌신하였다. 그 가운데 '상해재류동포 정부경제 후원회'에 참여한 일은 그의 활동의 대표적인 예에 속한다. 이 후원회는 임시정부 후원을 위하여 1926년 7월 19일 삼일당에서 창립총회가 개최됨으로써 출범하였는데, 위원장에는 안창호, 서무위원에는 조상섭, 재무위원에는 진희창이 각각 선출되었으며, 조마리아는 최승봉, 김보연, 하상린, 정광호, 김순애 등과 함께 정위원이 되었다. 회계검사로는 이유필, 임필은, 염온동 등이 선임되었다. 가부장적 권위주의가 팽배한 당시 상황에서 조마리아가 후원회 정위원으로 선출되었다는 사실은 상해 동포 사회에서 여성지도자로서 그가 가졌던 영향력을 짐작하게 한다.

또한 조마리아는 상해 동포들 가운데 어려움을 겪고 있는 사람들을 대상으로 봉사활동에도 힘썼다. 그중에서도 돌봄이 부족한 아이들을 돌봐주는 일이라든지, 형편이 어려운 사람들을 위로하고 돕는 일 등 자애로운 어머니상을 나타내는 삶을 살았다. 부인이 없는 박은식朴殷植이 박시창朴始昌을 양아들로 들이자 조마리아는 어머니의 손길이 필요한 그를 위해 아들처럼 돌봐주기도 했다.

1925년 박은식이 사망하고, 아들 안정근은 뇌병이 발생해 모든 항일운동을 접은 후 가족을 이끌고 위해위威海威로 이주하여 큰 재산을 가진 민족교육사업가 장모 왕재덕王在德으로부터 재정적 지원을 받으며 투병을 하였다. 막내아들 안공근도 자신의 가족과 함께 보창로로 이주했다. 그리하여 조마리아는 자연히 며느리인 김아려와 그 손자들과 함께 사는 상황이 되었다.

애석하게도 조마리아는 1927년 7월 25일 위암으로 타계하고 말았다. 장례는 프랑스 조계에 있는 천주교당에서 상해 교민장으로 치러진 후 프랑스 조계 내 안남(월남)인 묘지에 안장되었다. 그러나 그 묘지 터가 개발되어 건물들이 들어섬으로써 더 이상 무덤을 찾을 수 없게 되었다. 정부는 조마리아가 독립운동에 헌신한 공로를 기려 2008년에 대한민국 건국훈장 애국장을 추서했다.

■■■■ 안중근의 기록에서 강인한 조마리아를 만나다

어린 시절의 안중근은 아버지 안태훈의 기질뿐만 아니라 그의 개화사상과 서학 등에 상당한 영향을 받았을 것으로 짐작된다. 안중근이 인간관계에 있어서 의리를 매우 중시하고 불의에 분연히 맞서는 기질은 물론, 구국운동에 투신할 때 먼저 애국계몽운동부터 시작한 것도 개화론자인 안태훈의 영향을 크게 받은 것으로 보인다. 물론 안중근은 개화파인 아버지로부터 받은 사상적 영향과 함께 유교 경전과 한국 및 세계 역사, 중국고전, 철학 등에도 눈을 떴다.

안중근은 청계동으로 이사한 이후 어린 나이에 아버지가 세운 서당에서 한학 공부를 시작했는데, 당대 최고의 한학자 중의 한 사람인 고능선高能善으로부터 사서삼경의 유교 경전과 통감 등을 수학했고, 조선사와 만국역사 등 역사서도 두루 섭렵하였다. 여기에 아버지 영향으로 천주교에 입교한 이후 프랑스인 빌렘Wilhelm(홍석구) 신부와의 관계로 기독교 교리와 서학에 입문하게 됨으로써 자연히 안중근은 근대적인 사고를 키울 수 있었고, 당시 국제질서의 흐름을 간파할 수 있는 통찰력을 가질 수 있었던 것으로 보인다.

이처럼 아버지의 영향이 매우 컸으나 안중근에게 끼친 어머니의 영향 또한 작지 않았을 것으로 판단된다. 조마리아는 남편 안태훈을 보필하면서 천주교 신앙과 개화사상에 눈을 떴을 것이고, 그렇게 하여 내면화된 가치는 일상 속에서 안중근에게 상당한 영향을 미쳤을 것이기 때문이다.

조마리아는 생애 전반에 걸쳐 드러난 행적을 살펴볼 때 선천적으로 조용한 성품을 가졌을 것으로 판단되며, 실제로 아들이 가진 재능을 충분히 고려하여 조용히 지켜보며 자상하게 가정교육에 임했을 것으로 보인다. 김구의 아들 김신金信은 할머니 곽낙원 여사가 김구를 다룬 일화에서 당시 조마리아를 다음과 같이 회고하고 있다. 아래 일화에서 그의 부드러운 자녀교육관을 나름대로 유추할 수 있다.

… 어머니가 돌아가시고 정말로 살기가 어려워지자 할머니는 아버지를 집으로 불러 직업을 찾아보도록 하셨다. 그러자 아버지는 죽어도 임시정부의 대문을 떠나지 않겠다고 하셨다. 그런 아버지를 할머니는 무릎을 꿇게 하시고 대나무 곤봉으로 아버지를 때리셨다. 아버지는 효자이셨기에 비록 반백의 나이였으나 그대로 꿇어앉고 맞기만 하셨다. 할머니는 때리다 지쳐서 숨을 헐떡이고 계셨지만, 아버지는 여전히 임시정부 대문을 떠나지 않겠다는 말씀만 하셨다.

그때 안중근 열사의 어머니께서 오셔서 할머니를 붙잡고는 김구는 우리 임시정부의 영수이니 그를 때려서는 안 된다고 말했다. 그러자 할머니는 '너는 앞으로 더욱 큰 인물이 되어야 나의 아들이라고 할 것이다'라고 하시면서 매를 놓았다.

  곽낙원은 아들이 이미 가정을 이루고 장년이 되었음에도 불구하고 호되게 매로 때릴 정도로 엄격했지만, 성품이 온화하고 조용했던 조마리아는 아들 안중근이 성장 과정에서 점차 성격이 호탕해지면서 학문보다는 말 타기와 활쏘기, 그리고 숙부와 포수꾼들을 따라 화승총을 메고 사냥을 즐겼던 행태마저도 그대로 존중하였을 정도로 질책하는 일이 거의 없었다. 그만큼 아들이 가진 자질을 중시하고 이를 살리는 자율적인 교육을 중시했던 것 같다.

  실제로 조마리아는 세 아들들의 재능을 고려하여 둘째 아들 정근과 셋째 아들 공근에게는 공부를 독려했지만, 장남 중근에 대해서는 그가 가진 담대하고 호방한 기개를 장차 나라를 구할 장군감이 될 만한 기질이라 여기고, 이를 충분히 살리려 했던 것으로 보인다. 김구는 자신의 《백범일지》에서 안중근 부모의 자녀교육에 대하여 언급하면서 정근과 공근 두 아들에게는 공부를 독려한 반면에 말 타고 사냥하기를 즐기는 중근에게는 공부하지 않는다고 질책하는 일이 일체 없었다고 했다. 오히려 조마리아는 중근이 사냥한 짐승으로 음식을 만들어 가족들은 물론 의려(군인)들에게 나누어 주었다고 기술하고 있다.

  한편 조마리아는 조국이 처한 운명을 타개하는 일에 있어서는 아들의 목숨도 아까워하지 않을 정도로 담대한 성품을 가졌다. 1907년에 안중근이 나라를 구하기 위하여 국외 망명을 결심하고 불효의 사죄를 올렸을 때, 조마리아는 가업을 이어야 할 장남이 독립투쟁이라는 위험한 길을 가겠다는데도 오히려 "집안일은 생각지 말고 최후까지 남자답게 싸우라"

고 격려하였는데, 나라를 위한 의로운 일이라면 기꺼이 응낙하는 대범한 기질을 잘 확인할 수 있다. 여느 어머니라면 아들이 처하게 될 위험을 생각해 만류했을 법도 하나, 조마리아는 이미 중근의 결단력과 용맹 그리고 확고한 구국 의지를 잘 알고 있던 터라 그의 길을 일부러 막으려 하지 않았던 것이다.

무엇보다도 조마리아는 조국이 위기에 처했을 때는 사적 영역인 집안보다는 구국이라는 공적 영역을 우선시해야 한다는 분명한 인식을 갖고 있었다고 볼 수 있다. 두말할 필요 없이 안중근은 어머니의 간단명료하지만 진정한 격려에 힘입어 백만의 원병을 얻은 것과 같이 용기백배하여 조국을 떠날 수 있었음은 물론이다. 이러한 사실을 염두에 둘 때, 위대한 인물은 바로 그 어머니가 만드는 것임을 확인할 수 있다.

무엇보다 그는 아들에게 사형이 선고되었다는 소식을 들었음에도 아들을 잃는 슬픔을 드러내기보다는 오히려 "옳은 일을 하고 받은 형이니 비겁하게 삶을 구하지 말고 대의에 죽는 것이 어미에 대한 효도이다"라는 말을 전한 뒤, 여러 날을 지새우며 명주 수의를 지어 보내는 의연한 자태를 보였다. 이는 조국이 누란의 위기에 처한 상황을 직시하고 안중근이 '자신의 아들'이기 이전에 '조국의 아들'임을 더 중시한 결과로 볼 수 있다.

이와 관련하여 사형 판결 소식을 전해들은 조마리아의 의연함에 크게 탄복한 홍언洪焉(홍종표)은 훗날 《대동위인안중근전大東偉人安重根傳》을 통해 다음과 같은 평을 하였다.

… 이때 그 모친 조 씨는 평양에 있어 장군에게 말을 붙여 가로되 "사람이

1914년 6월부터 8월까지 〈권업신문〉에 연재된 '만고의사 안중근전'

환란에 처하여 한 생각이 그릇함에 마장魔障이 따라 이르나니 문호門戸의
청덕清德을 더럽히지 말라" 하였다가, 공판의 결과를 듣고 분연하여 가로
되 "일본이 이등을 편호偏好하여 중근을 형벌할진대 한국의 수십만 생명
을 장차 무엇으로 대신하려느냐." 하니 이는 영웅의 어미가 되어서 수미首
尾 장부의 당당한 기개가 일천만 부녀에게 표준을 보임이요.

또한 안중근이 어머니에게 미처 못다 한 불효를 동생들에게 대신해
어머니에 대한 공경을 다할 것을 부탁한 것과 관련하여, 1914년 8월 9일
자 〈권업신문〉에 계봉우桂奉瑀가 연재한 '만고의사 안중근전 7' 편에서는
안중근을 일컬어 어머니를 제자 요한에게 부탁했던 예수에 빗대고 있다.

조마리아

닭이 장차 울고 동방으로 해가 올라오면 무정한 형을 위해서 세상을 하직할 그 전날에 찾아 온 두 아우를 향하여 유언하기를, "나는 부모의 자식이 되어 효도를 다하지 못하였으므로 구천九天에 돌아가도 눈을 감지 못할지니 너희는 정성껏 어머니를 공경하라" 하였으니, 이는 만국만인을 대신하여 십자가에서 피를 흘릴 제 그 어머니를 제자 요한에게 부탁하던 두 번째 예수시니라.

이 일화에서 보이는 안중근의 어머니에 대한 지극한 효심을 빌어, 평소 조마리아의 아들에 대한 사랑과 정성이 얼마나 컸던가를 짐작할 수 있다.

한편, 안중근이 독실한 천주교인으로서 행동하는 신앙인의 모습을 보인 것 또한 조마리아의 영향이 컸던 것으로 보인다. 안중근의 독실한 신앙심은 민권운동을 통한 문명독립국 건설과 민권자유 획득에 깊은 관심을 갖게 했으며 애국계몽운동으로서의 교육사업에 눈을 뜨게 했고, 의병무장독립전쟁 가담 등 조국을 위해서라면 기꺼이 목숨까지도 내어 놓겠다는 애국자로 변모시켰다.

안중근이 이토 히로부미를 주살하기로 작정했던 것도 신앙의 힘이 크게 좌우했을 것이다. 이 거사는 조국을 살리는 대신 죽기로 각오하고 결행한 것이었기 때문이다. 안중근이 이토를 암살하고 여순 감옥에 수감되었다는 소식을 듣자마자 조마리아는 바로 정근과 공근에게 자신의 전언과 함께 면회를 보냈다.

"어미는 현세에서 너와 재회하기를 기망치 아니 하노니 너는 금후에 신묘하게 형에 나아가 속히 현세의 죄악을 씻은 후 내세에는 반드시 선

1993년 〈동아일보〉에 실린 조마리아의 전언에 관한 기사문

량한 천부의 아들이 되어 다시 세상에 나오라. 네가 형을 받을 때에는 신부(세례 받은 외국 선교사)가 너를 위하여 원로遠路에 발섭跋涉하여 너의 대신으로 참회를 받을 터이니 너는 그때 신부의 수하에서 교식에 의하여

종용히 거하여라."

어머니의 의연한 당부를 전해 들은 안중근 역시 굳은 의지를 담은 답사를 보낸다.

"맹세코 교식에 의하여 신도信徒의 자격과 신자臣子의 도리에 추태를 보이지 않고 최후를 이룰 터이니 나의 모주母主는 안심하소서."

안중근은 사적인 정의情誼로 대의를 그르쳐서는 안 된다는 어머니의 가르침을 존중하며 행동으로 나타내고자 했던 것이다. 조마리아가 보여준 경건한 신앙인으로서의 절도 있는 삶은 안중근의 신앙심에 큰 귀감으로 작용했을 것임은 두말할 필요가 없다.

안중근이 사형선고를 받은 후 스스로 공소권을 포기하고 의연히 죽음을 기다릴 때, 조마리아는 아들에게 세례를 준 빌렘 신부를 찾아가 아들을 위한 마지막 미사를 부탁했다. 당시 뮈텔Mutel 주교가 안중근의 의거를 살인 행위이므로 교리에 위배된 짓을 한 것이라면서 빌렘 신부의 여순행을 가로막았으나, 빌렘 신부는 조마리아의 간절한 부탁을 따랐다. 그리고 주교의 뜻과는 다르게 독단으로 여순으로 가 안중근의 영세영락을 위한 고해성사와 미사성사 대례를 주재했다. 이는 조마리아의 깊은 신앙과 곧 떠나보낼 아들을 생각하는 모성이 빌렘 신부의 마음을 움직였던 것으로 보인다.

이토록 조마리아는 의로운 지사 안중근의 마지막까지 담대하고 의연하게 함께 해주었다. 그가 안중근에게 전했던 말들은 감옥에서도, 죽음 앞에서도 안중근의 등을 곧추세우게 한 힘이 되었다. 조마리아는 안중근에게 누구보다도 강인한 동지였다.

■■■■ 독립운동가들이 기억하는 조마리아

조마리아는 조용하고 온화한 성품으로서 사리분별력이 매우 컸던 것으로 판단된다. 연해주 망명 시절, 노령露領(시베리아 일대)의 교포들은 조마리아의 높은 품격을 흠앙하여 위대한 여걸로 추앙하였다. 교포 사회 내에 갈등으로 인해 문제가 생길 때면 으레 조마리아가 '재판관' 역할을 감당하는 경우가 많았다고 한다. 그의 정당한 판단력과 고매한 인격은 갈등 당사자들을 감동시켜 타일러 깨우치는 데 큰 효과를 발휘했기 때문이다.

1920년 1월 31일자 〈독립신문〉에서는 당시 조마리아의 활동에 대해, '의사(안중근)의 자당은 해외에 온 후로 거의 영일 없이, 동은 해삼위海蔘威(블라디보스트)로 서는 바이칼에 이르기까지 분주하게 동포의 경성警醒에 종사하였다'고 전했다. 이는 조마리아가 현지 동포들의 어려움을 돌보는 일이라면, 특히 독립운동단체의 도움 요청이 있다면 아무리 육신이 힘들어도 현장에 달려가 문제를 해결하고자 노력했다는 증거이다.

한번은 1913년에 연해주 〈대동공보〉의 주필 이강李剛을 통해 국민회의 사업을 도와달라는 간청을 받아, 중부시베리아 흑하 상류에 위치한 알라스카 광산을 다녀오는 험난한 여행을 한 일도 있었다. 당시 이 광산에는 국민회의 리더십이 크게 실추되어 있는 상황이었기 때문에 조마리아의 덕망을 빌어 회복하려는 수단으로 특별히 초청을 한 것이었다. 1913년 12월 26일자 〈신한민보〉의 '안의사 대부인'이라는 제목의 기사문에는 당시 조마리아의 활약상이 잘 드러나 있다.

시베리아 알라스카 금광은 북부 냉대 근방에 있는 금광이라 그곳에서 노동하는 우리 동포의 수호가 1천 5백 명에서 1천 6백 명에 달하는데, 그들은 다 조국을 이별한지 30~40년씩 되므로 오늘날 조국의 형상이 어떠한 지경에 이르렀는지 전연이 알지 못하고 꿈 가운데 있으므로, 그들을 경성시키며 사회를 조직하여 후일을 준비하고자 지난 6월에 안 의사의 대부인이 우리의 사랑하는 이강 씨를 대동하고 만리험로에도 도발섭하여 그곳에 이르러 그 사람들에게 여러 가지로 권면하고 9월경에 회환하였다. 안 부인이 그간 경력한 일에 곤란도 많이 당하였으나 그곳에 있는 동포들이 그 부인의 열심 권면하는 말을 듣고 감복하여 성대히 환영한 곳이 여러 곳이며 또한 회환하는 로비도 여간 보조하였다 하며 그 외에 장래 희망도 적지 않다 하였더라.

이강은 해방 이후 안중근 회고 기록인 《내가 본 안중근 의사》에서 조마리아와 안중근 두 사람 모두 '범'이라고 평하며 조마리아에 대하여 다음과 같이 회고하였다.

할빈 의거 후에 의사의 자친님이 두 아해(안중근의 아들 형제)를 데리고 불초 나를 찾어 해삼위에 오셨을 때에 나는 그 어머니를 모시고 왜경의 눈을 피하여 노령 땅에서 보행으로 전전 만여 리를 헤맸는데, 가끔 심산밀림을 통과할 때 산적 혹은 맹수가 나오는 위급한 경우를 당할지라도 그 어머니는 기색도 변치 않고 지혜 있는 술책과 담력을 보여주었고, 이에 탄복하였던 것이다. 또는 그 후 상해 시대에 근처에서 가끔 큰 싸움이 일어나면 그 어머니한테 와서 타협의 재판을 받고 모두 눈물을 흘리며 사과하던 일 등 여러 가지를 하나하나 회상해 볼 때 내가 평생에 그렇게 위대한 여걸은 다

위대한 인물은 어머니가 만든다는 말이 있다. 동서양을 막론하고 위인전을 읽어보면 그들의 성공의 뒤안길에는 대개 어머니의 남다른 모성 리더십이 뒷받침했다는 사실을 잘 알 수 있다. 그러한 면에서 안중근이 위대한 민족영웅으로 우뚝 서게 된 배경에는 어머니 조마리아의 모성 리더십이 크게 작용하였을 것임을 미루어 짐작할 수 있다.

조마리아는 아들 안중근이 가진 자질을 중시하면서 자율적으로 해결할 수 있는 능력을 가진 인물로 키웠다. 때로는 안중근의 생애에 있어서 고비 때마다 아들의 결단에 중요한 영향을 미치는 결연한 의지와 단호함도 보였다. 조국이 처한 운명을 타개하는 일에 있어서는 아들의 목숨일지라도 아까워하지 않는 담대함을 보였다. 이러한 조마리아의 아들에 대한 모성 리더십은 안중근을 찬란하게 빛나는 '민족의 별'로 만드는 데 크게 기여했음에 틀림없다.

어머니로서 자식들과 일가를 이끄는 모습을 보였을 뿐만 아니라 그는 여성독립운동가로서도 훌륭한 리더십을 보였다. 조마리아는 해외 망명 시절에 독립운동가들 사이나 교포사회에 갈등이나 분란이 생길 때면 그 해결을 위하여 마치 명석한 판관과 같은 역할을 감당하곤 했다. 이는 조마리아의 탁월한 중재 능력이 교포사회를 통합하는 지도력으로 작용하였다는 것을 의미한다. 또한 조마리아가 독립운동에 도움이 되거나 현지 동포들의 어려움을 보살피는 일이라면 아무리 힘들어도 꿋꿋이 인내하며 봉사하는 모습을 보였다.

한국 독립운동사에 있어서 조마리아는 위대한 민족영웅의 어머니이

자 스승이었고, 해외 망명지에 있는 독립운동 단체 및 교포사회에 영향
력 있는 여성 지도자로서 큰 족적을 남겼다.

남자현

1872~1933

독립은 정신에 있다

일제의 강압적인 통치, 제한된 사회통념 속에
숨죽여 있던 여성이 허리를 곧게 펴고 일어섰다.
독립을 위해 집밖으로 나선 당시, 그의 나이는 마흔일곱이었다.
자식을 둔 어머니의 위치를 넘어 한 시대를 품었던 '조국의 어머니' 남자현.
"대한독립원大韓獨立願"을 힘주어 외친 그는
모두가 존경했던 독립운동가였다.

■■■■■ 평범한 양반가 여성에서 진취적인 운동가가 되다

1895년 12월 30일 고종 32년. 김홍집 내각은 단발령을 공포한
뒤 전국에 시행령을 통보했다. 그러자 전국 각지에서 이에 반하는 저항
의 움직임이 일기 시작했다. 당시 단발령 시행은 예와 의를 중시했던 조
선사회에서 일대 변혁을 예고하는 것이었다. 전통적인 유교사회를 고수
했던 조선사회에서 예의 문명이 소멸되고 오랑캐로 전락하는 것과 다름
없이 인식되었기 때문이다. 안동 지역도 마찬가지였다. 1896년 1월 11일
안동 지역에도 단발령 시행이 포고되자 지역 유림들은 저항의 글을 담은
통문을 올렸고, 이어 자발적인 의병운동 움직임이 꿈틀거리기 시작했다.

안동의 유학자였던 김영주金永周는 의병에 참여할 것을 마음먹고 부

인 남자현에게 자신의 뜻을 전했다. 당시 전국 곳곳에서 의병활동이 빗발치고 있었기 때문에 남편의 의병 참여는 그리 놀라울 일이 아니었다. 더욱이 아버지 남정한南珽漢의 의병활동으로 친정 집안이 거의 전시 상태나 다름없다는 소식을 들었던 터라 남자현은 남편의 뜻에 수긍할 수밖에 없었다. 열아홉 살 어린 나이의 신부였던 그는 그렇게 곧은 의지를 가지고 남편에 조력했던 여성이었다.

남자현은 경북 영양 출생으로, 통정대부 남정한과 이 씨 부인 사이에 둘째 딸로 태어났다. 1891년 그는 안동시 일직면 의성김씨 집안의 김영주와 혼인을 했는데, 당시 남자현은 열아홉, 남편은 서른 살이었다. 남편과 나이차는 있었지만 어려서부터 총명했던 남자현은 일곱 살에 한글과 한문을 터득했고 열두 살에 소학과 대학, 열네 살에 사서를 독파하는 등 학문을 닦는 데 있어서 남달랐고, 학문에 열중하며 제자양성에 힘을 쏟는 남편을 늘 존경했다. 그렇기에 사회변동을 감지하고 의병에 참여하겠다는 남편 김영주의 말에 남자현은 그대로 따를 수밖에 없었다.

전쟁터로 향하는 남편의 뒷모습을 하염없이 바라보던 새색시는 그날 이후 매일 같이 남편이 투쟁하고 있는 격전지를 향해 무사귀환을 기도했다. 의병이 물러섬 없이 항전을 거듭하고 있다는 반가운 소식이 전해진 지 얼마 지나지 않은, 7월 11일 청천벽력 같은 전보가 도착했다. 영양군 진보 홍구동에서 일제와 격전을 벌이던 중 남편 김영주가 순국했다는 것이다. 그 순간 남자현의 눈앞은 캄캄해졌다. 당시 첫 아이를 임신하고 있었던 그는 남편이 임신 소식을 미처 알기도 전에 세상을 떠나버리고 말았다는 사실에 가슴이 무너져 내리는 것만 같은 슬픔을 느꼈다.

나이차가 컸던 만큼 남편을 많이 의지하고 존경했던 남자현은 시대의

남자현과 시댁 일가 사진(뒷줄 왼쪽에서 두 번째)

암울함이 야속하기만 했다. 그렇게 몇 달이 지난 뒤 그는 아들 김성삼金
星三을 낳았다. 당시 진보면 일대에서는 어린 자식을 키우고 시어머니를
극진히 봉양하며 남편의 빈자리를 채우기 위해 집안일에 최선을 다하며
여념이 없었던 그의 행실에 대한 칭찬이 자자했고, 효부상이 내려지기까
지 했다.

집안일 하나하나 책임감 있게 챙겼던 남자현은 대외적으로도 적극적
으로 움직였던 진취적인 여성이었다. 그는 양잠을 한 명주를 가지고 대
구로 나가 판매하여 그 수익은 부녀자들의 계몽운동과 제2세 국민들
에게 글을 가르칠 정도로, 진취적인 면모와 애민정신을 갖고 있었다.
1907년 을사늑약이 체결되고 군대 강제해산이 진행되자, 아버지 남정한
이 뜻을 같이 하는 이들과 함께 의병 활동에 참여해 친정집을 임시 의병
자 영사로 삼고 활동했다. 이에 남자현은 장정 소집과 정보수집책, 적의
후방교란 등으로 과감한 지원활동에 나섰고 솔선수범하여 의병을 뒷바
라지했다. 의병투쟁이 격화될수록 남자현은 단아한 양반가 여성의 조력

자 역할이 아닌 진취적인 활동가로 변하고 있었다.

이 시기에 많은 여성들이 양반가 여성이라는 울타리에서 나와 구국운동 대열에 섰다. 2015년까지 경북 지역 출신자 십여 명이 여성독립유공자로 인정받고 있는 점으로 미루어보아 지역여성의 구국활동이 활발했다는 것을 알 수 있다. 남자현은 지역 의병활동에 그치지 않고 국내외를 오가며 항일투쟁의 일선에서 활동을 했는데, 그가 독립운동 물결에 깊숙이 뛰어들어 투신할 수밖에 없었던 계기가 된 하나의 사건이 있다. 그 사건 이후로 남자현은 지역에만 머물러 있던 경북 영양의 시골아낙네가 아닌 독립의 기치 하에 당당하게 목소리를 낸 한국여성독립운동가의 모습으로 거듭나게 된다. 남자현에게 변화를 일으킨 그 사건은 무엇이었을까.

■■■■■■ '대한독립만세', 여섯 글자에 시대의 울분을 담아 외치다

1919년 2월 26일 남자현 앞으로 한 통의 편지가 도착했다. 편지를 읽고 난 후 그는 결의에 찬 얼굴로 봇짐을 꾸려 영양의 시골 자락을 뒤로 한 채 서울 상경을 위해 길을 나섰다. 그 편지는 서울 남대문에 거주하고 있던 김 씨 부인으로부터 온 것이었다. 당시 전국적으로 비밀리에 준비되고 있었던 3·1만세운동에서 여성들은 대개 전국에 비밀결사대를 조직하거나 서신을 교환하여 이를 알리는 등 비밀스럽게 교류를 진행하고 있었다.

'다음 달 초 3월 1일 만세운동을 준비합시다. 서울 연희 전문학교 근처 교회장에서 아침에 만납시다⋯⋯'라는 내용이 담긴 편지에서 남자현은 단번에 서울 상경을 결심한다. 그가 편지 한 통에 큰 결심을 하게 된 것

은 1906년을 기점으로 경북 영양 지역에 설립된 교회와 선교사, 지역 개신교의 확산과 관련이 있다. 당시 여러 지역에 개신교가 확산되면서 지역 곳곳에 교회 수가 증가하기 시작했는데, 남자현이 거주했던 지역에도 계동교회가 설립되어 지역 여성들의 의식 변화에 영향을 주었다. 개신교가 그 지역에 확산되면서 여성의 자존의식이 고취된 것은 물론, 시대 변화와 지역교류의 장에 물꼬가 트이기 시작했다. 또한 부친의 의병활동과 연계된 많은 지역인사들과의 교류를 통해 남자현은 어려운 시대상황에서 여성이 어떤 역할을 해야 할 것인가에 대한 생각과 고민이 깊어지면서, 그것은 채워지지 않는 갈증처럼 남아 있던 터였다.

그러던 어느 날 아버지 남정한이 귀갓길에 습격을 당하는 사건이 일어났다. 안타깝게도 남정한은 일시에 습격을 당한 뒤 사망하고 말았는데, 아버지의 시신을 수습하려고 나섰던 남자현은 일본 헌병대의 강력한 거부로 한참 뒤에야 시신을 수습하게 되었다. 이후 친정 집안에 대한 일제의 탄압은 심해져만 갔다. 일제의 감시대상의 선상에 오른 것이다. 지역에서 존경받았던 아버지의 죽음에 이어, 오빠의 실종과 죽음까지 계속되는 악재에 집안은 침통함에 빠졌다. 남자현 역시 그 충격으로 망연자실한 나날을 보내고 있었는데, 마침 서울에서 온 편지 한 통이 그의 허탈함을 저항의지로 바꾸게 되었던 것이다. 3·1만세운동에 동참하라는 한 통의 편지가 평범한 양반가 여성이었던 남자현을 한순간에 시대에 저항하는 여성의 대열에 서게 하는 계기가 된 것이다.

얼마 뒤 서울로 상경한 남자현은 일생에서 가장 중요한 경험을 하게 된다. 당시 여성계에서는 여덟 명외 명의로 발표된 〈대한여자독립선언서〉가 국내에 유입되면서 그 여파가 고스란히 전달되고 있었고, 일본 중심부에서 독립을 외쳤던 '2.28독립선언'에 참여한 여성지식인들이 3·1만세운동의 대열에 합류하면서 저항의 분위기는 더욱더 고조되고 있었다. 그런 여성지식인들의 진취적인 모습에 남자현은 적잖은 충격을 받았는데, 그 일은 이후 항일구국활동 방식에 변화를 가져오는 계기가 됨은 물론 일제에 저항하는 항거의 선두대열에 지역 여성으로서 남자현을 편입시키는 전환점이 되었다.

3월 1일 오후 신촌 거리에는 쪽진 머리에 한복을 입은 남자현이 〈대한독립선언서〉를 들고 배포하고 있었다. 당시 그의 나이 47세. 남자현은 서울에 거주했던 교회 신자들과 앞서 약속했던 장소에서 만나 도심으로 향했다. 그리고 신촌 길목에 서서 〈대한독립선언서〉를 배포하며 "대한독립만세!"를 목이 터져라 외쳤다. 그 순간, 일제에 항거하며 의병투쟁의 전쟁터에 나섰던 남편의 모습과 조국독립을 자신에게 각인시켰던 아버지, 유복자로 태어나 평범한 사랑을 받지 못한 아들의 모습이 남자현의 눈앞을 스쳤다. 목이 터져라 외치고 외쳤던 '대한독립만세', 그 여섯 글자에 그는 시대의 울분을 담았다.

갑작스럽게 일어난 대규모 만세시위에 일제 경찰은 거칠고 과격하게 저지했고 이따금 구타 소리와 함께 처절한 비명소리가 들려왔다. 일제의 폭력적인 대응에도 불구하고 3·1만세운동은 서울에서 전국 각지로 퍼져나가면서 크나큰 민중의 함성을 일으켰다. 전국적으로 확산된 3·1만세운동에서 드러난 지역의 저항의식은 대단했다. 특히 주목되는 부분은 여학생, 애국 기생, 교사, 양반가 여성 등 신분을 뛰어넘어 용감한 결단으로, 독립운동 현장 전면에 나서기 시작했다는 점이다. 당시 여성은 지역 만세시위의 기폭제 역할 뿐 아니라 저항의식을 전파하는 역할을 했다.

남자현

남자현 역시 3·1만세운동 이후 조국독립에 평생을 헌신할 것을 굳게 다짐하고, 3월 9일 남편과의 추억이 서린 고향 영양의 기억을 가슴에 담고서 만주행 열차에 몸을 실었다.

■■■■ 시대의 운명을 가슴에 안고 만주에서 일어서다

남자현의 구국활동은 국내 의병운동과 만주에서의 무장투쟁 활동으로 구분된다. 경북 영양에서 서울, 만주로 그의 활동지역이 바뀌었던 것은 국내 열악한 환경 속에서도 독립운동의 뜻을 같이 했던 동지들이 해외 독립운동의 일선에 있었기 때문이었다. 지역 교회를 통해 알게 된 인사와 지역 의병활동을 했던 부친 남정한의 제자를 비롯해 이상룡李相龍, 김동삼金東三과의 인연은 남자현이 만주 지역에서 독립운동을 하게 되는 연결고리가 되었다. 한일병탄 이후 독립운동가들은 일제의 탄압과 방해를 피해 서둘러 해외 독립운동기지 건설을 추진했고 당시 경북 지역 인물들이 대거 참여했는데, 이들 대부분이 만주 지역으로 이동했다. 만주는 두만강과 압록강을 사이에 두고 있어서 한반도와 인접해 좋은 지리적 여건을 갖춘 곳이었다. 또한 국내보다 일제가 탄압의 손길이 뻗기 힘든 지역이었기 때문에 독립운동기지가 세워지기에 최적지로 평가되고 있었다. 또한 남자현의 시댁과 친정의 친인척들이 1912~1913년에 걸쳐 대거 만주로 이동해 있었으므로 만주행은 비교적 용이했다.

1911년을 기점으로 서간도 일대에는 독립운동기지 건설이 본격화되었다. 이 지역에서는 이회영李會榮, 이시영李始榮, 이상룡 등에 의해 경학사耕學社, 부민단扶民團, 신흥학교新興學校, 신흥 학우단新興 學友團 등이 순차적으로 조직되었다. 당시 만주에 자리한 한인들에 의해 애국계몽을 위한 학교 설립과 확산, 군사활동 등 항일인재를 양성할 수 있는 독립운동의 환경이 조성되었고 본격적인 독립군 양성도 시작되었다.

무관 양성을 위해 설립되었던 신흥강습소가 독립자금의 고갈로 한계에 부딪치면서 활동이 약화되자, 1914년 신흥학교 졸업생과 야학 졸업생이 주축이 되어 백두산 서쪽 기슭 팔리초에서 백산농장을 마련해 다시금 독립군 기지로서 재기를 노렸다. 그러나 열악한 환경 속에 경제문제와 지형적인 한계에 부딪치며 결국 1919년 3·1만세운동 후 폐시되고 만다.

서간도 지역에서 활동한 인물 중에 이상룡과 김동삼은 남자현의 활동에 직접적인 영향을 준 이들이다. 서간도 지역 독립기지건설의 주역이었던 이상룡과 그를 도와서 활동했던 김동삼의 활동에는 남자현의 행적이 고스란히 드러난다. 이상룡은 1919년 4월에 군대를 재편성하며 '군정부'를 구성했다. 당시 만주에서 활동하던 독립운동가를 중심으로 다시 재기의 움직임을 보이기 시작하는데, 이때 남자현이 만주에 도착하면서 인연이 된다.

조국을 등진 채, 오직 독립만을 생각하며 목숨을 걸고 건너온 만주는 냉정한 현실 그 자체였다. 어렵게 만주에 들어오기는 했지만 독립운동을 펼칠 환경은 결코 녹록치 않았다. 척박한 땅을 일구어 스스로 생계를 꾸려야 하는 것은 물론, 군자금 모금과 정보 수집으로 구국운동의 길을 찾아야 했다. 또 언제 발발할지 모르는 일제 침략에 언제든 대적할 수 있는 항일인재의 양성에도 소홀함이 없어야 했다. 독립운동가들은 그런 참담한 현실을 마주하며 조국을 찾기 위해 애타게 희망의 끈을 살폈다. 어깨에 짊어진 독립운동가들의 무게감을 살폈던 남자현은 독립군을 자청하며 '서로군정서西路軍政署'의 일원으로서 그들을 보살피기 시작했다.

서로군정서에는 사십 대의 장년층이 주 연령대를 이루었다. 대부분 안동을 포함한 경북 출신의 양반과 중소 지주층의 지역민으로 구성되어 있었다. 그들 중에는 대종교 신자를 비롯하여 한학과 신학문을 접했던 인물들이 골고루 분포되어 있었는데, 지도부의 대다수는 경북 출신이었다. 서로군정서는 군자금 모금활동과 독립군 양성을 통해서 소규모 게릴라 활동으로 일본군에 타격을 입혔다. 그리고 적의 주재소와 관공서를 습격하거나 핵심정보를 수집해 적의 주요 시설을 공격하여 크고 작은 피해를 입히기도 했다. 대체로 대규모의 전투를 치르지는 않았지만 지속적인 무장활동으로 일제에 끊임없이 타격을 입혀 주목을 받았다.

간도 지역에서 독립군의 활동이 활발해지자 일제는 독립군 토벌을 위한 집중 단속활동에 나섰다. 1920년 2월부터 압록강과 두만강 일대에 병력을 증가시키고, 간도 지역에 배치된 여덟 개 지역의 경찰서와 분서에 경찰력을 투입하여 독립군의 무장투쟁 세력을 해체하기 위해 적극적으로 움직였다. 당시 국내외에서 활동하는 독립단체나 독립운동가를 색출하는 데 혈안이 된 일제 경찰들은 관련된 인물들을 무차별적으로 학살해, 당시 수많은 독립운동가와 독립군이 사살 또는 체포되었다.

남자현이 통화현 일대에서 활동을 하고 있던 8월 즈음, 서로군정서는 일제의 독립군 토벌작전의 심각성을 인식하고 외부에서 일격을 가하기 위해 액목현으로 활동 근거지를 긴급히 이동했다. 공격 작전을 구상하고 있던 10월에는 김좌진金佐鎭이 이끄는 북로군정서가 만주 청산리에서 대승을 했다는 반가운 소식이 들려왔다. 그러나 그와 동시에 일본군 대부

남자현의 초기 만주 활동을 소개한 기사문

대 2만여 명이 서북간노의 한인 3천 6백여 명을 살해하고, 3천 2백여 채의 가옥과 학교, 교회 등을 소실시킨 경신참변庚申慘變이 일어난다. 당시 일제가 자행한 잔악하기 이를 데 없는 무자비한 행태에 국내외 한민족뿐만 아니라 중국인들까지 모두가 치를 떨었다.

소식을 들은 남자현은 굳게 입술을 깨물고, "내 남편과 내 조국의 원수를 갚기 위해 독립운동을 도모한다"는 일념 하에 만주 일대에서 더욱더 활발히 독립자금을 모금했으며, "나라를 잃었는데 나라를 되찾기 위해 우리 여성은 무엇을 해야 할 것인가" 하는 그의 간절한 호소를 많은 이들이 받아들여 함께했다. 뿐만 아니라 남자현은 여성의 구국의식을 고취시키기 위해 여자교육회와 관련 단체 20여 개를 만들었다. 1921년에는 길림성 액목현 나인구 지역의 교육기관과 북만주 열두 곳에서 교회를 설립하는 데 적극적으로 참여하기도 했다. 민족정신 고취와 문맹퇴치를 위한 애국계몽운동으로 애국심을 고취시키고자 했던 남자현의 노력은 1923년 환인현 '여자관학회女子勸學會' 조직으로 이어졌다.

그렇게 낯선 이국땅 만주로 가 잠시의 쉼도 없이 독립운동에 일념을 다했던 남자현. 어느새 그의 나이는 50세를 훌쩍 넘기고 있었다.

■■■■ 내 손가락이 아닌 우리 동포, 이 나라의 내일을 아끼시오

"독립운동계여 단결하라! 우리는 일제와 싸우러 왔지, 동족과 싸우러 온
것이 아니다. 피 한 방울이라도 적을 위해 써야 하거늘, 조선인을 해치는
데 써서야 되겠는가."

— 남자현의 혈서 중에서

독립운동가들의 고군분투에도 불구하고 일제의 탄압은 국내를 넘어
서서 국외에 이르렀다. 그러다가 일제의 탄압으로 피폐해진 시점, 만주
에서 활동하던 독립단체 간에 대립된 의견으로 충돌하는 일이 잦았다.
그때 남자현이 "조국을 등지고 망명지에 와서 이렇게 의견 충돌로 시간
을 소모해서야 되겠는가. …(중략)… 동포끼리 의미 없는 분쟁은 이제 그
만해야 합니다. 대립이 아닌 통합이 살 길입니다"라고 말한 뒤, 손가락을
베어 써내려간 혈서는 많은 이들을 주목시켰다.

때는 1920년 8월 29일 국치기념대회에서였다. 1천여 명이 참석한 자
리에서 남자현은 왼손 엄지손가락을 베어 장문의 혈서를 써내려갔다. 고
성이 오갔던 장내는 일순간 조용해졌다. 남자현이 혈서를 읽기 시작하자
장내에는 간간히 울음소리가 들렸고 몇몇은 오열을 하기도 했다. 조용하
고 준엄했던 중년 여성의 단합을 호소하는 희생적 질타에 고조됐던 대립
과 분열의 목소리는 수그러들었다. 그렇게 남자현의 호소는 잊고 있었던
독립과 통합의 의미를 다시 각인시켰다.

남자현이 단지혈서시건은 이후 독립군 간의 충돌음이 높아졌을 때 갈
등을 잠재우며 이들을 환기시켰다. 1922년 3월 환인현에서도 독립군 간

의 언쟁이 높아지고 충돌이 발생했을 때, 남자현은 서슴없이 엄지 한마디를 내놓으며 말했다.

"내 손가락을 아끼지 말고, 우리 동포를 아끼고 이 나라의 내일이나 아끼시오."

이미 엄지 한마디를 잘랐건만 남자현이 다시 다른 엄지를 자르려하자 회의장의 격한 충돌과 언쟁은 멈췄다.

치열하게 독립운동이 전개될수록 국외에서 활동하는 각 단체의 주장과 대립의 소리는 드높아졌다. 1923년 상해에서도 독립운동 대표 1백여 명이 모여 통합독립운동을 논의했으나 해결점을 찾기는 어려웠다. 회의 전후로 혁신을 앞세운 주장은 합의점을 찾지 못하고 다시 분열로 이어지며 언쟁은 높아져만 갔다. 그때 남자현의 단지는 희생을 통해 앞장선 사건으로 부각되었고, 저마다의 높은 목소리보다 희생정신이 독립의 원동력이 된다는 것을 다시금 주지시켜주었다.

이후 남자현은 거침없는 말로 통합을 강조한 인물로 각인되어 '독립계의 대모', '세 손가락 여장군'이라는 별명이 붙여지기도 했다. 당시 그의 활약상은 해방 이후 1948년 12월 잡지 〈부흥〉을 통해 소개되기도 했다.

조선 민족의 결점은 당파와 분쟁이라. 이로써 나라가 망하였거늘 조국광복을 운동하는 그네들이 또 외지에 가서도 당파싸움을 계속하고 있었다. 서북파니 기호파니 안파니 이파니 하여 1922년 3월부터 8월까지 남만 환인현 등지에서 동족 간에 피 흘리는 전쟁이 벌어지고 있었다. 이 때문에 상해 임시정부에서 김이대 씨가 특파되어 화해 공작에 애썼으나 성과를 보지 못하였다. 선생(남자현)은 이 일을 크게 근심하여 산중에 들어가서 한

남자현

주일동안 금식기도를 하고 손가락을 베어 그 피로 글을 써서 책임관계자들을 소집하였다. 그 성의와 순국정신에 감격한 소위 독립운동 간부들은 누구나 그 뜨거운 눈물과 죽음을 각오하는 피의 설유에 각각 잘못을 회개하고 완전한 쌍방 간의 화합이 성립되었다. 이로 말미암아 환인·관전 등지의 주민들은 그 은공을 감사하여 곳곳마다 나무로 비를 세워 그 공덕을 표창하고 만주 각층 사회에서는 누구나 선생을 존경하게 되었다.

— 잡지 〈부흥〉, '독립운동사상의 홍일점, 여걸 남자현' 중에서

■■■■■ 길림사건을 계기로 의열투쟁에 나서다

독립운동사에 있어 남자현의 존재감은 1927년 2월 말의 길림사건吉林事件에서 극명하게 드러난다. 길림사건은 독립운동가 안창호安昌浩를 비롯한 독립운동계의 핵심지도자 마흔일곱 명이 중국 관헌에 검거된 사건이다. 당시 일제 경찰은 중국으로부터 이들을 넘겨받기 위해 총력전을 펼치고 있었고, 이들이 일제에 검거된다면 조선의 독립운동은 일시에 타격을 받을 수 있는 상황이었다. 그 사건은 통합을 위한 안창호의 만주 방문에서 비롯된다. 독립을 위해 통합과 단합의 중요성을 제기했던 안창호는 좌우합작을 실현시키기 위해 만주를 방문했다. 좌우합작운동을 통해서 국내외 독립운동의 기반을 확대하고 분화된 이념차이를 극복하려는 문제의 선두에 안창호가 선 것이다. 안창호가 길림에서 만주 지역 핵심 독립운동 지도자들과 통합의 향방을 논의하던 중 순식간에 들이닥친 중국 당국에 의해 모두 구속되는 사태가 발생했다.

그것은 일제 경찰이 중국에 공산주의자들이 집회를 연다고 정보를 흘

린 것에서 발단이 된 것이었다. 중국 당국은 공산주의자 수백 명이 집회를 열고 있다는 소식에 급습하여 현장에 있던 이들을 길림독군서에 잡아들였고 모두 구속되는 사태가 일어났다. 당시 남자현도 양녀와 그 자리에 있었지만 여성이라는 명목으로 구속대상에서 제외된다. 사건 전말의 확인이 끝나자, 일제 경찰은 수감된 조선인을 모두 인계해줄 것을 요구하는 등 그런 긴박한 상황에서 안창호는 현장에 있던 남자현을 찾아가 그에게 밀명을 내렸다.

남자현은 그 소식을 정미소의 이기발을 통해 상해 임시정부에 알렸고 독립운동계는 길림사건비상대책반을 급히 꾸렸다. 그리고 인맥과 소식통을 총동원하여 중국 당국과 교섭을 하기 위해 노력했다. 긴박했던 상황에서 임시정부를 비롯한 독립운동계는 모두 구명운동에 나섰다. 남자현은 자청해서 안창호의 옥바라지를 하면서 주변 독립운동계에 긴밀하게 연락을 취했다. 모든 동포들이 구명운동을 돕겠다고 나섰고 대책반은 여론을 형성하기 시작했다. 그리고 얼마 지나지 않아 중국의 정치인들과 사회단체 인사들, 학생들까지 나선 가운데 중국 신문에 기사가 게재되었다. '외국의 독립운동가들을 감금하고 그들을 일제에 넘기는 것은 국가적 품격을 떨어뜨리는 행위'라고 중국 당국에 공격을 했다. 이를 계기로 중국 여론이 악화되기 시작하자 중국 원수 장작림張作霖은 이들을 모두 석방했다. 이로써 안창호를 비롯한 독립운동계 인사들이 모두 석방되었고, 남자현은 만주에서 '숨은 공로자'로 칭해졌다.

남자현은 길림사건을 계기로, 보다 강건한 태도를 가진 여성독립운동가로 바뀌게 된다. 일시에 독립운동계 주요 인사들을 공격한 일제의 술책에 치를 떨며, 일제에 보다 더 강건하게 대처하겠노라 다짐한 것이다.

그리고 실제로 몇 년 뒤 의열투쟁에 뛰어든 남자현의 손에는 권총이 쥐어 있었다.

■■■■■ **사이토 총독의 목숨을 끊는 것, 내게 주어진 시대적 사명이다**

　　권총 한 자루와 탄환 여덟 발. 남자현이 쥔 권총 한 자루에는 지나온 삶의 이유와 조국독립의 의미가 담겨 있었다. 그가 애국계몽운동에 주력했다가 의열투쟁의 일선에 뛰어든 것은 악랄한 일제의 실체를 확인했기 때문이었다. 서로군정서는 주요 기관과 목표물을 공격하는 활동에 주력했지만, 시간이 흐를수록 더욱더 극심해지는 일제의 잔악함에 남자현을 비롯해 독립운동가들은 손에 총을 쥐게 된다.

　1925년 4월 남자현은 박청산, 김문거, 이청수 등과 함께 일본 사이토 마코토齋藤實 총독을 향해 총구를 겨누기 위해 권총을 쥐어 들고 길을 나섰다. 사이토 총독은 3·1만세운동 이후 취임하여 '문화정치'라는 미명하에 지식인을 변절시키고 역사를 왜곡하여 조선인의 정신적 근간을 뒤흔든 장본인이었다. 특히, '식민지 조선'과 '무지한 조선'으로 형상화하여 청소년과 일반인에게 민족혼을 말살시키는 교육정책을 펼쳤고, 일본의 우월한 문화에 주목하게 했다. 진정한 일본 식민지화를 실현시키는 데 혈안이 되어 있었던 사이토 총독은 수많은 독립운동가와 독립단체를 색출해내기 위해 일본경찰 병력의 수를 늘리고, 갖은 고문과 협박으로 많은 지식인들로 하여금 민족혼을 팔게 했다. 사이토의 잔악무도한 정책으로 국내는 물론 국외에 있던 수많은 독립운동가들이 목숨을 잃었다.

　남자현은 사이토 총독을 처단하기 위해 떠나기 전, 아들 김성삼을 마주했다. 후일을 기약할 수 없는 길을 떠나면서 그는 아버지 없이 잘 자라 준 아들의 손을 잡고 말을 남겼다.

"지금 나는 민족의 원수, 사이토의 목숨을 끊기 위해 다시 조선에 들어간다. 이것은 내게 주어진 시대적 사명이다. 혹여 내가 잘못되더라도 너는 이 어미를 자랑스럽게 생각하고 더욱 조국독립을 위해 힘써야 한다."

그렇게 아들을 뒤로 하고 적진에 뛰어들기 위해 조국으로 향했다. 서울로 잠입한 남자현은 혜화동에 있는 고모의 집에서 차분히 거사를 준비하며 총독의 행선지와 이동경로를 파악한 뒤 암살의 기회만을 노리고 있었다. 그리고 1926년 4월 26일 순종의 승하소식이 전국에 퍼졌다. 빈소가 마련되고 유동인구가 많아지자 남자현 일행은 장례를 치르는 시기로 거사일을 잡았다. 일제의 움직임을 예의주시하고 있었던 이들의 시야에 조선총독부 관리와 일본 관리의 걸음이 조금씩 빨라지는 것이 포착됨에 따라 사이토 총독의 방문이 가까워졌다는 것을 확인할 수 있었다. 그렇게 만반의 준비를 하며 총독의 방문을 기다렸다.

암살의 순간만을 엿보고 있었던 4월 28일 혜화동 일대에 일제 경찰이 일시에 집결하면서 순식간에 삼엄한 경계구역이 되어버렸다. 청년 송학선宋學先이 먼저 마차에 탄 일본 고관 세 명을 칼로 찔러 중상을 입힌 사건이 일어났던 것이다. 그 사건으로 혜화동에는 긴급 경찰부대가 투입되었고 남자현이 기거하고 있었던 집은 물론 주변 곳곳에 경계가 강화되기 시작했다. 남자현과 함께 했던 동지들은 하는 수없이 눈물을 머금은 채, 사이토 총독의 암살을 접을 수밖에 없었다.

세상에 독립의 염원을 알리기 위해 피로 적은

'대한독립원大韓獨立願'

총독 암살 실패 이후 남자현은 두각을 드러내는 활동을 하지 않았다. 그러던 어느 날 일제의 만주국 선언과 이를 확인하기 위해 국제 연맹이 만주에 대표단을 파견한다는 소식을 접하게 된다. 일제의 만주국 선언은 만주침략을 통한 대륙식민지 야욕을 여실히 드러낸 것이었다. 일 제의 만주침략에 비난하는 국제여론이 일어나자 국제연맹에서 현장을 조사하고자 대표단을 파견한다고 밝힌 것이다. 소식을 듣는 순간 남자현 은 국제연맹 대표단의 방문이야말로 국제사회에 한민족의 독립의지를 천명하는 것이라고 판단했다. 그는 그들이 방문한 그 자리에서 한민족의 뜻을 분명히 밝히고 민족독립의지를 담은 혈서를 전달하는 것을 자신이 해야 할 소임이라고 생각했다.

일제는 국제연맹에서 조사 차 파견한 '리튼 조사단Lytton Commission'의 환심을 사기 위해 외부적으로는 환영의 분위기를 연출하고, 내부적으로 는 중국 언론을 봉쇄했다. 리튼 조사단은 긴 일정을 두고 머물며 상황을 면밀하게 조사했다. 조사단은 1932년 2월 29일 도쿄에 도착한 이래 상 해, 북경, 한커우 등을 답사하고 이후 만주 지역의 조사에 들어갔다. 그리 고 조사를 마친 후 10월 2일 도쿄에서 조사결과를 공표했다.

남자현은 혈서를 전달하기 위한 때를 계속해서 엿봤으나, 조사단의 잦 은 이동으로 정확한 일정을 확인하기 힘든 상황이었다. 그러던 중 리튼 조사단이 조사결과를 발표하기 전에 보름 정도 하얼빈에 머문다는 정보 를 입수했다. 남자현은 국제연맹 조사단장 리튼의 방문일인 1932년 9월 19일을 혈서 전달 날짜로 정했다. 거사일을 확정하게 되고, 그는 중국의

한 음식점에서 왼쪽 무명지 손가락 두 마디를 두려움 없이 잘랐다. 그리고 흐르는 피로 글씨를 써내려갔다. 흐르는 피는 곧 나라 잃은 민족의 설움 받친 아픔이자 멈추지 않는 독립의 소망을 의미하는 듯했다. 그렇게 남자현의 피로 적은 '대한독립원大韓獨立願' 혈서가 만들어졌다.

대한독립원, '대한독립을 원한다'는 다섯 글자. 글로써 다 표현할 길 없는 민족독립의 염원을 피로써 알리고자 남자현은 국제연맹 조사단이 머물고 있었던 하얼빈 마디얼호텔로 향했다. 지나칠 정도로 삼엄한 경계 속에 혈서와 자른 손가락을 전달하기 위해 기회를 포착하던 중, 출입이 잦은 인력거꾼을 본 남자현은 그에게 대양 1원을 건네주고 조사단에게 보자기를 전달해줄 것을 부탁했다. 하지만 인력거 밑에 매달아 둔 보자기를 일제 경찰이 발견하게 되어 보자기에 싸인 혈서와 무명지는 내동댕이쳐지고 인력거꾼은 사살 당해, 모든 계획은 수포로 돌아갔다. 그렇게 조선의 독립을 국제사회에 알리기 위한 시도는 실패로 끝나고 말았다. 하지만 그 자리에 있던 모든 일제 경찰의 뇌리에는 혈서와 무명지의 주인 남자현이 각인되게 된다.

▬▬▬ 남편의 피 묻은 군복을 안에 입고
일제 전권대사 처단에 앞장서다

국제연맹 조사단의 방문 1년 뒤 일제는 만주국 수립 1주년을 맞이하며 대륙식민지 야욕을 서슴없이 드러내고 있었다. 만주국 수립 1주년, 그날은 일제에게 많은 의미를 갖는 날이었다. 한반도를 넘어서 대륙 진출의 통로를 확보해 일제의 영토 확장 야욕을 현실화시킬 수 있는 중요한 거점, 만주를 얻게 된 것이다. 이에 일제는 만주국 수립 1주년을 자축함과 동시에 각종 관련 행사를 준비했고, 주변 일대에는 삼엄한 경계령이 내려졌다.

이런 상황 속에서 일찍이 일제에 일격을 가할 수 있는 거사에 대한 논의를 이어오고 있었던 남자현을 비롯한 독립운동가들은 일제 전권대사를 처단하기 위한 거사일을 1933년 3월 1일로 정하게 된다. 그리고 그들은 성공적인 실행을 위해 무기 확보 및 무기 조달, 장소 확인과 동선 점검 등 주변 환경을 면밀히 파악하고 준비하기 시작했다. 남자현은 부하 정춘봉鄭春奉을 비롯해 동참했던 중국인과 함께 일제 전권대사를 처단하기 위한 논의를 했다. 그리고 애를 써서 거사에 필요한 권총 한 자루와 탄환, 그리고 폭탄 두 개를 조달받을 수 있도록 준비해 놓았다.

2월 22일 남자현은 대양 3원을 빌려 도외구도가에 있는 무송도사진관에서 동지들과 모여 최후의 기념사진을 찍었다. 그리고 다음날 거사 장소를 재확인한 뒤 노파 분장을 했다. 무기와 폭탄을 운반하러 가기 위해서였다. 거사일을 5일 앞둔 2월 27일 오후 4시 즈음 남자현은 무기와 폭탄이 든 과일상자를 운반하기 위해 남강 길림가 4호 마기원 집문 앞에 섰다. 표식이 있는 상자를 확인하여 들고 나와 골목을 돌아선 순간, 몸을 숨기고 있었던 일제 경찰 십여 명이 호각을 불며 그를 쫓아오기 시작했다. 만약을 대비해 모자를 눌러 쓰고 노파 복장을 하고 있었지만 일제 경찰은 이미 남자현의 존재를 알고 있었다.

"거기 노파, 당신 남자현이지? 거기 서라. 손가락을 살펴보게 손을 내밀어봐라!"

남자현은 노파 복장을 한 채 꼼짝없이 하얼빈 도외정양가에서 검거되고 말았다. 조선인 밀정이 거사와 관련된 사실들을 발고해 미리 현장에 와있던 일제 경찰들에 체포되어 남자현은 감옥으로 이송되었다. 당시 남자현은 남루한 노파 옷 안에 결연한 의지를 다지기 위해 피 묻은 남편의 군복을 입고 있었다.

"아, 하늘도 무심하시지……."

그렇게 남자현은 하얼빈 감옥에 투옥되어 여섯 달 동안 갖은 고문을 당하게 된다. 일제 전권대사 부토 노부요시武藤信義 암살 미수사건의 주모자 남자현에게 쏟아진 악랄한 고문은 일신뿐만 아니라 정신마저도 피폐해지게 했다. 고문을 당하느니 차라리 죽음으로 항거하자고 결단을 내린 그는 단식투쟁을 시작했다.

"내 너희가 주는 밥은 먹을 수 없다. 살고 싶지도 않다. 단지 거사를 치루지 못한 것이 안타까울 뿐이다."

남자현은 일제의 고문 앞에 당당했고 자신을 경계했다. 그렇게 음식을 끊기 시작한 지 십여 일이 지나자 정신이 혼미해지면서 인사불성이 되었다. 그리고 8월 17일 오후 1시 30분 그는 병보석으로 가족에게 인계되도록 통보되었다.

▬▬▬▬ 조선이 독립되는 날, 독립축하금을 전해다오

1933년 8월 17일 일제 경찰은 남자현의 아들과 손자에게 그를 데려가라고 연락을 했다. 당시 신의주에서 일을 하고 있었던 아들 김성삼은 직접적인 연락을 받을 수 없는 상태였는데, 불현듯 떠오른 어머니 생각에 일을 접어두고 무작정 집으로 향했다. 도착해보니 어머니가 위독

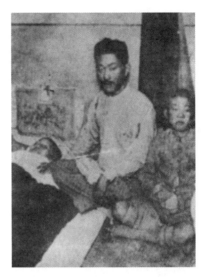

남자현 임종의 순간을 지키는 김성삼과 김시련

하다는 전보가 십여 통이나 와있었고, 김성삼은 어머니가 있는 만주 적십자 병원을 향해 정신없이 길을 나섰다. 그때 손자 김시련이 아버지의 바지 자락을 붙잡으며 따라나서길 원했다. 불길한 예감이 손자에게도 전달된 것이었을까. 아들과 손자는 남자현이 있는 병원을 찾았다.

병보석으로 석방되어 병원에 머무르고 있었던 남자현의 몸 상태는 겨우 숨 쉬고 있을 정도로 매우 심각했다. 남자현은 기다렸던 아들과 손자를 확인한 뒤 안도의 눈물을 흘렸다.

"이제는 됐다. 조선인이 하는 여관으로 옮겨다오."

남자현은 하얼빈 지단가의 조선인 조 씨가 운영하는 여관으로 자리를 옮겼다. 그의 석방 소식을 듣고 독립운동을 함께 했던 많은 동지들이 찾아와 눈물의 인사를 나누었다. 죽음이 임박했다는 것을 느낀 남자현은

남자현의 순국을 보도한
1933년 8월 27일자 〈조선중앙일보〉 기사문

아들과 손자에게 감추어둔 행낭을 알려주며 가져오라고 했다. 그리고 그 행낭에서 2백 49원 80전을 꺼냈다.

"이 돈 중에서 2백 원은 조선이 독립되는 날 정부에 독립축하금을 바치도록 해라. 그리고 손자 시련이를 대학까지 공부시켜서 나의 뜻이 전달되도록 해라. 남은 돈 49원 80전의 절반은 손자를 공부시키는 데 쓰고 나머지는 친정에 있는 손자를 찾아서 교육을 시켜라."

그렇게 마지막까지 죽음에 초연해 있었던 남자현은 죽음 앞에서도 조국독립을 염원했다. 혼수상태로 풀려난 지 5일 뒤인 1933년 8월 22일,

남자현

만 60세의 나이로 남자현은 순국했다. 그리고 한참이 지난 10월 12일 하얼빈 외국인 공동묘지에는 남자현 묘비가 세워졌다. 하지만 광복 후 1988년 그의 묘소를 다시 찾았을 때, 안장되어 있던 공동묘지는 흔적도 없이 사라졌고 주변 일대는 평지로 바뀌어 있었다. 1958년 하얼빈 시가 도시 건설을 진행하면서 묘지는 모두 이전되었는데, 남자현의 묘는 연고가 불분명한 묘지로 분류되어 소실된 것이었다. 이런 현실이 바로 조국 독립을 위해 목숨을 바쳤던 국외 독립운동가의 잊힌 기억이다. 잊혀져있는, 복귀해야 할 우리 역사의 현주소, 우리의 과제이다.

> "이미 죽기를 각오한 바이니까 …(중략)… 단지斷指한 손을 기운 없이 내어 놓으면서 이것(단지한 손가락)이나 찾아야지."
>
> ― 〈조선중앙일보〉 1933년 8월 26일자 기사문 중에서

▬▬▬ 사람이 죽고 사는 문제는 정신에 있다

1933년 8월 27일자 〈조선중앙일보〉에는 '부토대장 모살범'이라는 제목 아래 남자현의 순국 사실이 보도되었다.

> 30년 만주를 유일한 무대로 조선독립운동에 종사하던 남자현(여자)은 당지 감옥에 구금중이든 바, 단식 9일만 인 지난 17일에 보석 출옥하였는데 연일 단식을 계속한 결과 22일 상오 12시 반경에 당지 조선려관에서 영면하였다.
>
> ― 〈조선중앙일보〉 1933년 8월 27일자 기사문 중에서

남자현은 죽음이 임박한 순간에도 조국의 현실만을 걱정하는 유언을 남겼다. "사람이 죽고 사는 것은 먹고 안 먹고의 문제가 아니라 정신에 있다"라는 그의 말에서 모진 풍파를 겪어낸 독립운동가의 일생을 지탱해 준 신념은 바로 정신에 있었다는 것을 느낄 수 있다. 또한 그 정신이 지향했던 것이 오직 조국독립뿐이었기에 목숨을 걸 정도로 간절했던 염원이 이어져 결국 조국광복이 이루어졌을 것이라고 생각한다.

열 손가락 마디마디가 성한 곳이 없을 정도로 일생동안 고군분투하며 애국계몽의 현장에서, 국내외 무장투쟁의 일선에서 독립운동가들과 어깨를 나란히 했던 남자현이지만 손자는 늘 따뜻하고 활달했던 할머니로 기억하고 있다. 또 다른 그의 이름 '한국의 어머니'. 조국을 되찾기 위해 독립투쟁의 일선에 섰던 그였지만, 대한민국의 모든 어머니가 그렇듯 남자현 역시 독립운동가이기 이전에 진정한 한국의 어머니였다.

혹자는 묻는다. 대한민국 여성독립운동가가 얼마나 활동했겠느냐고. 하지만 일제를 향해 총구를 겨누고, 분열하는 독립단체를 보며 자신의 손가락을 거침없이 내놓았던 남자현의 이야기처럼 일제 통치에 저항했던 시대, 그 굴곡의 역사를 관통한 시대정신의 큰 흐름 중에 여성독립운동가의 소리가 있었다. 제한된 사회통념 속에 숨죽여 있던 여성이 일어섰던 이유는 단아한 한복의 자태를 벗어던지고 총과 칼, 폭탄과 같은 무기를 들고 일제에 저항했던 용감하고 당당했던 모습에서 찾아볼 수 있다. 나라를 잃고 사력을 다해 독립운동에 투신한 많은 한국의 어머니, 그들의 소리가 우리 역사의 그늘에서 숨 쉬고 있다.

시대가 인물을 만들고 인물이 시대를 바꾼다고 한다. 일제 강점의 현실 앞에 펼쳐진 의로운 구국정신의 물결은 양반가 여성이었던 남자현을 투철한 민족의식을 가진 여성독립운동가로 변화시켰다. 남자현을 비롯해 강인함과 따뜻함을 가졌던 수많은 한국의 여성독립운동가들, 최근 영화 〈암살〉에 나온 그 말처럼 그들은 늘 되뇌었을 것이다.

"알려줘야지. 우리는 계속 싸우고 있다고."

조화벽

1895~1975

독립선언서를
버선 솜에 넣고 달리다

호수돈 비밀결사대에서 양양 3·1만세운동의 주역이 된 여성, 조화벽.
버선목 솜에 독립선언서를 숨겨 고향 양양에 왔던 조화벽은
희망의 불씨와 같은 독립선언서 한 장에 자신의 인생을 모두 걸었다.
양양 3·1만세운동을 일군 소중한 불씨,
그것은 조화벽으로부터 시작되었다.

▬▬▬ 비극과 세월에 가려진 독립운동가 조화벽

강원도 애국충절의 고장인 양양의 근대 선각여성 조화벽. 아직 그를 모르는 사람이 많다. 3·1만세운동 당시 개성 호수돈 여학교 비밀결사대 조직의 주역으로 양양 3·1만세운동의 불씨를 일군 여성, 조화벽. 그는 독립선언서 한 장을 버선목 솜에 숨겨 비밀리에 들여와 그 내용을 지역민에게 전했고, 이를 계기로 일반인과 군중의 시위는 확산되었다. 그 영향은 일반인과 군중의 시위 확산으로 연계되었다. 그런 그의 이름과 이야기는 왜 널리 알려져 있지 않은 것일까?

강원도 양양의 3·1만세운동은 서울과 천안지역을 세외하고 지방에서는 가장 조직적이고 계획적으로 움직였다. 양양에서는 대규모 인원이 참

여하면서 4월 3일 밤부터 9일까지 약 7일에 걸쳐 만세운동은 강렬하게 전개되었다. 이 지역에서 일어난 3·1만세운동은 물론 모든 독립활동의 일선에서 앞장섰던 조화벽은 자신에게 주어진 의무를 실천하면서도 늘 당연히 해야 할 일을 다한 것이었을 뿐이라는 겸손함으로, 후손에게까지도 자신의 활약을 드러내지 않았다고 한다. 그런 그가 주목되는 이유는 행동하는 지성인으로서 스스로의 선택을 행동에 옮겼던 여성독립운동가였기 때문이다. 그러나 그 삶은 주로 집안 가족들을 중심으로 전해질 뿐이다.

유관순의 오빠 유우석柳愚錫과 혼인한 조화벽은 유관순의 치열했던 독립운동만큼이나 적극적으로 활동했던 여성독립운동가였다. 그의 업적을 인정해서 건국훈장 애족장이 수여될 정도로 많은 활동을 했지만 '유명한 독립운동가 역사'에 가려져 함께 활동했던 남편 유우석과 함께 독립운동사에서 크게 부각되지는 못했다. 조화벽의 삶은 유관순 집안이 당한 엄청난 비극에 가려졌고, 독립운동가로 널리 알려진 유관순에게 가려졌으며, 또 길고도 험난한 세월에 가려져 버린 것이다.

유관순 집안의 불행을 목도했지만 그는 그냥 지나치기 보다는 그 가족과 인연을 맺고, 고흥 유씨의 일원이 되어 독립운동가 유관순의 일가를 일으키는 데 헌신적이었다. 분명 그가 선택했던 삶은 운명적이었다.

▬▬▬ 여성독립운동가들이 활발하게 활동했던 개성에서의 성장기

명성황후가 일본인에 의해 시해된 1895년 음력 11월 7일, 조화벽은 강원도 양양군 양양읍 남문리 116번지에서 조영순趙英淳과 전미

흠全美欽의 무남독녀 외동딸로 태어났다. 어린 조화벽은 일찍부터 본처 전도사(초기 한국 감리교회의 교직. 현재의 장로.)인 아버지와 전도부인으로 활동했던 어머니의 영향으로 엄격한 신앙생활을 했다. 그리고 성경 공부와 선교사들의 교육을 통해 독실하고 성실한 신앙인으로 성장하였다. 이러한 신교육의 기독교 문화에 익숙했던 집안환경의 영향으로 조화벽은 자연스럽게 남녀 평등의식을 고취시킬 수 있었다.

1910년 열여섯 살의 조화벽은 원산 성경학교로 유학을 떠나면서 신학문을 배우게 된다. 그곳에서 2년 만에 교육과정을 끝마친 조화벽은 1912년 원산 루씨여학교樓氏女學校, Lucy Cunningham School로 초등과정에 입학하게 되는데, 당시 원산에는 일제가 세운 일본인 학생 위주의 공립학교들이 대부분이었다. 하지만 루씨여학교는 조선인 여성을 중심으로 가르쳤고 일본인 학생은 받지 않았다.

1903년에 설립된 루씨여학교는 당대 감리교 선교사들이 세운 이화, 배화, 숭의, 호수돈 등과 함께 기독교 계통 5대 명문 사립학교로서의 위상을 가진 근대여성교육기관이었다. 기독교계 여성 지도자로 농촌계몽운동은 물론, 민족의식 고취에 앞장서 활동한 인물로 알려진 이신애李信愛, 최용신崔容信, 전진田鎭, 김자경金慈璟 등 뛰어난 한국여성들을 적지 않게 배출한 명문학교였다.

루씨여학교로 진학한 지 얼마 되지 않아 조화벽은 개성 호수돈好壽敦여학교로 전학한 뒤, 보통과 4년 과정을 마치고 고등과 3년 과정에 진학하여 1919년 3월 졸업을 눈앞에 두고 있었다. 그런데 이때 서울에서 발발한 3·1만세운동의 물결이 개성으로 밀어 닥쳤나. 민족내표 33인 중 한 사람인 오화영吳華英 목사로부터 독립선언서 1백 부가 개성 북부교회

1919년 서대문형무소 수감 당시 어윤희

전도사인 강조원姜助遠에게 전달되었다. 그러나 그는 소심하여 행동으로 옮기지 못했고, 신간회와 근우회 개성지회 창립의 주역인 여성 독립투사 어윤희魚允姬가 대낮에 보따리 장사를 가장해서 집집마다 독립선언서를 돌렸다. 이것을 본 호수돈여학교 사감 신관빈申觀彬과 장님전도부인 심명철沈明哲 등이 합류하면서 개성의 만세시위운동은 여성들에 의하여 선도되었다.

여기서 잠시 조화벽에게 많은 영향을 주었던 어윤희라는 인물을 짚고 넘어가자. 어윤희는 1909년 미국 남감리회 선교사로 개성북부교회 등에서 전도활동을 하던 갬블Gamble, Beatrice Jenkins 선교사에게 세례를 받았다. 그는 선교사의 추천으로 기혼 여성들의 교육을 위해 지어졌던 개성 미리흠美理欽여학교에 입학했다. 그리고 정규교육을 받고 1912년 졸업,

호수돈여학교에 진학하여 37세가 되던 1915년 3월에 졸업하였다.

그는 교육과 전도활동에 대한 열의가 높아서 졸업 후에도 전도부인이 되어 개성 북부교회에서 활발히 활동했다. 1919년 개성의 여자성경학원 사감으로 있던 중 3·1만세운동을 맞게 된 어윤희는 주저하지 않고 당시 개성 지역 독립선언서 전달 역할을 맡았다. 3월 1일 오후 2시 경 개성 시내 거리로 나가 지나가는 사람들과 부근의 주민들에게 옷 속에 숨겨둔 독립선언서를 나눠 주었고, 서울의 3·1만세운동 소식을 전하며 개성 3·1운동에 불을 붙였다.

▬▬▬ 대한독립만세를 외치기 위해 모인 호수돈 비밀결사대

1911년 조선교육령 '발표 이후, 일제의 식민교육 정책과 민족 말살 정책은 더욱 강화되기 시작했다. 이에 조선 민중은 독립을 주창하는, 전 민족적 항일운동으로 저항했는데 이때 개성 지역에서는 호수돈여학교의 비밀결사대가 주목된다. '호수돈 비밀결사대'는 호수돈 여학생의 주도로 조직된 비밀결사대로써 권애라權愛羅, 장정심張貞心, 조숙경趙淑景이 핵심인물이었고, 이향화李鄕和, 권명범權明範, 이영지李英芝, 류정희劉貞熙 조화벽趙和璧, 김정숙金貞淑 등은 주도적으로 앞장서 활동했다. 당시 조화벽은 호수돈여학교 졸업을 앞둔 3학년 학생이었다.

1919년 2월 말 경 서울과 개성은 긴밀한 교류가 있었다. 민족대표 박희도朴熙道로부터 거족적인 3·1만세운동이 일어날 계획을 전해듣고 밀명을 받은 안병숙은 개성에서 호수돈여학교 학생회장 이경채李瓊彩와 이경지李瓊智 자매를 만났다. 그리고 이경채는 호수돈 기숙사 복습실에서 공부하는 시간을 활용하여 상급반 학생 10여 명에게 중대한 일이 있으니 자신의 방으로 모이라는 쪽지를 보낸다. 그렇게 조화벽을 포함한 상급반 학생 17명이 모여서 3·1만세운동의 거사를 의논하게 되었다. 당일 독립선언서를 맡아서 배포할 적임자가 누구인가를 논의하던 중, 어윤희가 적임자라고 판단했고 그를 초빙하여 본격적인 거사 계획과 독립선언서 배포에 관해 의논하기 시작했다.

어윤희는 정춘수鄭春洙 측으로부터 거사 계획을 알고 있는 권애라를 만나서 추가적인 상의를 하면서 개성지역 만세운동 계획은 구체화되었다. 호수돈 부속 남부소학교 교사였던 권애라는 어윤희와 함께 호수돈 여학생의 3·1만세운동에 직접적인 영향을 준 인물이다. 호수돈 비밀결사대는 교내 4층 기도실에 모여 거사 준비를 시작했다. 이들은 극비리에 기숙생 70여 명을 포섭해서 연명선서를 만들었고, 커튼으로 태극기를 만드는 등 준비에 여념이 없었다.

거사일인 3월 3일 아침이 밝자 호수돈 비밀결사대원들은 퇴학원서를 스스로 써놓고 모두 아침 기도회에 굳은 마음으로 참석했다. 기도회를 마친 뒤, 학생들은 찬송가를 부르며 헌병경찰서를 향해 행진하기 시작했다. 한 학생이 '민족자결주의'를 연설한 후 여학생들이 대한독립만세를 힘차게 외쳤다. 이를 보고, 개성 시민들은 1천여 명이 순식간에 모여 합세했다. 일제 경찰과 개성 시민의 충돌로 그 일대는 울부짖음으로 변했다. 시내 곳곳은 만세물결로 가득 채워지면서 만세시위는 개성을 장악했다.

개성의 3·1만세운동 당시 호수돈여학교 학생대표들은 앞장서 만세시위운동을 펼쳤다. 치솟는 만세 인파를 의식한 경찰은 여학생들을 뒤뜰로

호수돈여학교 개성교사

연행했고, 군중을 무차별적으로 진압했다. 개성지역은 호수돈여학생들의 만세 시위에 이어 미리흠여학교와 송도고등보통학교가 3·1만세운동에 참여하고, 뒤이어 다른 학교에도 만세시위운동이 빠르게 번져나가면서 3월 5일을 기해 각 학교에는 휴교령이 내려졌다. 조화벽도 이때 친구 김정숙과 함께 고향인 양양으로 귀향하게 되면서 양양지역 3·1만세운동에 직접적인 영향을 주게 된다.

그렇게 개성 지역 3·1만세운동은 꽃다운 여학생들의 손에서 시작되었다. 어두운 기도실에서 불조차 켤 수 없었지만 그들은 번뜩이는 눈빛으로 얼마 남지 않은 거사준비와 절차를 논의했다. 80여명의 기숙생을 포섭하는 공작을 나누어 맡고 커튼을 뜯어 태극기를 만들면서 의기를 다시던 그들의 심정에는 오직 민족광복의 염원이 가득했다. 그렇게 나라를 사랑하는 순수한 마음이 담겨있는 호수돈 비밀결사대였기에 민족독립운동의 거국적인 확산이 가능했고, 나아가 한국여성독립운동의 흐름도 광복의 초석이 될 수 있었다.

▰▰▰▰ 솜버선 속 독립선언서 한 장을 숨겨와 고향에 전하다

3월 3일 개성의 만세시위가 확산되면서 각 학교에 휴교령이 내려졌다. 지역출신의 학생들은 고향으로 돌아가서 분산하여 만세시위를 하자고 마음을 다졌다. 조화벽도 고향 양양으로 가기 위해 개성을 출발하여 기차로 원산, 다시 배를 타고 양양 대포항에 도착했다. 대포항에는 일본경찰이 삼엄한 경계를 서고 있었는데, 비상선을 치고 배에서 내리는 승객들의 소지품을 모두 수색하기 시작했다.

조화벽과 같이 외지에서 온 학생들은 소지품 조사와 함께 심문을 받을 정도로 의심을 사고 있었다. 민족의 독립을 위하여 희생할 각오로 양양을 찾았던 조화벽은 무사히 위기를 극복할 수 있기를 마음으로 기도했다. 왜냐하면 조화벽은 솜버선의 실밥을 터서 버선목 솜 속에 독립선언서 한 장을 깊숙이 넣고 실로 꿰매어 감쪽같이 감춘 후, 개성을 출발해 원산을 거쳐 배로 양양 대포항에 도착했기 때문이다.

이때 요시찰인물로 지목된 조화벽은 경찰서로 끌려가 몸수색과 소지품 조사를 받았고 심문까지 받게 된다. 그러나 다행히 트렁크 가죽가방 안의 솜버선 속에 숨겨온 독립선언서는 발각되지 않았다. 위기에서 벗어난 조화벽은 독립선언서 한 장을 양양 성내리 감리교회 청년부 지도자 김필선金弼善에게 전달하였다. 드디어 목숨을 건 여학생의 행동이 지역 만세운동의 불씨를 일구는 희망으로 바뀐 순간이었다.

김필선은 3월 말 양양보통학교를 막 졸업하고 양양면사무소 급사로 취직해 근무하고 있었다. 조화벽이 목숨을 걸고 가져온 선언서 한 장을 전달받은 김필선은 교회청년부원인 김재구金在龜, 김규용金圭容, 김계호金啓鎬, 김주호金周鎬, 김봉운金鳳運 등을 모집했다. 그리고 만세시위를 위해 태극기를 인쇄하기로 결정한다.

4월 3일 김재구가 옥양목과 백지를 구입해왔고, 조화벽은 김필선과 면사무소의 등사기를 사용해서, '대한민국 독립만세', '양양군'이라는 글자와 태극문양을 그려 백지 2백매에 등사하는 데 성공했다. 그리고 등사한 문건을 가지고 김재구, 김필선, 김규용은 최인식崔寅植의 집으로 모였다.

이때 최인식은 이석범李錫範으로부터 지시를 받고, 양양면 거마리 주변 이민들을 시위운동에 참여시키기 위해 움직이고 있었다. 이석범을 중심으로 한 유림계열과 양양감리교회 청년부중심의 계열이 최인식을 매개로 하여 자연히 합류했다.

최인식, 김재구, 김필선, 김규용 네 사람은 등사한 제작물들을 나누어 갖고 임천리에 사는 현산학교 졸업생 이교정李敎貞의 집에서 옥양목과 백지에 태극기를 그리고, 남은 용지에도 국기를 그렸다. 이들이 태극기를 만들고 청곡리에 사는 등기소 고원 김계호가 와서 합류했을 즈음, 양양 군수 이동혁李東赫이 들이닥쳤다. 이동혁 군수는 등사기, 천으로 만든 태극기, 종이에 등사한 태극기 등을 빼앗고 일동을 질책했다. 이들은 계획이 탄로 날까 두려워 종이에 인쇄된 남은 태극기를 싸서 양양면 거마리 이종태李鍾台의 집을 찾았다.

이내 이교완李敎完, 이건충李建忠 등 몇몇 집에서는 3월 3일 삼진날 율계律禊를 표방하여 수십 명이 모여서 대량으로 태극기를 만들었고 한편에서는 만든 태극기를 다른 마을로 보냈다. 그러던 중 이건충의 집에 군수 이동혁과 군속 심운택沈雲澤이 들이닥쳐 태극기 만들던 사람과 총지휘자 이석범이 체포되었다.

그 외에도 일본 관헌들은 3일 이건충의 집을 급습해서, 태극기 만들던 사람과 총지휘자 이석범을 비롯한 22명을 체포하고 '독립만세'라고 쓴 태극기 3백 74매를 압수했다. 체포를 피한 최인식, 김필선, 김재구, 김규용, 김계호 등은 급히 북서쪽으로 약 5킬로미터 떨어진 거마리 이종태의 집으로 본거지를 옮겨 밤새 준비를 계속하였다.

▬▬▬ 격렬했던 양양 만세운동 6일간의 기록

비록 총지휘자 이석범과 22명의 준비위원들이 체포당했지만 사전에 각 마을별로 책임자를 두고 준비를 진행하고 있었기 때문에 다음 날 시위를 추진하는 데는 장애가 되지 못했다. 대개 마을의 주민 동원 책임을 맡은 사람은 구장이었고, 이들의 주도하에 태극기를 만들며 시위준비를 이어나갔다.

4월 4일. 그날은 양양의 장날이었다. 양양읍에 들어오는 통로 다섯 개를 따라 인근 각지에서 만세 군중과 장꾼들이 모여 들었다. 임천리에서 체포 위기를 모면하고 탈출하여 거마리에 온 시위 주도자들은 이종태의 집에서 밤을 지새운 후 4일 아침 이종태의 집에서 출발했다. 이종태가 대형 옥양목 태극기를 들고 대열에 앞장섰다. 동지들이 뒤를 따르면서 도중에 만나는 주민들에게 만세시위에 동참하도록 설득하며 등사한 태극기를 배부했다. 그렇게 일동은 태극기를 흔들며 양양 읍내 시장을 향해 전진했다.

양양 읍내 사방에서 시위대가 모여들었다. 다섯 개의 통로 중에서 서쪽의 임천리로 통하는 방면에서는 거마리의 군중과 임천리의 군중이 만세를 부르고 태극기를 흔들며 읍으로 들어오다가 경찰과 대치했다. 이때 양양교회 청년이 1백여 명의 군중을 지도하며 양양 읍내에서 만세시위를 시작했다. 그러자 양양읍 변두리에서 외곽을 경비하던 경찰 병력이 읍내로 몰려갔다. 그 때를 틈타서 시위대는 다섯 개 통로를 따라 물밀 듯 읍내로 들어가 온 장터가 만세를 외치는 사람들로 물결을 이루었다. 수많은 만세 군중에게 완전히 제압된 경찰은 경찰서 안으로 철수했다.

오전 11시경 양양읍 장터에 도착한 최인식 일행이 "조선독립만세"를 소리 높여 외치자 일제히 호응하듯 소리 높여 독립만세를 불렀다. 읍내에서 만세운동이 일어났다는 소식을 듣고 농부들도 모두 모여들었다. 경찰서와 군청 주변은 물론 뒷산에도 군중이 모여 독립만세를 연달아 목청껏 외쳤다. 일본경찰의 제압으로 주도했던 지도급 인사들이 잡혀가자, 군중은 경찰서와 군청을 에워싼 후, 임천리에서 체포한 22명을 비롯한 수감자들의 석방과 일제 관헌 모두 일제히 본국으로 물러갈 것을 요구했고, 몇몇 사람들은 직접 들어가 경찰서장에게 항의하기도 했다.

손양면 가평리 구장 함홍기咸鴻基가 경찰서장실에서 항의하다가 화로를 들고 서장에게 덤벼들었다. 그러자 옆에 섰던 사법 주임이 칼을 빼어 함홍기의 팔을 친 후 허리를 찔렀고, 함홍기는 팔을 잃고 쓰러지고 말았다. 이 소식을 들은 군중은 즉각 돌과 몽둥이로 경찰서와 군청을 공격하였다. 어둠이 깔리자 양양경찰시 마당에서 총소리까지 들렸다. 한참 후 총소리가 멎었고 수많은 시체와 부상자를 확인할 수 있었다.

이석범은 4일 양양 장날에 이어, 5일 물치의 장날을 거사일로 다시 정해 5일과 6일 이틀 동안 강현면과 도천면이 합동하여 큰 시위를 벌일 것을 계획했다. 이석범은 동생 이국범李國範과 아들 이능렬李能烈을 내세워 이 시위를 추진했다. 도천면은 김영경金英經, 강현면은 장세환張世煥이 맡아서 각 마을마다 책임자를 두고 조직적으로 시위를 준비했으며 태극기를 만들었다.

5일 아침 강현면의 군중은 물치 장터에 모였고, 도천면의 군중은 경찰 주재소가 있는 대포리로 모였다. 일제 경찰은 일찍이 시위 군중들이 다시 모여 일본인을 공격할 것이라는 정보를 입수하고 경찰 이외의 일본인은 새벽부터 배를 태워 바다 한가운데로 피신시켰다.

강현면사무소의 김동석金東錫 면장을 비롯한 면소 직원은 모두 도망을 갔고, 면서기 김남훈金南薰은 시위 군중과 같이 독립만세를 불렀다. 그는 물치 장터로 나아가 모여든 각 마을의 군중과 함께 태극기를 들고 독립만세를 부르며 시장을 행진했다. 아침 10시쯤, 시장 쌀가게 앞에서는 옥양목으로 만든 큰 태극기를 높이 세우고 1천여 군중이 모여서 독립선언식을 열었다. 군중의 손에는 모두 작은 태극기가 들려 있었다. 독립선언서가 낭독되자 고 사람들은 일제히 독립만세를 외쳤다.

대포항에서는 오전에 도천면 주민이 만세시위를 벌였는데, 오후에는 강현면 사무소와 물치 장터에 모여 시위하던 강현면 주민들도 대포항으로 몰려와 합세하였다. 시위대는 1천여 명이 훌쩍 넘었다. 군중이 주재소 주변에 모여 만세를 부르며 시위를 계속하자 주재소 수석 이시다 기사부로石田喜三郎는 군중에게 허리를 굽히며 빌었다. 경찰이 완전히 굴복하여 사죄하자 군중은 다음날인 4월 6일 양양읍에서 만세시위를 하기로 하고 해산했다.

다음날 도천면과 강현면 주민들은 삼베에 도시락을 싸서 망태기에 넣어 걸쳐 메고 양양읍으로 향하였다. 그런데 일본에서 보낸 증원부대가 4월 5일 원산항에 도착한 것이다. 한 개 소대가 양양에 배치되어 있어서, 시위대가 양양읍 입구의 연창에 다다랐을 때는 일본군 증원소대와 맞부딪혔다. 시위대는 제지하는 군대를 밀고 읍내로 들어가 경찰서로 몰려갔다. 시위대의 강한 의지에 기겁한 경찰서장이 일본은 물러갈 터이니 만세만 부르고 돌아가 달라고 애원했고, 결국 군중은 만세시위만 하고 돌아갔다.

그 후로도 만세시위는 그치지 않고 7일부터 9일까지 양양 곳곳에서 전개되었다. 특히 9일에 펼쳐진 기사문基士門 시위는 양양군내에서 가장 많은 사상자를 냈는데, 기독교인과 유학자 그리고 각 마을의 구장이 삼위일체가 되어 전개한 대규모의 운동이었다. 9일 아침, 각 마을에서는 구장이 인솔한 가운데, 하광정리 면사무소에 모인 1천여 명의 시위대가 소리높여 만세를 불렀다. 그리고 기사문리에 있는 주재소로 향했다. 그런데 주재소에서는 시위대의한 정보를 미리 입수해 만반의 준비를 하고 주재소 옆 개울 언덕에서 군중을 향하여 총을 겨누어 엎드려 있다가 시위대를 향해 일제히 발포를 했다. 당시 현장에서는 사망자 9명, 부상자가 20여 명이 발생하는 참담한 상황이 발생했다.

■■■■■ **남달랐던 양양 만세운동의 강력하고 지속적이며**
연합적이었던 투쟁

강원도 영서지역은 천도교 등 종교계통을 통해 대체로 3월 초에 독립선언서가 전달되었으나 선언서 전달이 시위로까지 이어지는 경우는 드물었다. 대부분 일제의 주도면밀한 감시망에 걸려 차질을 빚은 결과였는데, 그럼에도 대체로 3월 27일경부터는 시위운동이 강원도 각지에서 발생하는 것을 볼 수 있다. 특히 지리적으로 활동하기 여의치 않은 산간 오지가 많음에도 불구하고 망태기에 도시락을 싸 걸쳐 메고 산 넘고 물 건너 만세시위장으로 모여들었던 그들의 모습은 독립을 향한 숭고한 정신과 태도를 보여주었다. 그러나 대체적으로 지역적 한계로 인해 3월 하순부터 4월 중순에 걸쳐 일어나 시위의 시기가 늦고, 규모나 상노는 경기 지역에 비해 약할 수밖에 없었다.

특히 양양 지방의 3·1만세운동은 강력하고 지속적이며, 연합적인 투쟁을 보여 3·1만세운동 정신의 고스란히 드러났다. 기존의 전통 사상이 깊었던 지역에서 기독감리교를 수용하고 여학생을 타 지역으로 교육기관에서 수학하도록 허락하는 것은 힘든 일이었다. 그런 지역에서 여학생 조화벽의 출현과 그로 인한 독립선언서의 유입은 지역독립만세 시위의 촉발과 새로운 흐름을 가져왔다고 보아도 과언이 아니다. 전통적인 수구세대의 한 흐름인 유림세력과 기독교 세력이 이 지역에서 연대하여 독립만세운동을 일구어냈다는 것은 여러모로 상징적인 의미를 가지고 있다.

양양군 3·1만세운동은 전국에서도 손꼽힐 정도의 대중적인 참여도를 갖고있는 대규모 만세시위였다. 전체 일곱 개리 132동리 중 여섯 개면 82동리에서 참가해, 사망자 11명, 부상자 50명, 체포인원이 무려 1천여 명에 달했다. 이러한 양양 지역의 독립만세운동이 일어날 수 있었던 배경에는 다음과 같은 두 가지 특징이 있다.

첫째, 당시 양양 사회는 이석범을 대표로 하는 유학자들의 반동학 '갑

오의려' 활동과 신식교육에 대응한 구식 쌍천학교 운영에서 보이는 바와 같이 구시대의 전형인 인물들과 지역문화를 갖고 있었다. 그런데 감리교의 전파로 양양 읍내를 비롯해 마을에 총 4개의 교회가 들어와 자유와 평등의 신사상이 일기 시작했다. 여기에 현산학교의 신교육이 새로운 의식과 문화를 보급되면서 신구세대와 신구사상의 만남은 자연스럽게 민족의식으로 연결·승화되었다. 마치 물과 기름 같았던 양양의 유교세력과 기독교세력 사이에서 현산학교나 쌍천학교, 보통학교 초기 졸업생들이 가교 역할을 한 것이었다. 그래서 강원도에서 가장 치열하게 일어난 양양의 3·1만세운동은 이런 보수적 기반을 가진 지역사회의 동원력과 근대적 개명의식, 이 두 가지를 신교육을 받은 청년세대가 연결함으로써 상승작용 하여 일어난 것이다.

둘째, 지역사회의 총체적인 대응이었다. 일제는 조선총독부 식민지 권력을 통해 일원적, 일방적 지배를 용이하게 하기 위해 전통적인 지역사회의 결속력을 해체하려 했다. 1914년부터 1918년까지 지속적으로 '지방행정구역 개편'이란 미명하에 지역사회를 재편해 갔다. 다른 지역의 경우 90~100퍼센트 가까이 동·리 단위가 이 정책에 의해 이합집산 되면서 구장 체제로 재편되었다. 그러나 양양은 서쪽 설악 산맥의 고지대와 동쪽의 동해안 사이에 끼어 있어서 변화가 이루어지기 힘들었다. 그 결과 이 지역의 시위운동은 일제 편에 선 면장과는 달리 주민들과 밀착된 관계에 있는 도천면, 강현면, 양양면, 손양면 등지에서 구장들이 전면에 나서며 주도적으로 시위운동을 이끌었다. 시위운동의 지속성과 강력성은 이와 같은 지역사회에 밀착된 구장들의 참여로 인해 지역 역량을 총원한 데서 나왔다.

그러나 양양의 3·1만세운동에 있어서 무엇보다 큰 영향을 준 것은 조화벽이 버선 솜에 숨겨온 독립선언서 한 장이었다. 경기도 개성에서부터 독립선언서 한 장을 버선 솜 안에 숨겨, 경원선 열차 안의 번뜩이는 검문과 피 말리는 대포항 주재소의 검색과 단속을 무사히 통과해 어렵게 전달한 선언서 한 장은 잠들어 있던 지역 청년들의 민족혼을 일깨웠다. 이 독립선언서 한 장은 청년들로 하여금 한 번도 본 적도 없고, 생각하기도 힘들었던 독립만세운동을 시도하게 했다. 이를 위해 아마도 생전 처음 태극기를 만들어 보았을 것이다.

독립선언서를 처음 접했던 기독감리교회 청년들은 자라면서 일본 제국주의의 식민지 문화와 식민지 교육체제 아래서 자란 신세대였다. 이들이 일본 제국주의의 신민으로, 일본의 이등국민으로서도 순응하고 사는 것이 자연스러운 상황이었다. 그러나 그들은 자주독립국가의 떳떳한 국민으로 살기를 택했다. 이들의 흐름이 신 종교, 신세대를 대변한 것이었다면 이들이 만나 합류하게 된 이석범이 지휘하는 또 하나의 흐름은 구사상, 구세대를 대표하는 것이었다. 3·1만세운동은 이와 같이 이전의 사상, 신분, 지위, 성별, 세대 등 모든 경계와 차이들을 넘어서 하나의 민족, 하나의 국민이 되게 했다. 양양의 3·1만세운동이 대표적인 사례였다.

■■■■■■ **독립을 위해 다방면에서 활발히 활동했던 조화벽**

조화벽은 양양의 3·1만세운동을 치열하게 전개한 이후 사촌동생인 조연벽, 친구 김정숙과 함께 한동안 양구로 피신하여, 빼앗긴 나를 되찾기 위한 복국復國운동과 항일 독립운동을 구상하기 위해 신분을

1938년 3월 22일 양양 정명학원 1회 졸업식(둘째 줄 맨 왼쪽)

숨기고 누에고치를 치며 은신했다. 그 후 학교로 돌아가 1919년 호수돈
여학교 고등과를 마치고, 그해 가을에 공주의 영명여학교 교사로 부임하
게 된다. 그곳에서 유관순 일가와 깊은 인연을 맺게 되는데, 공주 3·1만
세운동으로 옥고를 치른 유관순의 오빠 유우석과의 인연이 그렇다. 그는
유우석과 1925년에 결혼한 뒤 교사로 활동하면서 항일독립운동의 일환
으로 여성운동과 노동자 권익 옹호, 그리고 교육사업을 지속적으로 전개
하였다.

　3·1만세운동 이후 조화벽은 국권회복을 위한 국가의식과 민족의식에
대한 투철한 교육철학을 갖고 교직생활에 임했다. 공주 영명여학교에 이
어 서울 배화여학교, 개성 호수돈여학교, 원산 루씨여학교와 진성여고,

양양 정명학원 등에서 교사로 근무하면서 조화벽은 자신의 봉급 중 일부를 상해 임시정부 독립자금으로 지원하였다. 또 그는 7년동안 원산에 거주하면서 생활이 어려운 선박 노동자들이 모여 만든 '해원상구회海員相求會' 창립총회에서 부회장으로 선출되어 원산항 승선원들의 자구책 마련에 앞장섰다. 1928년 6월 18일에는 원산 노동자들의 집세를 인하해 줄 것을 요구하는 운동에서 실행위원으로 나서기도 했다.

1932년에는 고향 양양으로 돌아와, 1926년에 개교한 무산아동 교육시설인 정명야학원의 새로운 주간부 개설에 적극 나선다. 그리고 1935년 4월 8일 주간부 신입생 70명으로 개원해, 1938년 3월 22일 제1회 졸업생을 배출하게 된다. 그리고 1944년 일제의 강압으로 인해 폐교될 때까지 600여 명의 졸업생을 냈다.

우리 민족의 암울했던 시대, 일제강점기 한국 여성은 그 시대의 한계를 뛰어넘어 항일구국운동에 매진했던 민족구성원이었다. 물론 조선시대 말부터 일제강점기에 이르는 시대변동의 흐름에서 한국 여성의 존재감은 미미했다. 그러나 일본의 침략에 저항하는 민족의식을 발휘했고, 불평등한 사회구조를 뛰어넘어서 거침없는 행보를 하는 진보적인 여성으로 변화하였다.

그 한가운데 조화벽이 있다. 그는 양양에서 일어난 독립만세운동을 주도했으며 생애를 바칠 때까지 평생 신앙생활을 하면서 기독교 교육을 통해 실력을 배양한 행동하는 지식여성으로서, 민족교육, 자선, 봉사, 기독교윤리실천, 계몽, 여성운동과 노동자권익옹호 사회운동과 육영사업 활동을 지속적으로 넓혀갔다. 광복 후 한참이 지난 1982년 대통령 표창이, 1990년이 되어서야 그 공로를 인정받아 독립유공자로 추서되었다.

1975년 9월 3일, 81세의 나이로 서거한 그는 남편 유우석 옆에 안장되었다.

조화벽은 일제치하의 압박 속에서도 굴하지 않고 민족의 자긍심을 지니고 행동하는 지식인의 선각여성으로서 항일독립운동에 앞장섰으며 상해 임시정부 자금 지원과 대한민국 정부수립에 중요한 역할을 담당했고, 여성문제의 해결과 여성의 사회적 입지를 구축하는 일에 앞장섰다. 그는 민족사의 산 증인으로 민족의 수난사 속에서 인간이 얼마나 꿋꿋하게 설 수 있는가를 보여줌으로써 3·1독립정신과 민족자존의 상징적 표상으로 우리에게 삶의 한 좌표를 제시했다고 평가할 수 있다.

안경신

1888~?

내 아이에게는
자유 독립의 나라를 주리라

1919년 3·1 만세운동에 적극 가담한 후
무력적인 투쟁만이 독립을 쟁취할 수 있다고 믿었던 안경신.
그는 1백여 명의 미국 의원 사찰단이 방한한다는 소식을 듣고,
한국 독립의 필요성을 세계 언론에 호소하고자
임신 상태에서 폭탄거사를 실행함으로써
한국 여성의 강력한 독립의지를 보여주었다.

■■■■ 3·1만세운동, 평양에서 시작되다

1919년 3월 1일 오후 1시 평양에서 3·1만세운동이 시작되었
다. 서울 태화관에서 민족 대표 33인이 독립선언서 낭독을 시작한 바로
그 시각이었다. 이는 전국에서 가장 먼저 시작한 셈이었고, 당시 그 자리
에 안경신이 있었다.

평양은 19세기 말 이후 서구 문물이 들어오기 시작하자 기독교와 함
께 이를 가장 적극적으로 받아들이면서 근대 민족운동의 핵심 주체지역
이 된 곳이었다. 한민족의 발상지이자 새로운 근대문명의 전초기지였던
것이다.

평양에서의 3·1만세운동은 기독교계에서 신한청년당의 선우혁과 함

께 이 운동을 기획했던 이승훈이 총지휘하였다. 이승훈은 105인 사건의 동지였던 윤원삼과 안명근 의거 당시 김구와 독립운동 동지였던 도인권에게 평양 3·1만세운동을 책임지게 했다. 그들은 2월 12일부터 27일까지 여러 차례 회합을 거쳐 운동을 준비해 왔으며, 태극기는 숭현여학교와 숭덕학교 남녀 학생들을 동원해서 제작했다. 평양 3·1만세운동을 위한 모든 경비는 만세운동 직후에 조직된 상해 임시정부의 국내 여성항일단체였던 대한애국부인회의 회장 안정석安貞錫이 책임졌다. 안경신은 안정석과 대한애국부인회 활동을 함께 했는데, 두 사람은 모두 기독교 감리교 신자라는 연결고리를 갖고 있었다.

평양에서 만세운동은 총 세 군데에서 이루어졌다. 두 개의 장소 중 하나는 장로교인들에 의해, 또 하나는 감리교인들에 의해 주도되었고 나머지 하나는 천도교인들에 의해 전개되었다. 이 세 곳에서 각각 나뉘어 독립선언식을 진행한 후, 시위행진을 하면서 자연히 합류하는 것으로 계획하였다.

3월 1일 오후 1시, 장로교에서는 장로교 장대현교회 앞마당이자 숭덕학교 교정에서 독립선언식을 진행했다. 그 명목은 '광무황제 봉도식'이었다. 식이 열리고 곧 1천여 명이 훌쩍 넘는 군중들이 모여들었고 곧바로 조선독립식을 선포한 후 독립선언서를 낭독하였다. 선포식을 마친 후에는 시가행진을 전개했다.

감리교인들은 안정석의 집에서 사전준비를 진행했다. 그녀의 집은 평양시 이향리에 있는 3겹 대문의 큰 고가였다. 안정석은 독실한 기독교 신자였지만 시동생들이 군수 등의 일본 관직을 역임하고 있었기 때문에 일제로부터 감시의 눈을 피할 수 있었다.

안경신

3·1만세운동 당일, 감리교인들은 광성학교 근처에 있던 감리교 남산현교회 뜰 안에서 3·1만세운동의 시작을 알렸다. 천도교인들은 구 대성학교 뒷자리에 있는 천도교구당에서 천도교 중심의 집회를 열었다. 이렇게 총 세 곳에서 각기 독립식을 마친 후 많은 군중들을 이끌고 시위행진 대열을 이루기 시작해, 시내 중심가에서 합류하여 대대적인 행진에 들어갔다.

 만세운동은 3월 1일부터 9일까지 계속 이어졌다. 3월 2일 오후 1시부터는 평양 경찰이 대거 출동해 진압하기 시작했다. 그렇게 3월 8일까지 검거된 인원은 4백 명에 달했다. 평양 시내 상가는 철시를 통해 독립을 지지했고 학생들은 자연스럽게 동맹휴학을 했다. 그 후 평양의 만세운동은 3월 26일, 4월 1일에 다시 재개되었다.

 안경신은 이와 같이 전개된 평양 3·1만세운동에 적극적으로 참여했다. 그녀는 평양여자고등보통학교 2년을 수료한 후 귀향했다가, 3·1만세운동이 일어나자 평양 서문동에서 적극 참여했다. 서문동은 독립선언식이 거행된 남산현교회가 있는 곳이다. 안경신은 만세운동 가담으로 체포되었다가 29일간 유치되었다.

■■■■■■ 대한애국부인회에서 군자금을 조달했던 안경신

 3·1만세운동 직후 상해 임시정부의 수립과 함께 전국적으로 임시정부와 연결된 많은 항일운동단체가 조직되었다. 이때 여성들도 적극적으로 소식을 만들어서 임시정부를 후원하고 지지했다. 안경신 역시 항일여성운동단체에 참여하여 상해 임시정부에 군자금을 전달하는 역

할을 하였다.

 3·1만세운동 직후 국내외에서 조직된 항일여성운동단체 중 대표적인 국내 단체들로는 서울에 본부를 둔 대한민국애국부인회, 평양에 본부를 둔 대한애국부인회, 평남 순천의 대한국민회 부인향촌단, 강서의 국민향촌회, 평양의 결백단, 평남 대동의 대한독립부인청년단, 평남 개천의 여자복음회, 서울의 독립여자부 등이 있었다. 평안도민들은 19세기 말 이후 기독교를 받아들이면서 민족운동의 핵심 주체가 되었기 때문에 여성단체들도 대부분 평안도 지역에 거점을 두고 있었다.

 이중에서 대한민국애국부인회와 대한애국부인회는 전국적인 지부까지 둔 조직이었다. 대한민국애국부인회는 서울에서 1919년 10월 19일 김마리아의 주도로 결성되었다. 이 단체는 1919년 3월 중순경에 조직된 혈성단애국부인회와 같은 해 4월경에 조직된 대조선독립애국부인회가 통합·발전하여 재조직된 것이었다. 이 두 단체가 통합을 하게 된 것은 상해에서 임시정부 수립을 앞두고 국내 부인대표를 파견해달라는 요청 때문이었다. 대한청년외교단 이병철이 대조선독립애국부인회의 김원경을 사전에 부인대표로 파견한 후 혈성단애국부인회의 오현주를 만나 두 단체의 통합을 권유하였다. 이렇게 하여 탄생한 단체가 대한민국애국부인회였다. 독립운동자금을 모으기 위해 활발한 활동을 벌이던 대한민국애국부인회는 회장 오현주의 활동 부진으로 점차 그 세력이 약화되었다. 그러던 중에 조직의 강화를 위해 재편성되었다. 새로 선정된 임원들은 대부분 장로교 중심의 기독교 여성들이었다.

 대한민국애국부인회가 이와 같이 적극적으로 활동하고 있는 동안 평양에서도 같은 활동이 이루어지고 있었다. 1919년 11월 감리교의 애국부인회와 장로교의 애국부인회가 서로 통합하여 대한애국부인회를 조직하였다. 감리교의 애국부인회는 오신도, 손진실, 송죽회 지도자 안정석과 박현숙, 전도부인 김세지, 이성실, 최순덕 등에 의해 조직되었다. 그리고 장로교의 애국부인회는 북장로회의 한영신, 목포 정명여학교 교사 김보원, 평양 숭현여학교 교사 김용복 등이 뜻을 모아 결성하였다. 이 두 단체 주도세력들은 상해 대한민국 임시정부에서 파견한 김정목과 김순일의 권고로 여러 차례 회합을 거쳐 대한애국부인회를 조직하였다. 당시 내한선교사가 경영하던 기홀병원과 교회에서 회합하였다. 11월 평양 신양리의 김경희 집에서 모임을 갖고 통합하기로 결정하였다. 그리하여 대한애국부인회가 탄생하였다. 대한애국부인회는 먼저 임원과 부서를 결정하고 평양을 중심으로 각지에 비밀결사 대한애국부인회 지회를 조직하였다. 선출된 임원은 다음과 같았다.

총재 오신도(61, 상해 임시의정원의장 손정도 목사의 생모)

회장 안정석(38, 대동군수의 의매)

부회장 한영신(34, 장로교 반장)

재무부장 조익선(30, 장로교 신도)

부재무부장 김세지(55, 감리교 전도부인), 김보원(33, 사립정명여학교 교사 장로교)

교통부장 최순덕(23, 감리교, 대동군수 질녀, 학생), 이성실(26, 교사, 감리교)

적십자부장 홍활란(28, 감리교)

적십지부원 정월라(26, 미국 하와이 서수, 감리교)

서기 최명실(28, 장로교), 최매지(24, 교사, 진남포 감리교 지회장), 이겸랑(26,

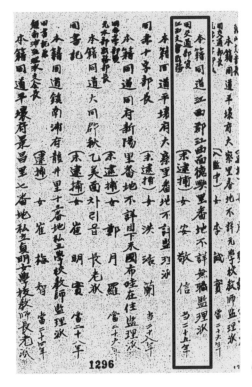

대한애국부인회 검거문서에 기록된
안경신의 본적과 나이
(1920.11.4 조선소요사건 관계 서류)

평양장로교 지회 서기)

부서기 주광명(26, 정진여학교 교사, 감리교)

평의원 김신희(26, 감리교, 사망), 강계심(40, 상업, 장로교), 박몽애(27, 감리교)

교통부원 송성겸(44 전도부인, 증산 감리교 지회장), 안경신(25)

안경신에 대해서는 무직이며 감리교인으로 소개되어 있으며, 나이도 25세로 되어 있었다. 대한애국부인회는 임원을 선출한 후 즉시 지부 설치 작업에 착수하였는데, 가입한 지부는 모두 여덟 개 지부로 평양감리회지회, 평양장로회지회, 진남포감리회지회, 진남포장로회지회, 강서군 감리회지회, 함종감리회지회, 증산감리회지회, 순천장로회지회 등이었다. 이 지부들은 새로 설립된 것이라기보다는 기존의 지방부인회가 지회로 흡수된 것이었다. 활동의 결과 회원이 1백여 명에 달했다.

안경신은 대한애국부인회 본부에서 모집한 군자금을 상해 임시정부에 전달하는 교통부원으로 활동하였다. 예를 들어 1919년 3·1만세운동 직후에 조직된 국민향촌회를 재조직한 강서지회에서 모집한 군자금을 상해 임시정부에 전달했다. 국민향촌회는 강서군 강서면 덕흥리의 한독신 이외에 네 명의 여성들이 조직한 후 1919년 6월 상해 임시정부의 독립운동 원조기관이자 대한애국부인회 강서지회로 재조직하였다. 임원과 회원은 다음과 같았다.

회장 한독신, 부회장 겸 서기 박영복(29세), 회원 강마리아(27세), 박경순(49세), 홍순실(60세)

이들은 회원을 모집함과 동시에 군자금 모집에 총력을 기울였다. 모집된 군자금은 안경신을 통해 상해 임시정부에 전달하였다. 강서지회는 1921년 6월에 발각되어 전원 체포되었다. 안경신이 활동한 대한애국부인회의 회원은 1백여 명이었다. 이 단체가 일경에 의해 발각되기 전까지 모집된 군자금은 2천 4백여 원에 달하였다. 대한애국부인회는 1920년 10월 발각된 이후 임원과 회원들이 체포되었으나 당시 안경신 선생은 체포되지 않았다.

■■■■ 무장 투쟁에 나선 상해 임시정부의 뜻에 함께 하다

대한애국부인회 조직이 일제 경찰에게 발각되어 더 이상 활동이 불가능해지자 안경신은 상해 임시정부가 있는 중국으로 피신했다. 그리고 그는 1920년에 조직된 상해 임시정부의 군사 기관인 대한광복군 총영에 가담하여 활동하기 시작했다.

안경신은 기회가 있을 때마다 대한애국부인회의 동지들과 만나 자신의 포부를 다음과 같이 피력하곤 했다.

> 나는 3·1운동 때도 참여하였지만 그때는 큰 효과를 내지 못하였다. 그것은 우리 국민의 단결과 힘이 미치지 못하였기 때문이다. 나는 일제침략자를 놀라게 해서 그들을 섬나라로 철수시킬 수 있는 방법이 무엇인가를 곰곰이 생각해 보았다. 그것은 곧 무력적인 응징 - 투탄投彈, 자살刺殺, 사살射殺 - 같은 일회적 효과가 크게 주요할 것으로 믿고 있다.

이러한 그의 평소 생각이 상해 임시정부의 독립전쟁 방략과 맞아떨어졌기 때문에 대한광복군 총영에 가담해 활동하기 시작했던 것이다.

상해 임시정부는 1920년을 '독립전쟁의 해'로 선포하고 이를 위한 준비를 갖추어 나가기 시작했다. 이러한 움직임 속에서 남북만주 각지에 산재하던 독립운동 무장단체들은 통일전선을 형성해서 조직적으로 단합된 독립군 부대로서 일본과 전투를 전개하고자 했다. 그래서 임시정부 평북 독판부, 대한청년단연합회, 대한독립단 등의 대표들이 남만주 관전현에서 첫 회합을 가지고 협의를 시작했다. 이어 남만주의 한족회를 비롯한 여러 단체들이 회합하여 통일 5원칙을 마련했고, 그 내용은 다음과 같다.

1. 각 단체의 행동 통일기관을 설치하고 국내 왜적의 행정기관 파괴 사업을 실행하되 각 단체의 개별적 명의로 하지 말고 반드시 상해 대한민국 임시정부가 지정하는 명의로 할 것.
2. 연호는 대한민국 연호를 사용할 것.
3. 대한민국 임시정부에 대표를 파견하여 이상 사실을 보고하고 통일 법명을 요청할 것.
4. 통일기관은 국내와 접근한 압록강 연안 적당한 지점에 둘 것.
5. 상기 통일기관 경비는 원칙적으로 각 단체가 평균 부담하되 국내로부터 들어온 특별수입금은 통일기관 군사비에 보충할 것.

1920년 2월 대한독립단, 한족회, 대한청년단연합회 등의 대표들은 상해 임시정부를 방문하여 남북 만주 일대의 독립무장투쟁을 설명하고 위의 결의안 시행에 대한 승인을 요청하고 허락을 받았다. 그리고 같은 해 7월 26일 임시정부에서는 군무부 직할의 대한광복군사령부 설치안을 의결하고 규정을 제정한 후 8월 1일부 시행으로 공포하였다. 사령부 본부는 관전현에 두고, 8월 10일에 사령장 조맹선趙孟善을 비롯해 8개국, 6개령의 각 장 사령부 간부진과 임원을 임명했다. 그런데 당시 조맹선은 중·러 국경지대에서 독립군 양성 작업에 전념하고 있었기 때문에 참모장 이탁이 사령장 대리를 겸하도록 조치하였다.

광복군사령부의 편제가 완성되고 조직이 출범한 후 광복군총영도 예하 조직으로서 활동이 전개되기 시작하였다. 광복군총영의 창립 시기와 조직의 성격에 대해 학계에서는 연구지에 따라 약간 관섬이 다르다. 광복군총영을 광복군사령부가 창립되기 전으로 보는 관점이 있는 반면, 같은 조직으로 보기도 하고 한편으로는 광복군사령부의 기능이 상실되자 재조직된 것이 광복군총영으로 보기도 한다.

2009년 한국독립운동사편찬위원회에서 출간한 《의열투쟁 I: 1920년 대》(김영범 저)에서는 광복군사령부와 광복군총영은 별도의 조직으로 창립되었으나, 광복군사령부의 편제가 조직된 지 한 달 후에 조직이 정식을 출범하자 광복군총영이 그 예하 기관으로 편입된 것으로 보고 있다. 이에 대한 근거로는 광복군 총영의 총영장이던 오동진吳東振을 광복군사령부의 제2영장으로 임명한 것에서 찾고 있다. 광복군사령부와 광복군총영이 별도의 조직으로 창립되었다고 해도 결론적으로는 광복군 총영은 광복군사령부가 창립된 후에는 임시정부의 군사기관이었음에는 틀림없다.

광복군사령부는 독립전쟁을 대규모로 수행하는 상해 임시정부 직속 정규군의 총지휘부이며, 광복군 총영의 활동 목적은 '적의 통치기관 건축물 파괴, 적괴, 창귀倀鬼(남을 못된 짓을 하도록 인도하는 사람을 비유적으로 이르는 말) 암살, 적의 행정기관의 문란' 등이었다. 광복군사령부는 만주에서 국내 진공작전을 수행하는 독립전쟁, 광복군 총영은 국내 작탄炸彈(손으로 던져서 터뜨리는 폭탄)투쟁이 주요 목적이었다.

▬▬▬▬ 임신한 몸으로 폭탄 거사에 뛰어들다

상해 임시정부는 1920년 7~8월 중에 미국의원 시찰단이 필리핀, 중국, 일본 등을 시찰·방문할 때 한반도도 그 여정에 포함되어 있다는 소식을 들었다. 그리고 이를 기회로 세계 여론에 한국 독립의 필요성을 호소하려 하였다. 1920년 7월 5일 1백여 명의 미국의원 시찰단이 가족을 동반하여 미국 샌프란시스코를 출발했다. 시찰단의 일정은 8월 15일 선편으로 상해에 도착한 후 난징, 북경, 천진을 거쳐 8월 23일 봉천을 출발, 신의주를 들른 후 24일에 서울로 왔다가 다음 날 부산을 출발해 동경으로 가는 것이었다.

상해 임시정부는 임시정부 중심의 외교 노력을 전개하는 한편, 국내에서는 작탄 거사를 통해 민심을 추동해 대대적인 시위를 촉발시켜 미국과 세계 여론에 한국 독립을 호소하자는 계획을 세웠다. 그리하여 상해 임시정부에서는 미국의원단의 상해 체류 시 그들과 만나서 선전물을 전달하고 가두시위를 전개한다는 계획을 세웠다. 동시에 군부를 통해 광복군 총영에 국내 폭탄 거사 및 실행 명령을 내렸다.

광복군 총영에서는 서울, 평양, 신의주 등 세 도시에서 폭탄 거사를 실행하기로 결정하였다. 먼저 대원 13명을 선발해서 3개 대로 나누어 밀파하였다. 거사용 폭탄은 구국모험단이 12개를 제조해서 임득산이 안동(오늘날 단동)의 이륭양행까지 운반한 후 의용단의 각 지단支團으로 보냈다. 3·1만세운동 직후 만주에 있던 이동녕, 이시영, 조소앙 등이 상해 임시정부에 참여하면서 망명 청년들의 독립정신을 수렴하여 이들을 한 곳으로 결집하기 위해 중국 공동조계 내에 폭탄제조학습소 겸 권술수련소를 비밀리에 설치하였다. 6월에 약 40명의 청년들이 작탄으로 구국의 책임을 부담할 목적으로 구국모험단을 결성하였다. 그리고 폭탄제조법 강습이 시작되었던 것이다. 폭탄제조법 교육은 영국인과 광동인을 교사로 초빙하여 이루어졌다.

결사대 제1대는 김영철, 김성택, 김최명, 제2대는 장덕진, 박태열, 문일민, 우덕선, 안경신, 제3대는 이학필, 임용일, 김응식 등이었다. 제1대는 서울, 제2대는 평양, 제3대는 선천과 신의주 방면을 맡았다. 이중에서 안경신 선생이 속해 있던 제2대만 폭탄 거사에 성공하였다.

제1대는 모두 평안도 출신으로 3·1만세운동에 참여했다가 만주로 망명한 후 대한독립단원으로 활동했다. 이들은 1920년 7월 12일 관전현 안자구 본영에서 출발, 압록강을 건너 국내로 들어왔다. 서울로 가는 도중 친일파로 유명했던 평북 자성군수와 황해도 장연군수를 사살해 처단하였다. 이 사건으로 일제 경찰의 경계가 심해져 다시 함경도로 우회하였다가 포목행상으로 위장한 후 무기를 감추고 7월 31일 서울 잠입에 성공하였다.

8월 23일 김최명은 종로경찰서, 김영철은 이완용의 집, 24일에는 김성택이 서울역에 각각 투탄할 계획이었다. 이는 오동진의 명령에 의한 것이었다. 그런데 거사 직전인 8월 21일 중국요리집 아서원 6호실에서 성공을 다짐하는 자리를 갖던 중 일제 경찰에게 이 사실이 알려져 전원 체포되었다. 제1대 폭탄거사는 실패하였으며, 모두 최종 판결에서 징역 10년이 선고되었고, 이들은 1929년에 만기 출옥하였다.

제2대는 의용단(1919년 음력 4월 초 홍석운 등이 평양 기홀병원紀笏病院에서 임시정부 특파원인 김석황의 중재로 결사보국을 맹세하고, 지역의 각종 독립운동단체를 통합하여 조직한 독립운동단체) 평양 지단과 긴밀한 협조 하에 평양 시내의 일제 통치기관을 투탄하기 위해 국내에 잠입하였다.

이들은 음력 5월 하순 광복군 총영을 출발하여 압록강을 건넜다. 압록강을 건넌 후 한 노인의 집에서 음식을 대접받았다. 이들은 식사를 한 다음 2조로 나누어 제1조는 벽동 읍내로 들어가서 친일파 황계익에게 사형을 선고하고 총살시켰다. 그리고 경고문을 발포하고 읍민들에게 황계익의 죄상을 밝혔다. 제2조는 서하면으로 가서 파출소를 타격하고 집결지로 무사히 귀환한 후 다시 전 대원들은 의주, 삭주, 구성군을 지나 평남 안주군에서 검문하려는 일제 경찰을 사살하였다.

8월 1일 평양성내 잠입에 성공하였다. 이곳에서 의용단 평양지단과 만나 계획을 진행시켰다. 먼저 의용단원 한준관이 운영하는 포목상점을 연락장소로 정하였다. 안경신은 평양까지 폭파용 폭탄을 비밀리에 반입하였다. 그리고 일제 경찰의 경계망을 뚫고 8월 1일 대동군의 박치은 집으로 일단 몸을 숨겼다.

이러한 상황에서 의용단원이 먼저 거사 분위기를 조성하기 위해 평양 시내 각처에 〈최급경고문〉을 살포하였다. 그 내용은 '관공리에게 퇴직을 명령함, 정탐자에게 회개를 명령함, 자산가에게 출연을 권고함, 일반국민에게 거의를 권고함' 등으로 되어 있었다.

8월 3일 밤 9시 30분경 의용단과 광복단 대원들은 거사를 단행하였고, 안경신도 이때 합류하였다. 모두 3개조로 나누어 거사를 전개하였다.

제1조의 목표물은 평남도청이었다. 의용단원 김예진과 17세의 숭실중학교 2학년생 김효록이 평남도청에 폭탄을 던졌다. 그러나 터지지 않아 문일민과 우덕선이 다시 폭탄을 던지자 신축건물인 제3부(평남경찰부)의 담장이 무너지고 유리창이 부서져버렸으며, 일제 경찰 두 명이 폭사하였다.

제2조는 장덕진, 박태열, 안경신이었다. 이들은 평양경찰서 앞에 도착해서 도화선에 불을 붙였는데 빗물 때문에 불이 붙지 않았다.

제3조에서는 의용단원 여행렬과 표영준이 평양부청에 투탄하였는데

평양경찰서

이것도 불발하였다. 평양시내의 거사에 대해 언론 통제로 2주 동안이나 보도되지 않았다. 당시 1920년 8월 19일자 〈매일신보〉에서는 폭탄 거사가 일어나자마자 취재를 했으나 언론 통제로 보도하지 못했다는 것을 다음과 같이 밝혔다.

본월 3일 저녁에 평양에서는 폭탄사건이 일어나서 제3부를 파괴코저한 독립당이 있어서 매우 소동되며 평양천지는 가위 물 끓듯 하였지만 그때 본사 평양지국에서는 시각을 지체지 않고 급히 전보로서 그 폭탄사건의 상황을 기별하여 왔었으나 당국의 금지로 인하여 보도치 못하였더니 지금에 비로소 당국이 해금하여 보도의 자유를 얻었음으로 그 일의 전후사실의 경과를 평양지국의 통신대로 보도하오.

안경신

평양경찰서 폭파에 실패한 박태열과 장덕진은 황해도 해주로 가서 동양척식주식회사를 폭파하려 했으나 엄중한 경계로 실현되지 못했다. 그래서 서간도로 돌아갔다. 평남경찰부에 폭탄을 던진 문일민과 우덕선도 무사히 귀환하였다.

안경신은 임신한 상태였기 때문에 대원들과 함께 하지 못하고 어느 참외밭으로 피신하였다. 거기서 하룻밤을 지내고 이튿날 아침 기자림에서 문현철을 만나 폭탄 한 개를 건네받고 다시 거사의 기회를 노렸다. 그러나 일제 경찰의 경비가 너무 심해서 실행에 옮기지 못하고 피신할 수밖에 없었다. 안경신은 함경남도 이원군 남면 호상리의 최용주의 집으로 몸을 숨겼다.

결사대 제3대는 평북 신의주와 선천 방면의 거사를 실행에 옮겼다. 신의주를 맡은 이진무와 정인복은 8월 15일 밤 9시경 신의주역으로 들어가서 인접한 호텔을 겨냥하고 연결계단 쪽으로 폭탄을 던졌다. 그러나 계단의 일부만 파괴되고 호텔은 폭파되지 않았다. 선천 방면은 이학필, 김응식, 임용일 등이 담당하였다. 이들은 신성중학교 학생 박치의의 도움을 받아 거사를 단행하였다. 이들은 8월 24일 선천역과 선천경찰서에 폭탄을 던져 시위를 촉발시키기로 했다. 그러나 일제 경찰의 철저한 감시로 인해 거사 일정이 지연되었다.

다시 거사일을 9월 1일로 정했다. 이날 새벽 3시 선천경찰서가 폭파되어 버렸다. 박치의가 던진 폭탄이 폭발했던 것이다. 그리고 광복군 총영의 인장이 날인된 경고문과 격문이 살포되었다. 박치의는 체포되어 사형 판결을 받았다. 1921년 9월 30일 평양감옥에서 형이 집행되어 순국하였다. 박치의가 체포되자 그의 일가친척을 비롯한 교회 목사 등 20여 명의 주민도 거사 모의 및 협조 혐의로 체포되었다. 이 중에 14명이 평양복심법원에서 2년에서 15년까지의 징역형을 언도받았다. 임용일은 피신하여 상해로 귀환하였고, 이학필은 체포되었으나 탈출하여 만주 본영으로 돌아갔다.

■■■■■ 나라를 되찾기 위해 강인한 투쟁정신을 지녔던 여성독립운동가

한편, 대동경찰서에서는 안경신이 숨어 있는 곳을 알게 되어 해산 직후인 1921년 3월 20일 체포했다. 원산을 거쳐 25일에 평양으로 압송되어 26일 아기를 출산한 후, 아기가 태어난 지 12일 정도 되는 날에 평양지방법원 검사국으로 호송되었다.

안경신은 평양지방법원 재판정에서 검사로부터 사형을 구형받았다. 이에 상해 임시정부에서 안경신은 이 사건과 전혀 상관없다는 내용을 투서하였다. 당시 상해 프랑스 조계 보창로 광복군 사령장 이탁의 자택에서 임시정부 경무국장이던 김구와 장덕진 등이 회합하여, '평남도청 폭탄 사건은 임시정부 특명으로 광복군 사령장의 지휘 하에 결사대장 장덕진이 동지 수명과 더불어 투탄한 것이며, 안경신은 전혀 무관하니 방면하라'는 내용의 투서를 연서하여 총독부로 발송했다. 안경신은 무죄를 주장하며 1심 판결을 불복하고 평양복심법원에 공소하였다.

당시 안경신의 재판은 많은 사람들의 이목을 집중시켰다. 당시 재판 상황에 대해 〈동아일보〉에서는 다음과 같이 보도하였다.

방청석에는 남녀노소가 입추의 여지가 없이 모여서서 날카로운 시선은

안경신

평남경찰부 폭파범으로 체포된 안경신을 보도한 1921년 5월 10일자 〈매일신보〉

모두 안경신에게 모였더라. 재판장은 사실 심문을 시작하여 피고는 무슨 불만한 일로 사형선교의 1심 판결을 불복하고 공소하였는가 함에 피고는 하지 아니한 일을 하였다니까 불만족이 아니고 무슨 일인가 하고 대답하였다.

안경신은 상해 임시정부의 투서가 참작이 되어 징역 10년형을 선고받았다. 평양 감옥에 수감된 지 세 달이 못되어 그녀의 어머니는 세상을 떠나고 말았다. 1927년 7년 만에 형기 몇 달을 남겨놓고 가출옥한 안경신은 평양 신양리에 거주하고 있던 오빠 안세균의 집으로 갔다. 도착해보니 수감 중 가족에게 보내졌던 안경신의 아들은 눈을 뜨지 못하는 장애를 가지고 있었고, 그는 이루 말할 수 없는 슬픔을 느꼈다. 그 슬픔에 더해 동지였던 장덕진의 안타까운 소식까지 듣고 눈물을 흘리고야 말았다. 장덕진은 1924년 상해 프랑스 조계에서 중국인과 시비가 붙어 중상을 당한 후 회복되지 못하고 세상을 떠났다. 낭시 〈동아일보〉와의 인터뷰에서 안경신은 이러한 모든 슬픔에 대해 다음과 같이 말했다.

'여자폭탄범'이라는 제목으로 대서특필한 〈동아일보〉 기사문

"어머니는 돌아갔고 자식은 병신이오니 어느 것이 서럽지 않겠습니까마
는 동지 장덕진 씨의 비명을 듣고는 눈물이 앞을 가리어 세상이 모두 원수
같이 생각됩니다."

자신 역시 고된 옥중 생활을 하고 나와 몸이 성치 않은 아들을 보고
하늘이 무너지는 듯한 슬픔을 느꼈을 안경신은 자신의 일보다도 나라의
독립을 위해 함께 했던 이들에 대한 절절한 안타까움에 더욱더 마음 아
파했다. 그것은 단지 동료애를 넘어서, 임신한 몸으로도 무력투쟁을 불
사했을 정도의 강인한 구국의지에서 비롯된 것으로 보인다. 훗날 그의
동지 최매지는 안경신의 확고한 항일 의열 항쟁의 신념을 다음과 같이
말했다.

"독립투쟁가가 많이 있고 여성투쟁가도 수없이 있다. 그러나 안경신같이
시종일관 무력적 투쟁에 앞장서서 강렬한 폭음과 함께 살고 죽겠다는 야

안경신

멀스런 친구는 처음 보았다. 너무 광폭한 투탄 폭살 투쟁으로 오히려 해를
받는다면 항일 투쟁에 가담 활동하지 아니함만 같지 못한 게 아니냐고 물
으면 그녀는 잔잔한 미소만 띠고 긍정하지 않았다.”

　이와 같이 안경신의 독립에 대한 의지는 철저하였다. 그랬기 때문에
어떤 것도 두려워하지 않고 폭탄 거사에 과감하게 참여했던 것이다. 안
경신의 과감한 폭탄 거사 투쟁은 한국 여성의 강력한 독립의지를 보여주
었다고 할 수 있을 것이다. 정부에서는 1962년 안경신의 공훈을 기리기
위하여 건국훈장 국민장(독립장)을 추서하였다.

박차정

1910~1944

온 힘과 마음을 다해
민족과 여성 해방을 위해 싸우다

"우리 조선부녀를 현재 봉건적 노예제도 하에서 속박하고 있는 것도 일본 제국주의이고, 또 우리를 민족적으로 박해하고 있는 것도 일본 제국주의다. 우리들이 일본 제국주의를 타도하지 않는다면 우리 부녀는 봉건제도의 속박과 식민지적 박해로부터 해방되지 못한다." 민족과 여성 해방을 접목시키고 실천했던 박차정은 조선의용대 최전선에서 오로지 나라의 독립을 위해 싸우다 세상을 떠났다.

■■■■ 해방 후 50년, 세상을 떠난 지 51년 후에야 존재를 인정받다

1995년 8월 부산 출신의 여성독립운동가 박차정이 국가로부터 건국훈장 독립장을 추서받았다. 우리 민족이 일제로부터 해방된 지 꼭 50년만이었고 박차정이 세상을 뜬 지 51년 만에 이루어진 일이었다. 가끔 부산의 지역신문에서 그의 활동을 소개하기도 했으나, 박차정의 활동과 사상 등은 역사적 평가를 제대로 받지 못했다. 이에 박차정의 조카 박의정, 박의영이 그의 독립운동 활동을 증빙할 자료를 물색하여 모으기 시작했고, 그 결과 박차정이 독립장을 추서받게 된 것이었다. 이후 박차정에 관한 연구는 계속되었으며, 1996년 '박차정의사숭모회'가 발족되어 활발한 활동을 이어가고 있다.

박차정이 50년간 제대로 평가받지 못했던 이유 중 하나는 남북으로 분단된 국가의 현실 때문인데, 그의 남편 김원봉金元鳳은 의열단 단장으로 활동하며 일제 식민지하에서는 공산주의자들까지도 포괄하는 민족해방운동을 주도했으나, 1948년 남북 간의 협상 시 월북하여 1958년 북에서 숙청될 때까지 고위층을 지냈다. 이로 인해 남한에서는 박차정에게 역사적 눈길을 돌리기 어려웠다. 또한 박차정 역시 일제하에서 조선공산당재건운동의 위원 활동을 하였기에 민족주의계열의 운동에만 정통성을 부여해온 남한 사회에서는 제대로 된 평가를 받을 수 없었다. 결국 남북 분단과 이데올로기의 대치상황은 민족해방운동사마저도 반쪽자리로 전락시키고 말았다.

또 다른 이유는 식민지하 펼쳐졌던 여성독립운동가들의 투쟁이 제대로 평가받지 못했다는 점이다. 당시의 여성들은 남성들과 함께 민족의 해방을 위해 국내외에서 투쟁하였고, 봉건적 속박에서 벗어나기 위해 사회운동의 다양한 부문운동에서 적극적으로 참여해 활동하며 여성운동을 본격적으로 이끌었다. 그럼에도 불구하고 단지 '여성들의 활동'이라는 이유로 밝혀지지 않고 있는 행적들이 많다. 특히 국외 항일투쟁에서 여성들의 몫이 컸다는 사실이 간접적으로 드러나고는 있지만, 그 구체적 내용과 자료들은 여전히 미흡하다. 박차정의 경우에도 역시 여성이라는 이유로, 그에 대한 평가가 소홀했다.

■■■■■ 항일의식이 강했던 집안에서 태어난 박차정

박차정은 1910년 5월 8일 경남 동래 복천동 417번지에서 아버지 박용한朴容翰과 어머니 김맹련金孟蓮 슬하의 3남 2녀 중 넷째로 태어났다. 당시 박차정의 집안은 일제의 식민지 체제에 대해 강한 불만을 갖고 있었던 아버지 박용한의 영향을 받아 식민지적 현실을 직시하고 항일의식을 가질 수밖에 없었다. 박용한은 일찍부터 신문물에 눈을 떠 한말 동래 지방의 신식학교인 개양학교와 보성전문학교를 졸업한 뒤, 순종조에 탁지부주사를 역임한 측량 기사였다. 일제 강점 후에는 일제의 무단정치에 비분강개하여 1918년 1월 유서 한 통을 남기고 자살하기에 이르렀다.

가장의 죽음으로 어머니 김맹련은 5남매를 키우고 가르치기 위해 삯바느질을 하는 등 생활의 어려움을 감수해야 했다. 김맹련은 동래군 기장면 출신으로, 사회주의계열 독립운동가였던 김두전金枓全의 육촌이자, 김두봉金枓奉과는 사촌 관계였다. 집안의 가계에서 보이는 바처럼 김맹련 역시 사상적으로 무장된 사람이었다. 이러한 아버지와 어머니 사이에서 태어나 교육을 받으며 많은 영향을 받았던 박차정과 그의 형제들은 어려서부터 강한 항일의식을 가지고 식민지 현실을 올바로 볼 수 있는 안목을 갖게 되었다.

1924년부터 조선소년동맹 동래 지부에서 활동하기 시작했던 박차정의 항일의식은 1925년 동래 일신여학교 고등과에 입학하면서 더욱 강해졌다. 동래 일신여학교의 전신인 부산진 일신여학교는 1895년 호주 장로교 여자선교회 연합회의 여전도사들이 좌천동의 한 초가에서 소녀들을 모아 주간학교를 운영하면서 시작되었다. 이후 1909년에 3개년 과정의 고등과를 설치하였고, 1925년 6월에는 동래로 신축·이전하여 동래 일신여학교로 명칭을 바꾸고 부산진 일신여학교와는 완전 분리하여 운영하였다. 동래 일신여학교 고등과는 4년제로, 교과과정은 선교계 학교의 설립목적에 부응하면서도, 민족정신 교육과 함께 한국인에게 보다 중요한 조선어, 역사, 지리 등의 교과목에 중점을 두었다.

그러한 교육정신에 기반을 둔 동래 일신여학교는 1919년 3·1만세운동 당시 부산 지역에서의 초기 운동 전개에 큰 공헌을 했다. 3월 11일 밤 9시에 교사 주경애朱敬愛, 박시연朴時淵 등은 11명의 고등과 학생들과 함께 준비한 태극기를 손에 들고, "대한독립 만세"를 외치며 기숙사를 뛰쳐나와 좌천동 거리를 누비며 만세시위를 전개하였다. 이에 대중들이 호응하여 순식간에 수백 명이 모여 힘찬 시위를 하였다. 이 사건이 바로 부산 경남 3·1만세운동의 효시를 이루었다.

이러한 민족적 전통성을 지녔던 학교에 입학하게 되니 박차정이 가정에서 키워온 항일의식은 더욱 강해질 수밖에 없었다. 그는 나라와 민족이 처한 비극을 말하면서, "이 비극을 극복하는 길은 독립이고 독립을 위해서는 애국지사들이 벌이고 있는 독립운동에 동참해야 한다"고 주장하고 다녔다. 실제 그는 일신여학교 동맹 휴학의 주모자였으며, 일제 경찰의 삼엄한 경계 속에서도 늙은 노파로 변장하고 여학생들의 집을 돌아다니면서까지 동맹 휴학을 지도하고 연락을 취했다.

박차정의 항일의식과 현실관은 동래 일신여학교의 교지 〈일신日新〉 2집에 직접 써서 실은 소설 〈철야徹夜〉에 잘 나타나 있다. 〈철야〉는 일제하에서 옥사한 어떤 독립투사의 아들과 딸이 고아가 되어 추운 겨울밤 사회의 냉대와 굶주림과 싸워가며 밤을 밝히는 내용이다. 이 글은 일제하 조선 민족의 고난을 상징적으로 드러낸 작품으로, 어려운 상황에서도 포기하지 않고 끝까지 싸워서 이겨나가는 해방의 염원과 굳센 의지를 담은 자전적 성격의 소설이었다. 특히 15세의 어린 소녀가 쓴 글이라기에는 너무나 강한 현실인식과 사회의식, 독립에 대한 굳은 의지가 담겨 있었다.

당시 박차정은 문재가 뛰어나 〈철야〉 외에 시 〈개구리 소래〉, 수필 〈흐르는 세월〉 등의 글을 교지에 실었다. 이 중 〈개구리 소래〉는 너무 일찍 세상을 떠난 언니를 그리워하는 동생의 마음을 절절히 풀어 적었다.

천궁에서 내다보는 한 조각 반월이

고요히 대지 우에 빗칠 때

우리집 뒤에 잇는 논 가온대는

뭇개구리 소리맛처 노래합니다.

이 소래 들을 때마다

녯기억이 마음의 향로에서 흘너 넘처서

비애의 눈물이 떠러집니다.

미지의 나라로 떠나신 언니,

개구리 소래 듯기 조화하드니

개구리는 노래하것만

언니는 이 소래 듯지 못하고 어듸 갓을가!

— 〈개구리 소래〉 전문

박차정의 철저한 항일의식과 투쟁정신은 특히 친오빠인 박문희朴文熹, 박문호朴文昊에게서 영향 받은 바가 컸다. 당시 박문희는 일본대 경제과에서 수학하고 돌아온 후 동래에서 동아일보 지국을 운영하며 청년운동에 앞장섰고 1927년 '신간회新幹會'가 창립된 후에는 신간회의 주도층으로 활약하였다. 그리고 둘째오빠 박문호 역시 민족운동에 참여하고 있었다. 또한 박차정은 당시 동래청년동맹의 집행위원장을 맡고 있었던 숙부 박일형朴日馨으로부터도 사상적으로 크게 영향을 받아 동래청년동맹의 집행위원을 맡았고, 동래노동조합원 신간회 동래지회원으로도 활동하였다. 박차정은 이때 교제한 인물들의 영향과 함께 접한 사상서적의 탐독으로 사상적으로 한층 원숙해졌다. 그리고 1927년 5월에 조직된 항일여성운동 단체인 '근우회槿友會'의 동래지회 설립에 앞장섰다.

1929년 3월 박차정은 동래 일신여학교를 졸업하였다.

■■■■■ 근우회 핵심인사로 여성운동과 민족운동을 펼치다

박차정이 전국적 차원에서 본격적으로 여성운동과 민족운동을 주도하게 된 것은 근우회 활동에서부터였다. 1924~25년경부터 민족해방운동 내 일각에서 논의되던 협동전선론은 1926년 초부터 구체적인 움직임이 되어 나타나기 시작했다. 그리고 1926년 11월 사회주의단체였던 '정우회正友會'에서 비타협적 민족주의 진영과의 협동전선론을 이루겠다고 발표한 '정우회선언' 이후 협동전선론은 온 운동계를 휩쓸었다. 여성운동계에서도 그에 대한 논의가 이뤄지면서 여성운동의 통일기관 결성이라는 구체적인 계획으로 이어졌고, 마침내 1927년 5월 근우회가 설립되기에 이르렀다.

근우회는 기독교 세력을 중심으로 하는 민족주의계열의 여성단체와 사회주의계열의 여성단체들이 모두 참여한 통일기관으로 출발하였다.

근우회는 신간회와 같이 반제·반봉건운동을 자기과제로 하고, 그 강령을 '첫째, 조선여성의 역사적 사명을 수행하기 위하여 공고한 단결과 의식적 훈련을 기하며, 둘째, 조선여성의 정치적·경제적·사회적 전적 이익의 옹호를 기한다'고 하였다.

행동강령으로는 '여성에 대한 사회적·법률적 일체 차별 철폐(후에 정치적 차별 철폐 추가)', '일체 봉건적 인습과 미신 타파', '조혼 폐지 및 결혼의 자유(후에 이혼의 자유 추가)', '인신매매 및 공창의 폐지', '농민 부인의 경제적 옹호', '부인 노동자의 임금 차별 철폐 및 산전·산후 임금 지불(후에 '산전 4주간, 산후 6주간의 휴양과 임금 지불'로 강화)', '부인 및 소년 노동자의 위험노동 및 야업폐지', '교육의 성적 차별 철폐 및 여자의 보통교육 확장', '언론·출판 결사의 자유', '노동자·농민 의료기관 및 탁아소 제정 확립' 등 총 7조항에 이르는 내용을 만들고, 8~10조는 후에 추가하였다.

근우회는 회장 체제가 아니고 중앙집행위원회에 의해 움직였다. 제1기의 중앙집행위원 21인은 재경활동가로 채워져 민족주의와 사회주의 양 진영이 균형을 이루었는데, 지방에 지회들이 속속 설립되고 그 대의원들에 의해 전국대회가 치러진 1928년부터는 사정이 달라졌다. 지회 출신이 대거 참여하게 되면서 사회주의 진영이 압도하게 된 것이다. 당시 지회는 대략 64개 지역에 설립되었는데, 사회주의계가 조직한 곳 60퍼센트, 사회·민족주의 양 진영이 협동하여 조직한 곳 19퍼센트, 민족주의계가 조직한 곳이 21퍼센트였다. 이는 지회가 사회주의계열에 의해 움직였음을 말한다.

박차정이 근우회의 중앙집행위원에 선출되고 중앙회에서 본격적으로 활동을 한 것은 바로 이러한 근우회의 변화 속에서 제2회 전국대회가 열렸던 1929년 7월부터였다. 이 대회의 중앙집행위원 선거에서는 지회의 세력에 따라 집행위원을 배분하였는데, 각 도별로 대의원들이 모여 전형위원 1인씩 선출하고(단, 지회가 많은 경상남도와 함경남도 지역은 각 2인) 그들이 집행위원을 정하는 방식을 택하기로 하였다. 이때 박차정은 경상남도의 전형위원으로 선출된 후 전형위원들에 의해 선출된 33인의 중앙집행위원으로, 이후 33인 중에 선정되는 14인의 상무집행위원으로 최종 선출되었다. 중앙집행위원이자 상무위원으로 선출되어 근우회의 핵심간부로서 활동하게 된 것이다. 당시 박차정이 담당했던 업무는 선전 조직과 출판 부문이었다.

박차정이 주도하고 있었던 동래지회는 1928년 5월 10일에 설립되었으며 사회주의계가 결성한 지회였다. 당시 동래에는 1921년 5월에 결성된 '동래여자청년회'가 활동하고 있었는데, 1928년 4월 20일 제7회 정기총회 이후 여자청년회를 해체하고 근우회 지회를 설치하기로 결의함에 따라 지회가 조직되었다. 이때 여자청년회에서는 '동회의 강령과 목적이 근우회와 같은 이상 따로 한 단체를 만들어 둘 필요가 없으므로 여자청년회를 해체한다'고 하였다. 이는 당시 근우회의 조직원칙을 충실히 이행한 대표적 사례로, 연령상 청년층에 속하는 회원은 동래청년동맹에 입맹하기로 결정했다. 이러한 결성과정에서 당시 여성해방운동 촉진을 목표로 1926년 1월 2일에 결성되어 활동하고 있었던 '적광회赤洸會'의 간부 이수선李水先, 박소수朴小守 등도 근우회 지회에 참여했다.

동래지회의 활동에서 특히 두드러졌던 점은 무산여성인 노동여성에 대한 것으로, 1929년 전국대회에서 '동일 노동에 대한 임금 차별 철폐'를 건의하기도 했다. 이는 동래지회가 주로 교육받은 여성들로 구성되어 있지만, 그들의 기본관심은 무산여성인 노동여성과 관련된 일들이었음을 보여준다.

1929년 동래지회 사무실에 갑작스러운 수색이 이뤄지면서 모든 문서를 압수당하는 일이 벌어지기도 했으나, 1930년 1월 조선방직 파업에 일정하게 지원을 수행하고 1931년 정기대회에서는 '조직의 해소는 당분간 보류하되 금후로는 특히 노동여성 운동세력의 강대책을 주방침으로 하자'는 결의를 다지며 활동을 이어나갔다. 이처럼 동래지회는 당시 많은 지회 중 가장 확실한 이념을 갖고 운동을 전개했던 지회로서 중앙회에서도 인정을 받았다. 이는 박차정을 중심으로 동래지역에서의 청년운동과 여성운동이 활발히 전개되어 왔기에 가능하였다.

■■■■■ 일제에 대한 저항의지와 민족적 기치를 보여주었던 근우회사건

중앙집행위원 상무위원으로 선출되어 출판과 선전 일을 맡고 있었던 박차정은 근우회 핵심간부로서 명실상부하게 역할을 잘 수행하였다. 1929년 11월 광주학생운동이 일어나자 근우회에서는 이듬해 1월 서울 여학생시위운동을 구상하고 배후에서 지도했는데, '근우회사건'이라고 불리는 이 사건에서 박차정이 중심역할을 하였다.

창립 당초부터 학생동맹휴교에 일련의 조사와 지원을 계속 해 오고 있었던 근우회는 1929년 7월 대회에서 '교육의 성차별 철폐와 여자의 보편교육 확장'을 결의한 후, 전주여자고보사건에는 직접 관계하여 동맹휴학을 지도했다. 그리고 11월 광주학생운동과 12월 서울 학생시위운동이

서울여학생만세운동 관련 제1회 공판개정을 다룬 1930년 3월 19일자 〈동아일보〉 기사문

일어난 당시, 근우회의 박차정, 허정숙, 정종명 등이 신간회의 인사들과
함께 배후세력으로 주목되어 검거되었고, 이때 오빠 박문희도 같이 검거
되었다. 이 사건 이후 1930년 1월에 구속 학생의 석방과 학생들에 의한
보다 구체적 행동과 민중적 봉기가 이루어지는 것을 목적으로 한 제2차
시위운동이 여학생들을 중심으로 전개되었는데, 당시 학생대표들을 근
우회가 지도하게 된 것이다.

"대중적 위력으로 민족적 항의를 보여줌으로써 구속 학생을 석방하고,
민족적 기치를 들기 위해 시내 각 여학교의 시위를 적극적으로 지도하
자"고 결의했던 박차정과 허정숙은 1930년 1월 9일~10일경 서로 의논
을 통해 여러 학교의 사정을 고려한 뒤, 15일 오전 9시 30분에 일제히 시
위를 벌이기로 한다. 참가학교는 이화·숙명·배화여학교 등 11개 학교로,
박차정과 허정숙이 앞장서서 각 학교의 대표들을 만나 학교의 분위기와

사정을 알아보고, 각 학교끼리 연락을 취하는 방법을 비롯해 기타 일체의 것을 지시하고 일러주었다. 그리고 서울 여학생시위운동 발생 직후 일제는 근우회를 사건 배후로 지목하여 근우회 간부들을 일제히 검거하기 시작했고, 최종적으로 허정숙과 박차정은 보안법위반으로 구속되었다.

박차정은 처음 서대문경찰서에서 취조를 받다가 일시 석방된 후, 1930년 2월 고향인 동래에서 다시 검거되어 서울로 호송되었다. 2월 8일 구인되어 다음 날 서대문경찰서 유치장에 들어가게 된다. 이후 2월 13일까지 총 세 차례의 심문이 이어졌으나 다행히 기소되지 않고 15일에 석방되었다. 그러나 박차정에 대한 날카로운 감시는 계속되었는데, 그에 대해 보고된 2월 16일자 자료를 보면 그가 통의동에 있는 오빠 박문희의 집에서 병을 치료 중에 있다고 적혀 있다. 그리고 2월 20일에는 서대문경찰서에서 경성지방법원 검사국으로 기소가 성립된다는 의견서가 제출되었으나, 28일 지방법원 검사국에서 불기소로 처리되었다.

■■■■■■ **활동성과 투쟁성을 인정받아 의열단 핵심인사로 활약하다**

박차정은 일제의 모진 고문으로 온몸이 상하여 불기소로 나온 후 한 달간 꼬박 누워서 치료를 받았다. 그러던 어느 날 낯선 청년이 찾아와 박차정에게 중국 망명을 권하였는데, 그는 둘째 오빠인 박문호가 보낸 사람이었다. 당시 박문호는 일찍이 중국으로 망명하여 의열단 활동에 동참해, 의열단 내 '조선공산당재건동맹'의 중앙부 위원으로 있었다. 청년이 나너간 후 박차정은 산난한 여상을 수려 서울로 올라가 인천에서 배를 타고 중국으로 망명하였다. 당시 일제 경찰은 박차정의 근황으로

박차정과 김원봉 사진

다음과 같은 내용을 기록에 남겼는데, 그때가 대략 1930년 3월 4월쯤으로 추측된다.

오빠 박문호가 여러 차례 오라는 소식을 전하고 여비까지 송금한 실정이며, 거기에 고창 출신으로 상해유학생이라 칭하는 정 모가 박차정에게 박문호의 소식을 가져온 것이 아닌가 의심스럽고, 또 대구 출신의 정 모가 조석으로 두 번 박차정을 내방해 저녁 내방 시에는 쟁담을 나눈 것이 목격되는 등 이점들이 박차정의 도피와 관계있는 것으로 인정되어 극력 수사 중.

박차정은 상해를 거쳐 북경으로 가서 당시 조선공산당재건운동에 주력하고 있었던 김원봉의 의열단에 합류하여 조선공산당재건설동맹 중앙부의 위원으로 활동하였다. 그리고 1931년 3월 김원봉과 결혼을 했다. 이후 박차정은 김원봉과 함께 의열단의 핵심인사로 활약하였다.

1919년 11월 만주 길림성에서 조직된 항일 비밀결사단체인 의열단은 폭력을 독립투쟁에 적합한 수단으로 생각했다. 그들은 조선총독부 고관, 일본 군부수뇌, 대만 총독, 매국노, 친일파 거두, 밀정 및 반민족적 토호열신土豪劣紳 등을 암살 대상으로 규정했다. 그리고 조선총독부, 동양척식주식회사, 매일신보사, 경찰서 등 일제 및 친일 행적와 관련된 주요 기관을 파괴 대상으로 정하였다. 의열단은 창단 직후부터 대대적인 암살·파괴활동애 들어갔다. 의열단의 의백이었던 김원봉은 1922년 신채호를 찾아갔다. 신채호는 1923년 1월 의열단의 지침이 되는 역사적 선언문 〈조선혁명선언〉을 작성하였다.

김원봉이 이끌던 의열단의 암살 파괴운동은 제1차~제3차 계획 모두 실패로 돌아갔다. 그리고 이즈음 세계적으로 사회주의 운동이 성장하고 국내에서는 노농대중운동이 발전하면서 의열단에도 변화를 요구하는 목소리가 나오기 시작해, 그 영향으로 자금 모집이 점차 힘들어지면서 의열단의 활동은 침체기에 들어갔다.

김원봉은 1926년 황포 군관학교에 입학하여 군사교육을 받고 많은 사람을 사귀었는데, 이때 만난 사람들이 이후의 의열단의 활동에 힘이 되어 주었다. 1928년에는 상해에서 안광천安光泉과 만나 조선공산당 재건운동을 폈으며, 1929년 말 북경으로 가서 조선공산당재건설동맹을 세움과 동시에 레닌주의정치학교를 세웠다. 레닌주의정치학교는 1930년 4월부터 1931년 2월 사이에 2회에 걸쳐 21명의 학생을 훈련시켜 국내로 보냈다. 그들 대부분은 서울의 공산청년동맹 준비위원회 및 강릉농민조합 운농과 관련해 1934년 체포되었다. 조선공산당재건설농맹은 북경의 중앙부를 중심으로 조선, 북경, 만주에 지부를 두었고, 박차정은 안광천을 위원장으로 하는 중앙부에서 김원봉, 박건웅 등과 함께 위원으로 활동하였다. 당시 중국으로 건너간 지 얼마 되지 않았던 박차정이 중책을 맡았다는 것은 국내에서의 박차정의 활동과 그의 투쟁성 및 활동성이 높이 평가받았음을 알 수 있다.

■■■■■ 독자적인 투쟁역량을 강화하기 위한 군사훈련 학교를 세우다

레닌주의정치학교가 만주사변과 자금난으로 더 이상 운영이 불가능하게 되자, 1932년 박차정은 김원봉과 함께 활동무대를 북경에서 난징으로 옮겼다. 이곳에서 김원봉은 일제의 중국 대륙침략에 따른 중국민의 반일의식을 배경으로 항일투쟁노선을 재정비하기에 이르렀다. 김원봉은 중국 국민당 정부의 재정적 군사적 지원을 토대로 독자적인 투쟁역량을 강화하기 위해 '조선혁명군사정치간부학교'를 운영하기로 하고, 여름부터 본격적으로 학생을 모집하였다. 박차정은 김원봉과 함께 학교 개설을 준비했다. 특히 그는 국내에서 학생을 모집하여 올 것을 구상하고 이에 노력하였다.

바로 이 일에 적극 협력한 사람이 오빠 박문희였다. 당시 박차정과 김원봉은 박문희에게 여러 차례에 걸쳐 난징에 방문하기를 요청했고, 이에 박문희는 조심스럽게 박차정의 병문안을 들어 8월에 난징으로 왔다. 그리고 두 사람으로부터 국내 학생 모집의 협조를 부탁받은 박문희는 운동자금 300원을 받아서, 9월에 고향으로 돌아와 학생 모집에 나섰다. 당시 신간회 회원이었던 신병원愼秉垣과 동래 노동조합원이었던 김영배, 문길환 등 5명을 설득해, 20원 내지 25원을 주어 중국으로 가게 했고 그 다섯 사람은 간부학교 제1기생이 되었다. 이후에도 학생 모집에 주력했던 박문희는 1934년 2월 3일에 검거되어 약 한 달 뒤 치안유지법 위반으로 기소되고, 6월 19일에 징역 2년의 판결을 받고 복역하였다.

1932년 의열단 제6차 정기대표대회를 통해 설립 방침을 결의하여 설치된 간부학교는 그해 10월부터 1935년 9월까지 3년여 동안 운영되었다. 학교의 정식명칭은 '중국국민정부 군사위원회 간부훈련반 제6대'로, 약칭해서 조선혁명군사정치간부학교로 불렸다. 교장은 김원봉이 맡고 1기생 26명, 2기생 55명, 3기생 44명 등 125명에 이르는 청년투사를 양성하였다. 훈련장소로는 보안유지를 위해 난징 교외 양산현 소재 선사묘善祠廟라는 사찰이 이용되었다. 이곳은 중국군사위원회 간부훈련반 통신대 관리 하에 있었고, 간부훈련반은 6개 대로 편재되어 제5대까지는 중국인이, 제6대에는 한인이 각각 수용되었다. 이곳에서는 1기생만 배출되고 2기생은 강소성 강령현, 3기생은 상방진 천녕사에서 각각 배출되었다.

간부학교의 개설에 앞장섰던 박차정은 1932년 10월 20일 개교 이후 여자부의 교관으로서 교양과 훈련을 담당하였다. 또한 간부학교의 교가도 작사하였다고 전해진다. 이때부터 박차정은 임철애林哲愛라는 가명으로 더 잘 알려졌으며 일본 측의 자료에는 가명으로 많이 기록되어 있다.

간부학교의 교관들은 대개 의열단원으로 오랜 경험을 쌓아온 인물들이었다. 간부학교에서는 학생들에게 각종 비밀공작법을 가르치는 한편, 학생들의 혁명의식을 강화하고 실천운동에서 필요한 변론을 훈련시키기 위해 일수일에 한 번씩 토론회를 개최하였다. 1933년 4월에 1기 졸업생을 내고 1936년 10월까지 3기의 졸업생을 냈다. 졸업생들은 공작임무를 부여받고 2~3명이 한 조가 되어 공작지로 떠났는데, 제1기생에게는 조선과 만주에 의열단지부를 만들도록 하였고, 제2기생에게는 노동자, 농민, 학생 등 기본 군중에 기초하여 유격대를 조직하라는 임무를 부과하였다. 이러한 의열단의 국내 공작은 실패로 돌아가 1936년 당시 체포된 사람이 1기생 12명, 2기생 14명, 3기생 1명, 교관 1명, 모집 연락원 7명 등 모두 35명이었다.

■■■■■■ 민족해방운동은 곧 여성해방운동이니, 적극 동참하라

일본의 만주침략(1931년)을 계기로 분산된 전선의 통일에 나서게 된 중국 지역에서의 민족운동전선은 1932년 의열단을 비롯한 4개 단체가 대일전선통일연맹을 결성함으로써 전선의 일차적 통일에 성공하였다. 그러나 그 동맹이 일종의 연락기관의 역할밖에 하지 못하자, 1934년 3월 1일 동맹 제2차 대표자회의를 통해 동맹을 해체하고 통일전선으로서의 강력한 결속력과 통제력을 가지는 신당을 조직하기로 결정하였다. 그리하여 같은 해 4월 대일전선통일동맹 중앙집행위원회 상무위원 송병조宋秉祚, 김두봉金枓奉, 김규식金奎植, 최동오崔東旿, 윤기섭尹琦燮, 윤세주尹世胄 등의 이름으로 각 독립운동단체에 새로운 대동단결체를 결성하자고 통고하였다.

이를 기초로 1935년 2월 한국독립당 대표 김두봉·이광제, 의열단 대표 김원봉·윤세주·이춘암, 조선혁명당대표 최동오·김학규, 신한독립당대표 윤기섭·이청천·신익희, 재미국민총회 위임대표 김규식 등 11인이 모여 대일전선통일동맹 제3차 대회를 열고, 6월 20일 난징 금릉

대학 내 대례당에서 열린 회의를 통해 마침내 '민족혁명당'이 태어나게 되었다.

즉 김원봉의 의열단은 한국독립당, 신한독립당, 조선혁명당, 대한독립당과 함께 유일당 결성을 위해 민족혁명당(이하 '민혁당')을 결성하였던 것이다. 단 김구의 한국국민당이 동참하지 않았고, 창당 직후 조소앙趙素昻 계열의 인사가 탈당하여 만주로 돌아가 한국독립당을 재건함으로써 통일전선에 한계를 보였으나, 만주에서 50여 명의 인사가 참여하였을 뿐만 아니라, 이듬해인 1936년에는 한국에서 망명해 온 최창익, 허정숙, 한빈 등의 사회주의계열이 입당함으로써 상당한 세력을 구축할 수 있었다.

박차정은 민혁당에서 부녀부 주임의 직함을 갖고서 당의 활동에 참여하였다. 1936년 5월 중순 당시 재상해 일본영사관 경찰부 제2과의 조사보고서에 의하면 민혁당원의 동정을 간부와 당원으로 구분하여 보고하고 있는데, 박차정의 경우 간부란에 기록되어 있다. 당시 민혁당은 〈우리들의 생활〉, 〈민족혁명〉, 〈반도〉 등의 기관지를 발행하고 있었는데, 여기에 박차정이 관여했을 가능성이 있다.

민혁당은 창당 즉시 의열단의 조선혁명정치간부학교 제3기생을 인수하여 훈련을 계속 시키는 한편, 정예인원은 난징의 중국 중앙군관학교에 입교시켰다. 그리고 1937년 중일전쟁이 발발하자 83명의 인원을 모집하여 군관학교 성자 분교에 위탁하여 교육시키는 등 고급전투인력을 양성했다. 민혁당은 좌우의 입장을 수용하면서 진보적인 내용의 17개 강령을 내놓았는데, 그 가운데 몇 개를 보면 '구적 일본의 침략세력을 박멸함으로써 우리 민족의 자주독립을 확립'하고, '봉건세력 및 일절의 반혁명세력을 숙청함으로써 민주집권제의 정권을 수립'하며, '토지는 국유로 하여 농민에게 분급'하고, '국민의 일체의 경제활동은 국가의 계획 하에 통제'한다고 하였다.

박차정은 민혁당 내의 일부 민족주의자들이 탈퇴하고 최창익, 허정숙 등 사회주의자들이 입당하는 등의 변화가 거듭되고 있었던 즈음인 1936년 7월에 이청천李靑天 장군의 부인 이성실李聖實과 함께 민혁당 내 '난징조선부녀회'를 결성하고 여성들을 전체 민족해방운동에 편입하고자 하였다. 해외의 조선 부녀자들의 총단결로 전민족적 통일전선을 편성하기 위해 결성된 난징조선부녀회의 기본 인식은 다음의 선언에서 엿볼 수 있다.

우리 조선의 여성은 오랫동안 전통적 속박으로 인권이 유린되어 왔고 다시 일본제국주의에 의해 생존권을 박탈당함으로써 전통적 속박에 의한 가정의 노예일 뿐만 아니라 일본제국주의의 약탈시장의 상품으로 임금노동의 노예로 전락하게 되었다. 이러한 현상 아래 선각적 여성들에 의한 활동이 있었지만 일본경찰의 탄압과 지도부의 불통일에 의해 운동이 활발히 전개되지 못하였다. 또한 부녀 대중과 유리된 몇 몇의 간부들의 운동이어서 전 민족 혁명운동과 연결을 갖지 못하였기 때문에 우리 운동이 대단한 공을 거두지 못하였다.

반면에 우리 대중층의 부녀들은 모든 조건이 불리함에도 불구하고 자신을 위해 용감히 투쟁해 왔다. 즉 각지에서 일어난 부녀노동자의 파업운동, 전국적 여학생들의 파업 시위운동, 제주도의 폭동 등이 있다. 그러나 유감스럽게도 그것들은 자연성장적운동에 지나지 않았기에 큰 효과를 얻지 못하였다.

고로 우리의 출발은 재래와 같은 지식층 부녀에 한하지 않고 전국적 부녀 대중에 강하게 뿌리를 두고 단결하지 않으면 안 된다. 또한 부녀의 특수이익을 위한 부분 투쟁은 전국적 민족해방운동에 일치하여 보조를 맞추어 나아가야 한다.

우리 조선부녀를 현재 봉건적 노예제도 하에 속박하고 있는 것도 일본제국주의고, 또 우리를 민족적으로 박해하고 있는 것도 일본제국주의다. 우리들이 일본제국주의를 타도하지 않는다면 우리 부녀는 봉건제도의 속박 식민지적 박해로부터 해방되지 못한다. 또 일본 제국주의가 타도된다고 하더라도 조선의 혁명이 정치·경제·사회 등 각 방면에서 진정한 자유 평등의 혁명이 아니라면 우리 부녀는 철저한 해방을 얻지 못한다.

지금 해외에는 조선에서 축출된 우리 남녀동포가 날로 격증하고, 각지의 도시에도 팔려 나온 청년부녀의 수가 실로 놀랄 만한 숫자이다. 또 혁명적 망명 군중에도 적지 않은 숫자를 점하고 있다. 이에 우리들은 일치하는 각오로 결심을 하여 해외의 조선 부녀의 총단결을 완성하여 나아가 전 민족적 통일전선을 편성하여 우리들의 임무를 충실히 수행하기 위하여 먼저 본회를 창립한다.

즉 부녀회 창립의 선언을 통해 조선의 부녀자들도 모두 단결하여 전 민족적 통일전선에 참여할 것을 촉구하면서, 여성의 진정한 해방은 일본 제국주의의 타도와 정치·경제·사회 각 방면에서의 혁명의 진행이 동시에 이루어져야 가능하다고 말하고 있다.

구호에서도 역시 '전조선 부녀는 총난결하자', '민족혁뉭선선에 무장 참가하자', '남녀의 차별을 철폐하자', '각국 부녀해방운동과 연결하자'고

내세워, 모든 조선의 여성들이 단결하여 민족혁명전선에 무장하고 참가할 것을 주장하였다. 그리고 남녀의 차별을 철폐하고, 더 나아가 다른 나라들의 여성해방운동과 연결하여 운동을 해 나가자고 하였다. 민족해방운동과 여성해방운동을 동시에 이루어낼 것을 강조한 것이다.

이러한 부녀회의 기본 인식과 구호는 과거부터 오랫동안 민족 문제와 동시에 여성문제를 고민해왔고 민족운동과 여성운동을 해왔던 박차정의 기본 인식이었다고 할 수 있다. 그리고 이러한 주장은 약 80여 년이 지난 지금에 와서 보더라도 여성으로서 당시 민족문제와 여성문제의 본질을 잘 파악하고 있었던 것이라고 하겠다.

━━━ 〈조선민족전선〉을 통해 일본 제국주의 타도를 외치다

일제가 중국에 대한 끊임없는 공습을 퍼붓는 가운데, 민족혁명당은 조선민족해방동맹, 조선혁명자연맹과 함께 1937년 11월에 '조선민족전선연맹' 창립을 선언하였다. 민족전선의 목적은 국내외 전 민족 혁명운동가를 망라하는 민족통일전선을 결성한 후 중·한 민족연합전선으로 한데 모여 직간접으로 현재 전개되고 있는 중국의 항일전선에 참가하는 일이었다. 조직형태는 기존의 각 당, 단의 존재와 독자성을 존중하면서 이들 단체가 모두 인정하는 공통된 강령 위에 연맹을 맺는 형식이었다. 민족전선연맹은 난징에서 결성되었지만 12월 31일 난징이 일본군에게 함락되자 중국 정부가 이동한 한커우로 본부를 옮겼다.

조선민족전선연맹은 우선 기관지 〈조선민족전선〉을 발행하면서 활동을 개시하였다. 1938년 4월 10일에 창간된 〈조선민족전선〉은 김규광金

奎光, 유자명柳子明 등을 편집인으로 둔, 반 월간지였다. 특히 이 기관지는 대내적인 사상 강화에 그 목적을 두고 있었다. 당시 박차정은 한커우에 머무르면서 그곳에서 개최된 '만국부녀대회'에 조선 대표로 참가하였고, 창사長沙에 있었던 임시정부에 특사로 파견되어 일제를 주제로 한 라디오 방송을 하였으며 오랜 옥고 끝에 숨진 안창호의 추도회를 개최하기도 했다.

한편 박차정은 필명 임철애로 〈조선민족전선〉 창간호에 '경고일본적혁명대중敬告日本的革命大衆'이라는 글을 실었는데, 이는 창사에서 했던 라디오 방송 원고를 중국어로 번역하여 실은 것이었다. 이 글에서 박차정은 '일본제국주의는 중국, 조선과 일본 민중의 적이므로 우리는 반드시 긴밀하게 연합하여 공동의 적을 타도하고 진정한 동아시아의 평화를 건설하자'고 호소했다. 또 나아가 이번 중일전쟁에서 일본제국주의는 반드시 멸망할 것이고 아울러 동방의 피압박 대중들은 해방될 것이니, 일본 혁명대중들이 국내의 혁명전쟁을 일으켜 파쇼fascio(파시즘적인 운동, 경향, 단체, 지배 체제를 이르는 말) 군벌을 제거하는 것이 자유와 해방을 얻는 길이라고 역설하였다.

이후 〈조선민족전선〉 제3호, 그리고 제5,6호에 걸쳐서 '조선부녀여부인운동朝鮮婦女與婦女運動'이라는 제목의 장문의 글을 실었다. 먼저 '조선부녀의 생활 현상'에서 박차정은 일본제국주의의 식민지 착취 단계에서의 조선여성의 생활상을 언급했는데, 공장 여공의 노동 현실을 파헤치고 조선 여성의 교육현실 분석을 통하여 여성들에 대한 법률적 구속과 정치적 압박, 사회적으로 불평능한 지위 등 당시 조성여성들이 저해있었넌 사회 현실을 고발했다. 그리고 '조선부녀운동'에서는 조선의 여성운동을

3·1만세운동 이전과 3·1만세운동기, 3·1만세운동 이후, 1927년 이후, 1929년 광주학생운동 이후 등 다섯 시기를 나누어 고찰하고, 중국의 전면적인 항일전쟁이 시작되었으니 조선의 부녀자들은 모두 일치·단결하여 일어나 신성하고 위대한 민족해방전쟁에 참여하여 조국의 자유 회복과 동아의 화평, 인류의 정의를 위해 투쟁하자고 하였다.

이 글은 앞서의 난징부녀회의 선언문과 입장을 같이 하는 것으로, 여성해방운동과 민족해방운동의 접목을 다시 강조하고 있다. 소수 지식층 여성이 중심이 되는 여성운동이나 개별적 사안에 대한 여성운동은 아무런 성과를 가져다주지 않음을 누차 강조하였다.

■■■■ 항일무장투쟁을 위해 조선의용대 최전선에서 고군분투하다

조선민족전선연맹은 1938년 10월 10일 한중연합전선의 형식을 빌려 항일무력으로써 '조선의용대'를 한커우에서 결성하였다. 의용대의 창설은 비록 조직과 예산, 작전 모두 중국군에 예속된 것이기는 했지만 조선 독립군이 중국정부의 공식적인 공인을 받아 작전활동을 시작하였다는 점에서 중요한 의미를 지닌 일이었다.

김원봉 등에 의해 지도되었던 초기 의용대는 조선 민족 입장으로 중국항전 참가, 일제 타도, 조국 해방의 임무를 자임하고 창설되어, 임무를 수행하기 위한 공작으로 전선공작, 적후공작, 동북진출과 같은 세 가지를 설정하였다. 의용대는 대본부와 제1·2구대로 편성되었으며 각 구대는 세 개 분대로 조직되었다. 본부 인원은 총 대장 김원봉과 부대장 신악을 비롯한 14명으로 구성되었다. 제1구대는 민족혁명당원으로 구성하

항일무장투쟁을 위해 조직된 조선의용대 창군기념사진

여, 구 대장은 박효삼朴孝三이 맡아 43명의 대원과 함께 중국군의 제9전
구인 창사를 중심으로 호남성과 강서성에 배치되었다. 제2구대는 전위
동맹원으로 구성되었고 구 대장 이익성李益星을 중심으로 41명의 대원
이 중국군 제5전구인 노하구 등의 호북성과 낙양을 중심한 하남성에 배
치되었다.

　당시 박차정은 주로 본부에서 활동했다. 본부는 1938년 10월 22일 광
서성 계림으로 이전하여 동령가 1호에 위치했다. 주로 한인 포로 공작활
동이나 중경 한인 교육, 국민당 지구 한인을 의용대로 포섭하는 일 등에
주력하였다. 본부의 이러한 활동은 일정 성과를 거두어 1939년 10월경
에는 대원이 155명으로 늘어났다. 그리고 본부는 의용대의 후원세력을
확대하는 일에도 노력하였는데, 민족전선을 통해 직접 후원회를 조직하

거나 기관지 〈조선의용대통신朝鮮義勇隊通訊〉(순간)과 〈조선의용대〉(월간)를 통한 간접적인 확대 방법을 취하였다.

본부의 이와 같은 활동으로 그 세력이 강화되자, 창립 시에는 1백여 명의 규모로 출발하였으나 차츰 증원되어 3백여 명으로 조직이 확대되고 유격전 기능을 대폭 강화하면서 구대를 '지대'로, 대본부를 '총대'로 개칭해 3대로 편성하였다. 그리고 본부 산하에 기요조機要組, 정치조政治組, 총무조總務組, 통신편집위원회, 훈련소, 부녀복무단, 3·1소년단, 의무실, 통신처 등을 두었다.

박차정은 22명으로 구성된 대본부 부녀복무단의 단장을 맡아 활동하였다. 부녀복무단은 전선의 의용대원들을 방문하여 물품과 가족들의 소식을 전하여 대원들의 사기를 진작시키는 일과 전단이나 표어, 팸플릿 등을 살포하는 선무 활동을 수행하였다. 박차정은 자신의 몸을 아끼지 않고 활동에 앞장서면서, 함께 하는 의용대원들에게 인간적으로도 매우 친절하게 대했다. 부녀복무단에는 박효삼朴孝三의 아내 장수정張秀廷, 양민산楊民山의 처 장위근, 그리고 김위, 이화림李華林 등이 참여하고 있었다.

당시 의용대 본부에는 최동선 여성 단장이 이끄는 3·1소년단이 있었고, 여자포로들도 훈련소에서 1개월의 훈련을 마친 후 퇴소함과 동시에 의용대 대원으로 전입되기도 하여 의용대 내에 여성대원들이 상당수 있었다. 박차정은 이러한 여성대원들의 선봉에서 싸웠다. 1939년 2월 박차정은 강서성 곤륜산 전투에 참가하여 부상을 당하게 된다. 이는 그가 의용대 활동에 앞장섰음을 말해준다.

1940년 당시 의용대의 대원수는 총 314명에 달하였다. 이듬해 봄부터 여름에 걸쳐 네 개의 그룹으로 나뉘어 황하를 건너 화북으로 진출한 조선의용대는 타이항 산맥 일대의 팔로군八路軍(항일전쟁 당시 일본군과 싸운 중국공산당의 주력부대 중 하나) 구역으로 들어가서 그들과 제휴하여 활동하기에 이르렀으나, 김원봉의 화북행이 이루어지지 않음으로써 의용대 주부대와의 연계 및 그 지도권까지 상실하게 되었다.

■■■■■ 민족의 해방까지 1년을 남겨두고 세상을 뜨다

충칭에서 의용대 일부만을 지도하고 있었던 민족혁명당의 김원봉은 1941년 12월에 임시정부 참여를 당의 확고한 노선으로 정하고 임시정부 개조투쟁에 참여하였으며, 1944년 5월에 임시정부의 군사를 통괄하는 군무부장에 취임하였다. 반면 충칭으로 옮겨온 이래 박차정은 건강이 악화되어 대외적인 활동을 전혀 할 수가 없었다. 곤륜산 전투에서의 부상 후유증과 지병인 관절염으로 건강을 회복하지 못한 채 1944년 5월 27일 결국 유명을 달리하였다.

박차정은 병상에 있으면서 조국의 해방과 혁명을 완수하는 데 참여하지 못함을 안타까워하면서 자신의 이상을 글로 남겼다. 어려서부터 민족해방과 여성해방을 위해 항일투쟁에 혼신을 다했던 박차정은 조국독립을 1년 앞두고 꿈에도 그리던 민족의 해방을 보지 못한 채 35세의 나이로 눈을 감았다. 그 유해는 잠시 충칭의 강북구 상횡가 망진문 남쪽 화상산 공동묘지에 안치되었다.

해방 후 김원봉은 박차정이 부상을 당했을 때 입고 있었던 핏덩이가 말라붙은 속적삼을 소중히 간직했다가 귀국 시 친가 동생인 박문하朴文

밀양으로 이장된 박차정의 유해를 바라보는 김원봉(오른쪽에서 세 번째)

夏에게 내놓았다. 그리고 그는 박차정의 유골도 가져와 자신의 고향인 밀양 감전동 뒷산에 안장하였다. 이후 김원봉은 월북하였고, 박차정의 오빠 박문희는 전쟁 중 생사가 불명하여 끝내 그 끝을 알 수 없었다. 이후 김 씨와 박 씨, 두 가문은 이데올로기의 대립 속에 끊이지 않는 고초를 겪었고, 박차정의 항일투쟁은 역사의 뒤안길에 묻혀 버렸다. 그의 활동을 증명해줄 수 있는 귀중한 자료와 유품들은 이러한 와중에서 흩어지고 분실되었다.

■■■■ 민족 해방과 여성 해방을 접목시키고 실천한 여성독립운동가

　　박차정은 항일의식이 강한 집안에서 태어나 성장하였고, 기독교 학교에서 민족교육을 받으며 민족해방과 여성해방에의 강인한 의지를 갖게 되었다. 망명 전, 국내에서는 여성해방운동을 중심으로 활동하였으며, 국외에서는 여성해방운동과 민족해방운동을 접목하려는 데 많은 노력을 하였다. 특히 박차정은 국외에서의 의열단 활동을 전개해나가는 과정에서도 끊임없이 여성문제에 관심을 갖고서 민족해방과 동시에 여성해방을 이루고자 하는 이론을 제기하였다. 그는 특히 기존의 여성운동이 몇몇의 여성지식인층을 중심으로 전개되었던 점과 민족해방운동과 맞물리지 못했던 점 등을 반성하며, 해방의 주체로서 조선의 대중 여성들이 그 역할을 다해줄 것을 끊임없이 강조하였다.

자신이 주장하는 사상과 이론적 기반 위에서 앞장서 실천하는 독립운동 활동을 전개하였던 박차정은 명실상부하게 이론가이자 실천가로서 민족해방운동과 여성해방운동을 주도했던 여성독립운동가로, 그가 한국 독립운동사에서 차지하는 비중은 매우 크다. 그럼에도 박차정에 대한 역사적 평가는 여전히 미흡하고 대중적으로도 잘 알려져 있지 않다. 이는 여성독립운동가에 대한 미흡한 연구의 문제뿐만 아니라 사회·국가적으로 일제하의 독립운동에 대한 평가와 관심이 낮기 때문으로, 독립운동가들의 흔적이 더 사라지기 전에 적극적으로 그들의 이야기를 찾아내어 기록으로 남기고 지켜내야 할 것이다. 그것이 일제로부터 나라를 되찾아 우리에게 독립된 국가로 안겨주었던 애국 영혼들에 대한 유일한 위로가 될 것이다.

정정화

1900 ~ 1991

조국은 항상 마음속에 있었다

임시정부의 안주인이자 대한의 여성독립운동가였던 정정화.
부족할 것 없는 삶이었으나 기꺼이 독립운동의 길을 걸었다.
그가 남긴 기록을 보면 자신의 삶은 조국의 독립을 얻고
해방을 찾기 위한 것이었다고 말한다.
"싸웠노라. 조국을 위해 싸웠노라."
독립운동가들의 삶이 그러했다고 조국에 몇 번이고 전하고자 했다.

▬▬▬ 상해와 국내를 오갔던 임시정부의 여성 특파원

1919년 10월과 11월, 조선총독부를 당혹하게 만든 일들이 연이어 일어났다. 10월 30일 대한제국의 농상공부 대신을 지내고 일제로부터 남작이란 작위를 받았던 김가진金嘉鎭이 상해로 탈출했다는 보고가 날아들었다. 이어 10월 31일에는 제2차 3·1운동이 추진되어 서울과 평양 일대에서 시위운동이 일어났다. 그리고 11월 10일 고종의 아들 이강李堈이 상해로 탈출을 시도하다가 안동에서 체포되는 일이 일어나기도 했다.

이러한 일들은 모두 대한민국임시정부(이하 임시정부로 약칭)에서 한 일이었다. 임시정부에서 파견한 특파원 이종욱李鍾郁이 김가진을 상해로

탈출시켰고, 시위운동의 임무를 부여받은 특파원들이 들어와 서울과 평양에서 3·1운동에 이은 제2차 만세시위운동을 추진한 것이다. 그리고 특파원들이 국내에서 활동하고 있던 대동단과 연계하여 고종의 아들 이강을 상해로 탈출시키기 위해 압록강을 건너 안동까지 갔다가 일제 경찰에 체포되었다.

특파원, 이들은 상해와 국내를 오가며 활동한 특수요원들이었다. 특파원들의 임무는 다양했다. 국내의 유력인사를 상해로 탈출시키는 일, 국내에 들어와 비밀결사를 조직하는 일, 국내의 비밀결사와 연계하여 시위운동을 일으키는 일, 임시정부의 포고문 및 각종 행정명령을 배포하는 일, 국내에 임시정부의 행정조직을 설립하는 일, 그리고 독립운동 자금을 모집하는 일 등이 특파원들의 임무였다.

특파원들이 파견되기 시작한 것은 임시정부가 수립된 직후부터였다. 임시정부는 국내의 행정조직을 설립하려는 연통제聯通制, 상해와 국내를 연결시켜주는 교통망으로 교통국交通局 등을 설치했다. 그리고 각종 임무를 부여한 특파원들을 국내로 파견한 것이다. 특파원의 임무는 대부분 남자들이 수행하였다. 그렇지만 여자 중에서도 특파원의 임무를 수행한 인물이 있었다. 정정화였다.

■■■■■ **권문세가 명문 집안에서 태어난 셋째 딸**

정정화의 본명은 정묘희다. 중국 상해에 있을 때 수당修堂이라는 호와 함께 정화라는 이름을 사용하면서, 정화가 본명처럼 되었다. 1900년 8월 3일 서울에서 정주영鄭周永과 이인화 사이에 2남 4녀 가운

어린시절의 정정화(왼쪽 첫 번째)

데 셋째 딸로 태어났다. 그의 집안은 권문세가이고 명문 집안이었다. 할
아버지 정낙용鄭洛鎔은 1896년 고종의 아관파천 당시 고종과 세자를 러
시아 공사관으로 호위했던 무관으로, 황실의 신임을 얻어 공조판서를 지
냈다. 그리고 아버지 정주영도 무과에 급제한 후 전라우도 수군절도사·
경상좌도 병마절도사 및 경기·충청도의 관찰사를 역임했다. 당시로서는
대한제국 황실과 가까웠던, 대단한 명문의 권세 있는 집안이었다.

　그러나 1905년을 전후하여 그의 집안은 모두 벼슬자리에서 물러났다.
할아버지 정낙용은 1904년에 모든 관직에서 물러났고, 그의 아버지 정
주영도 1905년 수원유수를 마지막으로 벼슬자리를 떠났다. 이때는 일제
의 침략이 노골화하던 시기였고, 을사늑약을 강요하여 대한제국의 외교
권을 박탈한 때였다. 관직은 그만두었지만, 국권 피탈 후 할아버지와 아

버지 모두 남작으로 작위를 받았다.

명문 집안에서 태어났지만 그는 학교를 다니거나 체계적인 교육을 받지 못했다. 완고한 아버지가 여자를 교육시키려 하지 않았기 때문이었다. 대신 작은 오빠 봉화鳳和가 서당에 다닐 때 몰래 따라다니며 글을 읽었다고 한다. 어깨너머로 익히며 천자문을 떼고 소학小學까지 배웠다.

정정화는 열한 살이 된 1910년 가을 안동 김씨 집으로 시집을 갔다. 이는 조부가 살아생전에 손녀가 시집가는 것을 보겠다고 하였기 때문인데, 당시로서도 비교적 어린 나이에 출가시킨 것이었다. 시집도 권문세가였다. 농상공부대신, 경상도와 충청도 관찰사를 지낸 동농東農 김가진金嘉鎭이 시아버지였고, 신랑은 그의 삼남인 김의한金毅漢으로 정정화와 동갑내기였다.

결혼 후 정정화는 세상 물정에 눈뜨기 시작했다. 개화파 집안에서 출생하여 성장한 남편 김의한의 영향이 컸다. 김의한은 1914년 매동梅洞보통학교에 입학하여 신학문을 배운 뒤, 1917년부터 중동학교에 들어가 공부하고 있었다. 김의한은 정정화에게 세상 돌아가는 다양한 이야기를 들려주었다. 제1차 세계대전 종전과 더불어 많은 나라들이 독립을 얻었다는 것, 우리나라에도 독립의 기회가 돌아올지 모른다는 것 등등 정정화는 남편의 이야기를 통해 국제 정세를 알게 되었고 민족의식도 일깨우게 되었다.

이렇듯 정정화는 권세 있는 집안에서 나고 자라, 권세 있는 집으로 시집을 갔다. 두 집안 모두 재산 역시 적지 않았다. 특히 그의 친정은 충청남도 예산의 대술면에 상당한 양의 토지를 소유한 지주였는데, 1930년 말 일제가 조사한 자료에 의하면 그의 집안 소유의 토지가 154정보町步

로, 이는 46만 2천 평에 달하는 수치다. 그러나 1919년, 부족할 것 없던 그의 인생행로를 뒤바꾸어 놓는 일들이 일어났다.

■■■■■ 시아버지와 남편을 뒤따라 상해로 망명하다

1919년 3월 1일 국내에서 독립국임을 선언한 독립선언이 발표되고, 중국 상해에서 '대한민국'을 국호로 한 임시정부, 즉 대한민국임시정부가 수립되었다. 3·1운동 직후, 국내 비밀결사단체인 '조선민족대동단'이 결성되면서 정정화의 시아버지 김가진이 총재로 추대되었다. 이로 인해 집안에도 변화가 일어났고, 그 변화가 정정화의 인생행로를 바꾸게 만들었다. 가장 직접적인 계기는 시아버지와 남편 김의한이 상해로 탈출한 사건이었다.

1919년 10월 김가진은 그의 아들과 함께 상해로 탈출했다. 그의 탈출은 임시정부와 관계되어 있었다. 대동단 총재로 추대된 김가진은 상해에서 활동하고 있던 임시정부에 참여하고자 했고, 그 뜻이 임시정부 내무총장 안창호安昌浩에게 전해졌다. 당시 안창호는 연통제와 교통국을 설치하고 국내에 있는 국민들과 연계를 추진하면서, 특수임무를 부여한 특파원들을 국내로 파견하고 있었다.

김가진이 임시정부에 참여하고 싶다는 소식을 듣고, 안창호는 특파원 이종욱을 국내로 보냈다. 이종욱은 승려 출신으로, 세 번이나 국내에 잠입하여 임무를 수행한 베테랑이었다. 안창호의 명을 받은 이종욱은 국내로 들어와 대동단 간부인 전협全協 등을 만나 협의하고, 극비리에 김가진의 망명을 추진했다. 김가진과 김의한은 이종욱의 안내로 10월 10일에

경의선 열차를 타고 신의주를 거쳐 안동에 도착했고, 안동에서 이륭양행恰隆洋行이 운영하는 배를 타고 10월 30일 상해에 도착했다.

김가진의 탈출은 커다란 사건이 아닐 수 없었다. 우선 조선총독부 당국은 엄청난 충격에 빠졌다. 김가진이 대한제국에서 대신을 역임한 거물이란 점도 있었지만, 무엇보다도 남작이란 작위를 수여한 인물이 임시정부를 찾아갔다고 하는 자체가 일제 당국으로서는 수치가 아닐 수 없었다. 반면 임시정부로서는 커다란 힘을 얻게 되었다. 대한제국 시기에 농상공부대신, 관찰사 등을 역임한 고위 인사가, 더욱이 일제로부터 작위까지 수여받은 인사가 임시정부를 찾아온 것이다.

김가진과 김의한의 탈출은 정정화에게도 엄청난 충격이었다. 이 무렵 정정화는 결혼한 지 8년 만에 첫딸을 낳았다. 그러나 낳자마자 잃고 말았다. 그 슬픔이 가시기도 전에 시아버지와 남편이 상해로 탈출한 것이다. 더욱이 이들의 탈출을 전혀 눈치 채지도 못하고 있었다. 까마득히 모르고 있다가 신문을 보고서야 시아버지와 남편이 중국 상해로 탈출한 사실을 알게 되었다.

정정화는 그와 같은 상황에서 자신이 어떻게 해야 할 것인가에 대해 고민했다. 그는 당시의 상황을 다음과 같이 기록했다.

> 첫 아이를 잃은 갓 스물 아낙네의 말 못할 심정, 남편 없는 시댁에서의 고달픈 시집살이, 며느리를 친딸처럼 감싸주시고 귀여워해 주시던 시아버님의 구국이라는 대의를 위한 망명, 이 모든 조건이나 상황은 앞으로 내가 어떻게 처신해야 할 것인지에 대해 판단을 흐리게 하는 안개였다. …(중략)… 짧디 짧은 하루해도 이 궁리 저 궁리로 여삼추같이 길게 느껴지곤 했다. 그

러면서도 마음 한구석에서는 이상한 변화가 일어났다. 무엇인가 내 길을 찾아야겠다는, 마음속 깊은 곳으로부터 거센 욕구가 일어났던 것이다.

거듭된 고민 끝에 정정화는 자신도 상해로 망명하겠노라 결심했다. 시어머니에게는 친정에 다녀오겠다고 하고 집을 나섰다. 그리고 친정아버지를 찾아가 상해로 갈 뜻을 전했다. 시댁에 남아 있는 것보다 상해로 가서 시아버님의 시중을 드려야 하겠다는 것이 그 이유였다. 친정아버지는 걱정이 앞섰다. 당시 정정화의 나이 스무 살이었다. 게다가 상해로 가는 길은 무척 험하고, 상해에 잘 도착한들 그곳에서 힘들고 위험한 생활을 해낼 수 있을까 걱정한 것이다. 그렇지만 딸의 결심을 막을 수 없었다. 친정아버지는 당시로서는 거금인 8백 원을 내주었다. 그리고 팔촌 오빠 정필화鄭弼和의 안내를 받으라고 하였다.

1920년 1월 초, 정정화는 상해로 향했다. 정필화가 안내자로 동행하였다. 상해까지 가는 길은 간단치 않았다. 서울역에서 기차를 타고 의주를 거쳐 봉천에 도착하였다. 그리고 봉천에서 다시 기차를 타고 산해관, 천진, 난징을 거쳐서야 상해에 도착할 수 있었다. 꼬박 1주일이 걸렸다. 상해에 도착한 것은 중순이 다 되어서였다.

도착하고 바로 상해 프랑스조계를 찾았다. 당시 임시정부는 프랑스조계 안에 있었다. 무턱대고 조선사람 사는 곳을 물어 처음으로 만난 이가 손정도孫貞道였다. 손정도는 기독교 목사로, 임시의정원 부의장을 지낸 인물이었다. 그의 안내를 받아 찾아간 곳이 패륵로貝勒路 영경방永慶坊 10호였다. 시아버지와 남편 김의한이 머물고 있던 그곳에서 상해의 생활을 시작하였다.

■■■■ 상해 임시정부의 열악한 환경에 발 벗고 나서다

정정화가 상해에 온 것은 독립운동을 목적으로 한 일이 아니라, 시댁에 남아 있는 것보다는 시아버님 곁에서 시중을 들어드리는 것이 나을 것 같다는 생각에서였지만, 상해에 도착한 후 시아버지를 모시며 시작한 새로운 생활은 결코 사사로운 것이 아니었다. 신규식申圭植·이동녕李東寧·이시영李始榮·안창호安昌浩 등 많은 인사들이 시아버지를 찾아왔고, 이들을 대접하고 시중을 드는 일이 그의 생활이 되었다.

당시 정정화는 시아버지와 임시정부 인사들이 논의하는 내용은 물론이고, 이들이 추진하는 일에 대해 전혀 알지 못했다. 또 임시정부로부터 특별한 직책이나 임무를 부여받은 것도 아니었다. 그렇지만 임시정부 요인들을 가까이 대하게 되면서 임시정부의 일원이 된 것이나 마찬가지였다.

시아버님을 모시면서, 또 임시정부 요인들을 대하게 되면서 그가 가슴 아프게 느낀 것이 있었다. 식사 문제를 비롯하여, 이들의 생활이 곤궁하기 이를 데 없다는 점이었다. 시아버지와 남편은 '빠오판包飯'이라는 이름의 배달 음식으로 하루 세끼를 때우고 있었다. 다른 임시정부 요인들도 별반 다르지 않았다. 식사를 해결하는 것도 문제려니와 경제적으로도 극히 곤궁한 생활을 하고 있었다.

정정화는 임시정부 요인들의 곤궁한 생활을 보면서 자신이 국내에 들어가 자금을 구해와야 되겠다고 생각했다. 무엇보다도 생계를 유지하는 것이 우선이라는 생각 때문이었다. 상해에서 생활을 시작한 지 한 달쯤 지났을 때, 법무총장 신규식을 찾아갔다. 신규식은 시아버지와 가까운 사이였기에 조금 더 편히 마음을 터놓고 의논을 할 수 있었다. 정정화는 그에게 국내에 들어가 자금을 구해오겠다는 뜻을 이야기했다.

국내에 들어가 돈을 구해오겠다는 제안, 그것은 정정화 본인이 생각해도 당돌하기 그지없는 일이었다. 상해와 국내를 오가는 것은 절대 쉬운 일이 아니었다. 교통편도 문제가 되었지만, 국경을 넘고 일제의 경비를 피해야 하는 험난한 길이었다. 더욱이 그는 여자였고, 당시 스물 한 살의 나이였다. 신규식 역시 바로 대답을 하지 못했다.

"국내는 사지死地나 다름없고, 왜놈에게 발각되면 큰 고초를 겪게 될 것이다."

신규식은 걱정스레 입을 뗐지만, 안 된다는 말은 하지 않았다. 정정화를 잘 알고 있었기 때문이었다. 정정화의 올곧은 성격은 임시정부 요인들 사이에서 소문이 나 있었다. 조완구趙琬九 는 정정화를《삼국지》에 나오는 조자룡에 비유하며 '작은 몸 전체가 모두 담膽'이라 하였고, 안경근安敬根은 '작은 고추'에 비유하며 매섭다고 평하기도 했다.

신규식은 정정화의 결심을 파악하고 자신의 지시에 따라줄 것을 요청하였다. 이로써 국내에 들어가 자금을 구해오겠다는 그의 생각이 실현되게 되었다. 그것은 사사로이 행하는 일이 아니었다. 임시정부 법무총장 신규식의 지시에 의한 공적인 임무가 되었다.

정정화가 부여받은 임무, 그것은 '특파원'이 수행하는 임무였다. 임시정부는 수립 직후인 1919년 7월 연통제와 교통국을 설치하여 국내와 연계를 추진하고 있었다. 연통제는 내무부에서 주관하는 것으로 국내에 행정조직망을 설치하기 위한 기구였고, 교통국은 교통부에서 주관하는 것으로 국내와의 교통 및 통신을 위한 연락망이었다. 이를 유시·운영하는 방법으로 임시정부에서는 국내에 특파원들을 파견하고 있었던 것이다.

특파원들에게는 연통부 설치·선전, 시위운동, 정황 시찰, 유력인사의 탈출 등을 비롯하여 독립운동 자금을 모집하는 임무 등이 부여되었다. 정정화가 부여받은 것이 바로 독립운동 자금을 모집하는 임무였다.

특파원은 일종의 '정보요원'이었고, 그 임명이나 활동은 극비리에 이루어졌다. 정정화가 남긴 기록을 보면 자신이 특파원이었다는 사실을 서술해 놓지 않았다. 이는 정정화 자신이 특파원의 운영에 대해 알지 못하고 있었거나, 아니면 임시정부 측에서 특별히 특파원이란 이름을 내걸지 않았던 것으로 추측된다. 다만 정정화가 자신의 활동과 관련하여 서술한, 다음과 같은 내용은 당시 임시정부 특파원들에게 부여된 임무이자 행동요령이었음을 알 수 있다.

◎

상해 출발에서부터 국내 잠입, 상해 귀환의 모든 경로 및 절차는 임정의 지시에 따르도록 되어 있었다. …(중략)… 내가 국내에 들어가 접촉해야 할 사람들 앞으로는 시아버님이 쓴 편지가 전달되게 되었는데, 한지에다 백반 물로 글씨를 쓴 일종의 암호편지였다. 그냥 무심히 보기에는 아무것도 쓰여 있지 않은 백지 같지만, 그 종이를 불에 갖다 대고 쪼이면 글씨가 뚜렷하게 살아나서 쉽게 읽을 수 있게끔 만든 것이었다. 이 암호편지는 나중에 일본경찰의 눈에 띄게 되어 계속 이용할 수 없었고, 또 다른 새로운 방법의 통신수단이 나왔는데, 일종의 끈 편지라고 할 수 있는 것이다. 종이에다 직접 글을 써서 그 종이를 노끈 꼬듯이 꼬아서 물건을 묶어 놓으면 편지는 꼭 끈처럼 위장되는 것이다.

정정화

◎

예관과 시아버님의 철저한 사전 지시를 받은 나는 3월 초순에 상해를 출발했다. 국내 잠입경로는 연통제를 따랐다. 연통제는 임정 초기에 국무원령 제1호로 공포되어 실시된 비밀통신연락망으로서 임정 내무총장 지휘 감독아래 국내와의 통신업무 및 재정 자금조달 등을 위해 교통국과 함께 이원화되어 운영되고 있었다.

임시정부는 1919년 7월부터 이종욱·이범교李範敎·신상완申尙玩 등을 특파원이란 이름으로 국내에 파견하기 시작했다. 김가진이 상해로 탈출한 것도, 고종의 아들 이강의 탈출도 모두 특파원들이 시도한 일이었다. 독립운동 자금을 모집하는 임무를 받은 정정화도 이들과 같은 특파원이었음을 알 수 있다.

■■■■■ **상해에서 다시 조국으로, 위험이 도사리는 길을 나서다**

　　1920년 3월 초순, 그는 상해를 출발했다. 상해로 망명한 지 한 달 보름여 만에 다시 국내로 향한 것이다. 정정화는 특파원들이 이용하는 노선과 방법대로 국내로 잠입하여 활동하였다. 그는 국내에 들어와 활동한 과정에 대해 비교적 상세하게 서술해 놓았는데, 논의의 번잡함을 피하기 위해 정정화가 국내에 들어온 노선과 과정을 정리하면 다음과 같다.

　- 상해에서 이륭양행의 배편을 이용하여 안동에 도착.

- 안동에서 임시정부 연락업무를 띠고 상주해 있는 최석순崔錫淳을 만남.
- 최석순의 안내로 압록강 철교를 건너 신의주에 도착.
- 신의주에서 비밀연락소인 이세창양복점을 찾아감.
- 세창양복점 주인 이세창李世昌 씨의 편의로 서울에 도착.
- 서울역 건너편 세브란스 병원 관사에 있는 신필호 박사를 찾아감.
- 신필호 집에 머물며 시아버님과 예관이 지시한 사람들과 접촉.

이를 보면 특파원들이 국내로 잠입하는 데는 대체로 세 단계를 거쳤다는 것을 알 수 있다. 첫 단계는 상해에서 이륭양행이 운영하는 배를 타고 일단 안동에 도착하는 것이고, 두 번째 단계는 안동에서 압록강을 건너 신의주에 비밀리에 설치해 놓은 연락소를 찾아가는 것이다. 세 번째 단계는 신의주의 비밀연락소의 안내를 받아 국내로 들어가는 것이 일반적이었다.

즉 안동이 중간거점이었다. 안동에는 임시정부에서 설립한 교통국의 부서인 '안동교통사무국'이 설치되어 있었다. 안동교통사무국이 설치된 곳은 안동 시내에 있는 이륭양행이었다. 이륭양행은 아일랜드 사람인 죠지 쇼George L. Shaw, 蘇志英가 운영하는 상점이었다. 임시정부는 바로 이륭양행 2층에 안동교통사무국을 설치하고, 책임자로 최석순崔碩淳을 두었다. 정정화도 이곳을 거쳤고, 최석순의 도움을 받아 국내로 들어갔다. 그리고 신의주에 있던 비밀연락소인 세창양복점을 찾아가, 이세창의 도움을 받아 서울에 도착할 수 있었다.

서울에 도착한 정정화는 서울역 앞 세브란스 병원의 신필호申弼浩의 집을 거점으로 삼았다. 신필호는 신규식의 친형이었다. 시댁이 멀지 않은 곳에 있었지만 가볼 수 없었다. 친정에도 연락하지 못했다. 그는 시아버지와 신규식이 지정한 사람들하고만 연락을 취했다. 그리고 그곳에서 20여 일 동안 머물며 자금을 모은 후, 4월 초 어느 정도 모아진 돈을 가지고 다시 상해로 출발했다.

상해로 돌아가는 길은 왔던 길을 거슬러 가는 것이었다. 그렇지만 언제 어떤 일이 벌어질지 모르는 일이고, 항상 위험이 도사리고 있었다. 신의주에서 압록강을 건너 안동으로 가기까지의 과정을 정정화는 다음과 같이 기록해 놓았다.

> 신의주에서 안동으로 빠져나가는 것은 많은 위험이 따랐다. 압록강 철교를 건너는 것이 아니라 배로 강을 건너야 했기 때문에 낮에는 움직일 수가 없었고, 밤이 되기를 기다려 이세창 씨의 안내로 양복점을 빠져나갔다. 압록강 하류에 도착한 우리는 신발을 벗어들고 진흙과 자갈이 섞여 펼쳐진 강변을 따라 맨발로 삼십 리 길을 거슬러 올라가야 했다. 사방이 깜깜하고 바닥이 고르지 않은 밤길이어서 이세창 씨의 바로 한 걸음 뒤에서 바싹 뒤꽁무니를 따라가자니 여간 벅차고 힘든 길이 아니었다. 거의 세 시간쯤 걸어 북하동에 이르렀을 때 어둠 저편에서 쪽배 하나가 기다리고 있었다. 미리 연락이 닿아 있는 모양이었다.

국내에서 상해로 돌아갈 때, 정정화는 신의주의 비밀연락소인 세창양복점을 다시 찾았다. 신의주에서 압록강을 건너 안동으로 가야 했지만, 철교를 이용할 수 없게 되었다. 방법은 배를 이용하는 것이고, 밤중에 이세창의 안내와 도움을 받아 압록강을 건넌 것이다. 그리고 안동에서 이륭양행에서 운영하는 배를 타고, 상해로 귀환하였다.

■■■■ 국내로 가는 길이 끊겨도 정정화의 의지는 꺾이지 않았다

1921년 늦은 봄, 정정화는 다시 특파원의 임무를 부여받았다. 두 번째였다. 제1차로 임무를 수행한 지 7개월 만에 다시 국내에 들어가 독립운동 자금을 모집해 오는 임무를 받은 것이다. 국내로 들어오는 통로는 제1차 때와 마찬가지였다. 상해에서 배를 타고 안동에 도착하여 최석순의 안내로 압록강을 건넜다. 그리고 신의주에서 이세창의 안내를 받아 서울에 도착했다.

이번에는 서울에 도착한 후 곧바로 시댁으로 들어갔다. 김가진과 김의한이 탈출한 직후에는 경비가 삼엄했지만, 조금씩 시간이 지나면서 별다른 감시가 없었던 것이다. 정정화는 며칠 동안 시댁에 머물며 여러 곳에 연락하여 자금을 모았다. 한 곳에 오래 머무는 것은 불안한 일이었기 때문에 충남 예산에 있는 친정집으로 몸을 옮겼다.

친정에 도착한 정정화를 친정아버지가 불러 앉혔다. 그리고 공부할 생각은 없느냐며, 미국이나 일본으로 유학을 가겠다면 보내주겠노라고 하였다. 목숨을 걸고 상해와 국내를 오가는 딸을 차마 더는 두고 볼 수 없는 아버지의 마음이었다. 그러나 정정화는 아버지의 제안을 따를 수 없었다. 일제에 맞서 투쟁하고 있는 마당에 일본에 가서 공부한다는 점도 그렇고, 또 자신에게 지워진 책임을 회피하는 것은 스스로 용납할 수 없는 일이었기 때문이다. 아버지는 결국 딸의 고집을 꺾지 못하고, 딸이 부탁한 돈을 마련해 주었다.

정정화는 아버지가 건네준 돈을 받아들고, 개성에 있는 친척집으로 갔다. 서울에 머무는 것이 불안하였기 때문이다. 개성에서 머물며, 서울에 있는 사람들에게 연락을 취했다. 그러나 일이 계획한 대로 잘 진행되지 않았고, 계획에 차질이 생길 때마다 혼자서 판단하고 처리해야 했다. 얼마 후 개성에서 서울로 들어와 연락한 사람들로부터 자금을 받았다. 그리고 제1차 때와 같은 방법으로 온 길을 되돌아 상해에 도착하였다. 두 번째 임무를 완수한 것이다.

정정화가 상해에 도착한 후, 문제가 발생했다. 임시정부의 교통망이 일제 경찰에 의해 붕괴된 것이다. 정정화와 직접 관련된 것은 아니었다. 임시정부에서 특파원들을 파견하면서부터 일제경찰은 이들을 추적하기 시작했고, 정정화가 두 번째 임무를 떠나기에 앞서 1920년 1월에 이미 안동교통사무국 책임자였던 홍성익洪成益이 체포된 일도 있었다. 홍성익이 체포된 후 다음 책임자 역할을 맡은 인물은 최석순이었다. 일제 경찰은 1921년 7월 안동교통사무국을 습격하였다. 책임자였던 최석순은 체포되는 것을 피해 상해로 철수했지만, 이륭양행을 운영하던 죠지 쇼와 신의주의 연락소 역할을 맡았던 이세창은 체포되고 말았다. 이로써 상해와 국내를 연결해주던 연통제와 교통국의 조직망이 파괴되었다.

1922년 6월, 정정화는 다시 국내행을 결심했다. 연통제와 교통국의 파괴로 인해 국내와의 연계가 단절되면서, 임시정부의 상황이 날이 갈수록 더욱 어려워졌던 것이다. 정정화는 다시 자진해서 국내에 들어가 독립운동 자금을 마련해오겠다는 의지를 피력했지만, 이번에는 임시정부 요인들 모두 만류했다. 사정이 예전과 달라져 자금을 보섭하는 일도 쉽지 않을뿐더러, 교통망이 파괴됨에 따라 신변도 위험할 것이라는 것이 그 이유였다.

정정화도 알고 있었다. 그렇지만 가만히 앉아 있을 수 없었다. 혼자서 귀국하는 방도를 강구하던 중, 마침 상해에 왔다가 국내로 돌아가는 이욱李昱이란 사람을 만나게 되었다. 그는 상해로 망명한 부잣집 아들을 데리러 왔다가 혼자서 돌아가는 길이었다. 그와 함께 상해에서 배를 타고 청도를 거쳐 안동에 도착하였다.

안동에서 압록강을 건너는 것이 문제였다. 이욱의 자신 있다는 말을 믿고, 정정화는 그와 함께 인력거를 타고 압록강 철교를 건넜다. 그러나 신의주 쪽에 거의 다다랐을 때, 두 사람은 일제 경찰의 검문을 받고 체포되어 신의주 경찰서에 끌려가 신문을 받았다. 일제 경찰은 정정화의 신분은 밝혀냈지만, 두 번에 걸쳐 국내를 다녀간 사실은 알아내지 못했다. 그는 상해에서 살기 힘들어 친정으로 돌아가는 길이라고 둘러댔다. 그 후 신의주 경찰서에서 다시 서울의 종로경찰서로 압송되었지만, 다행히 간단하게 조사만 받고 풀려났다.

정정화는 곧바로 충남 예산의 친정집으로 갔다. 아버지에게 자금을 요청하기 위해서였다. 돈을 받아들고 서울에 올라와 시댁에 들렀는데, 상해에서 전보가 와 있었다. 시아버지가 타계하였다는 내용이었다. 김가진은 1922년 7월 4일 상해에서 숨을 거두었다. 이 사실이 신문에 보도되면서 많은 이들이 문상을 와, 시댁에 호상소를 차렸다. 정정화는 슬픔을 삼키며 다시 상해로 떠날 채비를 했다. 시동생 김용한과 함께 들어온 조의금의 일부는 시댁에 남겨두고 나머지를 챙겨서 상해로 향했다.

상해로 돌아가는 길은 다른 노선을 택했다. 임시정부가 설치한 교통망은 파괴되었고, 앞서 신의주에서 체포된 일도 있었기 때문이다. 이번에는 정식으로 여권을 받았다. 그리고 부산에서 배를 타고 일본의 나가사키를 거쳐 상해로 갔다. 이렇게 세 번째 임무를 수행해냈다.

이후에도 정정화는 세 차례나 더 국내를 다녀갔다. 1922년 10월, 국내에 들어와 친정집에 머물다 다음해 7월에 상해로 돌아갔다. 그사이 친정아버지가 세상을 떠났다. 정신적으로나 경제적으로 의지했던 아버지가타계하면서, 정정화는 스스로 자립해야 했다. 이후 그는 1924년 7월, 그리고 1929년 여름에 국내를 다녀갔다. 공적인 임무를 띤 것은 아니었다.

■■■■■ **25년여 동안 임시정부의 안살림을 맡다**

1920년 1월 상해로 망명한 후 해방을 맞아 환국할 때까지 정정화는 임시정부를 벗어나지 않았다. 25년여 동안 임시정부와 함께 생활한 것이다. 1920년대에 여섯 차례에 걸쳐 국내를 오가며 독립운동 자금을 모집해 오는 특파원의 임무를 수행했지만, 임시정부에서 특별한 직책을 따로 맡은 것은 아니었다. 그러나 임시정부 안에서 정정화가 맡은 바역할이 있었다. 그가 처음 상해로 향하며 시아버지를 모시고자 했던 마음을 그대로 담아 임시정부 요인들의 뒷바라지를 한 것이었다.

임시정부 요인들 중 상당수는 시아버지 김가진이 그랬던 것처럼 가족과 떨어져 혼자 지냈다. 수립 당시 임시정부에는 많은 인사들이 있었지만 국민대표회의와 이승만 대통령 탄핵 등을 겪으면서 점점 정치적·경제적으로 어려운 상황이 계속되자 대부분 임시정부를 떠났다. 결국 남아있는 이동녕, 이시영, 조완구, 김구 등 비교적 연로한 요인들에 의해 임시정부가 유지되는 상황이었고, 그들은 모두 홀로 지내고 있었다. 적지 않

임시정부 요인들과 가족들의 기념사진
(앞줄 왼쪽에서 두 번째 정정화, 뒷줄 왼쪽 세 번째부터 김의한, 이동녕, 박찬익, 김구, 엄항섭)

은 시간 동안 머나먼 이국땅에서 혼자 생활하며 임시정부 활동을 이어가
야 했던 임시정부 요인들은 끼니를 해결하는 것조차 어려운 상황이었다.

당시 정정화는 남편 김의한이 영국인이 경영하는 전차회사에 취직하
여 수입이 생기면서 비교적 안정된 생활을 할 수 있게 되었다. 넉넉하지
는 않았지만 임시정부 요인들의 생활을 뒷바라지하고 끼니를 마련해 주
었다. 실제 김구도 종종 배가 출출할 때면, "후동 어머니, 나 밥 좀 해줄라
우." 하면서 찾아와 끼니를 해결하였다고 한다. 임시정부 요인들이 어려
운 상황을 극복하며 임시정부를 지켜나갈 수 있었던 데는 이러한 정정화
의 역할이 있었다.

단순히 끼니를 챙겨주는 것 이상으로 정정화는 임시정부 요인들을 모

정정화

시는 것을 자신의 사명처럼 받아들였다. 가흥嘉興에서 임시정부 요인들을 모신 것이 그러한 예다. 1932년 4월 29일 윤봉길이 상해의 홍구 공원 의거를 결행한 후, 임시정부 요인들은 일제 경찰의 검거를 피해 피신하지 않으면 안 되었다. 임시정부는 소재지를 항주杭州로 옮겨갔고, 일부 요인들은 가흥으로 피신했다. 그 소식을 들은 정정화는 엄항섭의 가족과 함께 가흥으로 갔다.

가흥에는 김구의 피신처가 별도로 마련되어 있었고 이동녕, 이시영, 차리석, 조완구, 조성환, 박찬익 등의 요인들은 매만가梅灣街에 있는 목조 건물에 함께 머물렀다. 그리고 얼마 안 있어 김구의 어머니가 국내에서 돌아와 함께 생활했다. 이들은 대부분 홀로 지내는 노인들이었고, 정정화는 엄항섭의 부인과 함께 이들을 모셨다.

그는 가흥에 있던 임시정부 요인들이 남경으로 이동하게 되면서 김구의 어머니를 모셔야 했던 일 또한 마다하지 않았다. 당시 김구의 어머니는 칠십을 넘은 고령으로 어린 손자를 데리고 살았는데, 피신해 있어야 했던 신세라 어머니를 모실 수 없었던 김구가 정정화에게 어머니의 살림을 도와줄 것을 부탁했던 것이다. 당시 정정화는 남편 김의한의 직장을 따라 강서성江西省 무녕현武寧縣에 가 있었지만 김구의 부탁을 뿌리치지 못하고 남편을 떠나 남경으로 와 김구의 어머니를 모셨다.

임시정부는 상해를 떠난 이래 여러 곳으로 옮겨 다녔다. 1937년 일본이 중국을 침략하고 일본군의 점령지역이 확대되면서 피난을 다녀야만 했던 것이다. 일본군이 남경을 공격해 오기 시작해 호남성湖南省 장사長沙로 자리를 옮겼고, 끝내 장사 지역으로까지 공격이 이어져 1938년 7월 즈음 임시정부는 광동성廣東省 광주廣州로 이동하였다. 이때부터 정정화는 본격적으로 임시정부의 안살림을 맡게 되었다.

9월 초 광주시에 임정의 연락처만 남겨놓은 채 대부분의 식구들은 그곳에서 서쪽으로 약 25킬로미터 떨어져 있는 불산(혹은 남해)으로 옮겨갔다. 불산으로 옮겨 오면서부터 나는 임정의 안살림을 맡게 되었다. 불산에서는 오래 있을 예정이었으므로 아예 집 한 채를 전세 내어 들게 되었다. 그 집에는 임정의 사무실이 자리를 잡았고, 딸린 식구들이 없는 단신의 국무위원들과 우리집 식구가 함께 그 집에 짐을 풀었다.

광주로 이동한 임시정부는 광주의 교외에 있는 남해현성의 불산佛山이라는 곳에 자리를 잡았다. 그리고 집 한 채를 전세 내어 임시정부 사무실로 정하고, 그곳에서 가족이 없는 국무위원들과 정정화의 식구들이 거주하게 되면서 그는 임시정부의 안주인이 되어 임시정부의 살림을 맡았다.

그러나 얼마 지나지 않아 불산에 머물고 있었던 임시정부는 다시 피난길에 올라야 했다. 1938년 10월 중순 하문廈門에 상륙한 일본군이 광주로 진격하면서 그 통로인 불산을 향해 쳐들어온 것이다. 일본군의 기관총 쏘는 소리를 들으며 1백여 명에 가까운 임시정부 식구들은 가까스로 기차에 올랐다. 하지만 일본 비행기의 공습에 기차는 곧 멈추었고, 길가의 사탕수수밭으로 피한 여자들과 어린 아이들은 요란한 총소리에 놀라 울고불고 야단이었다. 처참하기 그지없는 피난길 광경이었다.

그들이 향하는 다음 목적지는 광서성廣西省 유주柳州였다. 유주로 가려면 주강珠江을 거슬러 올라가야 했고, 1백여 명의 임시정부 식구들은 큰 목선 하나를 세내어 함께 탔다. 아무런 시설이 없는 배 위에서 불편한 점이 한두 가지가 아니었지만 가장 큰 문제는 끼니를 해결하는 것이었다. 여의치 않는 피난길 속 이동녕, 이시영, 조완구, 차리석, 송병조 등 홀로 지내는 임시정부 요인들을 돌보면서, 1백여 명 식구들의 식사를 해결했던 이가 정정화였다.

임시정부는 유주에 무사히 도착해 한동안 머물다가, 1939년 5월 기강綦江에 도착했다. 기강은 중국국민당 정부가 임시수도로 이전한, 중경의 남쪽에 있는 조그마한 도시였다. 임시정부는 기강에서 비로소 안정을 찾게 되었다. 당시 먼저 가 있었던 김구와 조성환이 마련해둔 거처에 가족별로 숙소가 정해졌다. 조소앙趙素昻과 홍진洪震의 가족들은 강 건너 산언덕에, 청년들은 산꼭대기에 있는 관음암이라는 절간에 숙소를 정했다.

임시정부 사무소와 홀로 지내는 요인들의 숙소는 시내와 가까운 강가에 배정되었다. 정정화는 조성환의 가족과 한집에서 함께 지냈는데, 이는 그동안 계속 해왔던 그들의 뒷바라지와 식사를 해결하기 위해서였다. 남편과 아들 후동이 있었지만, 그는 결코 임시정부 요인들을 모시는 일을 마다하지 않았다. 또 소홀히 해본 적도 없었다. 정정화는 명실공히 임시정부의 맏며느리이자 안살림꾼이었다.

■■■■■■ **임시정부를 돕기 위해 안팎으로 활동하다**

임시정부에서 공적인 직책을 맡은 일 없이 특파원 역할과 안살림을 해왔던 정정화가 독립운동과 관련하여 공적으로 활동했던 것은 한국독립당과 한국국민당의 당원으로서였다. 임시정부는 정부의 조직을 유지·운영하기 위한 방법으로 정당을 조직했다. 1930년 1월에 임시정부 인사들이 한국독립당을, 1935년에는 이동녕, 김구 등이 주도하여 한국국민당을 결성했다. 이들 정당이 결성되어 활동할 때, 정정화도 당원이 되어 활동한 것이다.

중경에 정착한 후 임시정부를 중심으로 여러 단체들이 결성되었다. 1940년 5월 민족주의 계열의 3당이 통합을 이루어 한국독립당을 결성하였다. 한국독립당은 임시정부의 기초 세력으로, 그 여당 역할을 한 정당이었다. 한국독립당이 창당되면서 당원이 된 정정화는 생계위원회 위원으로 임명되었다. 생계위원회는 당원 및 그 가족의 생계를 지도·보호하는 업무를 담당하는 부서였다.

뿐만 아니라 정정화는 여성들이 중심이 된 단체에서도 직책을 맡아 활동하였다. 한국혁명여성동맹을 결성하고 조직부장을 맡은 것이 그 하나다. 한국혁명여성동맹은 한국독립당에 소속되어 있던 여성들이 1940년 6월에 결성한 단체로, 회장은 방순희方順姬였다. 오광심吳光心이 재무부, 김효숙金孝淑이 훈련부, 김정숙金貞淑이 선전부, 그리고 정정화는 조직부장을 맡았다. 여성동맹은 한국독립당 여자 당원들의 친목단체와 같은 성격이었고, 주로 임시정부의 활동을 후원하였다.

정정화는 1919년 상해에서 이화숙李華淑 등이 임시정부 후원을 목적으로 결성한 대한애국부인회단체에서도 활동했다. 임시정부가 피난을 다니면서 정돈 상태에 있었던 대한애국부인회를 1943년 2월 23일 중경에서 각 당파의 부녀 50여 명이 임시정부 집회실에 모여 재건하였다. 재건대회에서 정정화는 훈련부 주임으로 선출되었다.

대한애국부인회는 임시정부를 후원하고 지지하는 활동을 하였다. 광

정정화

1940년 6월 17일 한국혁명여성동맹 창립 기념사진(앞줄 왼쪽에서 두번째)

복군을 후원하기 위한 모금활동을 비롯해 중국의 포로수용소에 수용되어 있는 한인들을 대상으로 한 위문활동, 임시정부 요인들의 자녀들을 위한 교육활동, 그리고 중경방송국을 통해 국내외 한인여성들의 단결과 각성을 촉구하는 등 다방면으로 다양한 활동을 전개하였다.

한국혁명여성동맹과 대한애국부인회 등 공적인 활동범위가 늘었어도 정정화는 임시정부의 맏며느리 역할을 결코 소홀히 하지 않았다. 중경에 와서도 임시정부의 크고 작은 행사가 있을 때마다, 같이 활동하는 부인들과 함께 최선을 다해 도왔음을 그의 기록에서 알 수 있다.

한독당 창립과 더불어 결성된 여성동맹의 간사 일을 맡으면서부터 광복진선계의 여성들 사이에서 내가 차지하는 비중이 커지자 사회활동에도 참여할 수가 있었다. 특히 중경 시내에 있는 임정이나 광복군에서 외국 손님을 접대한다든가 자체 내에 큰일이 있거나 할 때는 토교에 있는 부인들이 중경으로 가서 일을 돕곤 했는데, 그때마다 내가 총책임을 지고 일을 치러야 했다.

중경으로 이전한 후 임시정부와 그 가족들은 크게 세 곳으로 나뉘어 거주하고 있었다. 임시정부 청사는 중경 시내에 있었고, 그 가족들은 대부분 토교土橋에 머물렀다. 그리고 조선민족혁명당을 비롯한 좌익계열의 단체와 가족들은 중경 시내에서 양자강을 건넌 남안南岸이란 곳에 살았다.

정정화는 임시정부 가족들과 함께 토교에 거주했다. 토교는 중경 시내에서 남쪽으로 약 20킬로미터 정도 떨어진 교외에 있는 시골마을로, 서울에서 보면 안양과 같은 곳이었다. 임시정부가 중경으로 이전하면서 중국진재위원회의 지원을 받아 땅을 사서 집을 짓고 가족들을 그곳에서 살도록 했다.

임시정부와는 거리가 있었고, 또 임시정부 요인들과 함께 생활한 것은 아니었지만 그의 역할은 이전과 변함이 없었다. 중경 시내에 있는 임시정부가 여러 행사를 할 때면 부인들의 손길이 필요했고, 그때마다 정정화가 토교에 있는 부인들과 함께 가서 일을 도왔다.

■■■■■ **전쟁 난민의 자격으로 귀국하다**

1945년 8월, 꿈같은 일이 일어났다. 일제가 항복했다는 소식이 전해진 것이다. 조국이 해방이 되었다는 소식에 정정화는 기쁘고 가슴이 벅차올랐다. 동시에 마음 한구석에 있는 안타까움을 지울 수 없었다. 임시정부에서 광복군을 편성해 국내로 진입하려는 작전을 추진하고 있었건만, 애써 준비해온 일이 미처 실행되기도 전에 일제가 항복해버린 것이다.

해방 소식과 함께 임시정부에서는 교포들의 생명과 재산을 보호하는 조처를 취했다. 당시 중국 각지에는 약 4백만 명에 이르는 동포들이 이주해 있었다. 임시정부는 한교선무단을 조직해 각 지역에 단원들을 파견하였고, 정정화의 남편 김의한도 선무단의 활동을 위해 상해로 파견되었다.

남편이 상해로 떠난 후, 정정화는 토교로 돌아와 조국으로 들어갈 준비를 서둘렀다. 그러나 돌아가는 일은 쉽지 않았다. 중경에 있던 중국정부가 남경으로 옮기면서 교통편이 쉽게 마련되지 못하는 문제도 있었지만, 임시정부 명의로 들어올 수 없다는 미국 측의 거부 때문이었다. 당시 임시정부는 미국과 직접 교섭할 수 없었다. 중국정부가 나서서 교섭하였지만, 미국 측의 뜻은 강경했다.

귀국 문제의 해결점이 보이기 시작한 것은 일제가 항복한 지 세 달 가까이 되었을 때였다. 미국과 타협되지 않은 상태에서 중국 측이 우선 상해로 이동할 수 있도록 교통편을 마련해 준 것이다. 11월 5일에 1차로 우선 임시정부 요인들이 중국에서 마련해준 비행기를 타고 상해로 떠났다. 상해에 도착한 후에도 임시정부 명의가 아닌 개인 자격이어야 한다는 미국 측의 요구사항은 변함이 없었다. 20여 일 가까이 상해에 머물며 줄다리기를 했지만 전혀 소용이 없었다. 결국 임시정부 요인들은 개인 자격으로 귀국하기로 하고 두 차례로 나뉘어 돌아오게 된다. 11월 23일에 주석 김구와 부주석 김규식을 비롯한 열다섯 명이 제1신으로 귀국하고, 조소앙, 홍진 등의 요인들이 제2진으로 12월 1일에 귀국했다.

토교에 있던 가족들에게 무사 귀국 소식이 전해진 것은 1946년 1월 중순이었다. 이들에게는 중국정부에서 발행한 여행증명서가 주어졌다. 귀국을 준비하라는 통지를 받고, 정정화는 여행증명서를 확인하고 또 확인했다. 설레는 가슴은 진정되지 않았다. 자리에 누웠지만 잠을 이룰 수 없었다. 지난 25년 동안 중국에서 살아온 삶의 여정이 파노라마처럼 스쳐 지나갔고, 일제의 항복 소식을 듣지 못하고 세상을 떠난 이동녕, 차리석, 송병조 등 어르신들의 모습도 아른거렸다.

1946년 1월 하순, 정정화는 마침내 고국을 향해 떠나게 되었다. 1백여 명 되는 임시정부 가족들과 함께 버스와 배를 이용해 중국 대륙을 서에서 동으로 횡단하였다. 일행 중에는 일본군 위안부로 끌려나왔던 여성들도 있었다. 정정화는 그들을 그렇게 만든 것이 마치 자신이 잘못하여 그런 것 같아 자책을 하기도 했고, 그 여인들의 아픔을 대신해줄 수 없다는 생각에 가슴이 저렸다.

완릉浣陵과 악양岳陽을 거치면서 그동안 살아온 자신의 삶에 대해 다시 한 번 생각하기도 했다. 완릉 근처에 도원이란 곳을 지나면서, "쌀 다섯 말의 봉급을 바라고 향리의 소인小人에게 허리 굽혀 절을 하겠는가!" 하는 말과 함께 현령 자리를 박차고 '귀거래사'를 읊조리며 고향으로 돌아왔다는 도연명陶淵明을 생각했다. 그리고 동정호를 지나 악양에 도착했을 때는 인생의 무상을 노래한 두보杜甫의 시도 떠올렸다. 정정화는 중국에서 활동하는 동안 많은 책들을 읽었다. 도연명과 두보 모두 책을 통해서 알게 되었는데, 그들의 고향과 시를 생각하면서 자신의 삶을 반추했다. 정정화는 당시 자신이 그동안 무엇을 하였는지를 다시금 생각했노라고 기록했다.

얻고 싶었던 것을 얻었고, 찾고 싶었던 것을 찾았고, 가고 싶었던 곳을 찾아가는 지금 나는 그토록 갈망했던, 제 한 몸을 불살랐으나 결국 얻지 못하고 찾지 못한 채 중원에 몸과 함께 묻힌 수많은 영혼들을 생각해야 한다. 그들을 대신해 나라도 조국에 가서 보고를 해야만 한다. 싸웠노라고, 조국을 위해 싸웠노라고.

특파원의 임무를 띠고 여섯 차례나 상해와 국내를 오가며 활동하였던, 그리고 25년 동안 임시정부와 함께 했던 자신의 삶을 되돌아본 것이다. 자신의 삶은 조국의 독립을 얻고 해방을 찾기 위한 것이었다. 결국 독립을 얻고 해방을 찾아, 이제 조국으로 돌아가는 길이다. 헌데 함께 가지 못하는 이들이 있다. 정정화는 그들을 대신하여 자신이라도 조국에 가서 전해야 한다고 다짐했다. "싸웠노라고, 조국을 위해 싸웠노라고." 그것이 독립운동가들의 삶이었다는 것을 꼭 보고하고 싶었다.

중경을 떠난 지 20여 일만에 상해에 도착했다. 상해에는 임시정부 가족들 외에도 각지에서 온 교포들과 일본군으로 끌려 나왔던 청년들이 수없이 몰려들었다. 그렇지만 국내로 들어가는 교통편은 쉽게 마련되지 않았다. 상해에 머무는 동안 남편 김의한과 함께 아들 후동이를 데리고 만국공묘에 있는 시아버지 묘소를 찾았다. 정정화는 묘 앞에 꿇어앉아 감사하고 죄스러워 울고 또 울었다.

1946년 5월 9일, 마침내 국내로 귀국할 수 있는 배편이 마련되었다. 배는 미군이 사용하던 LST라는 수송선이었다. 자격은 '전쟁 난민'이라고 했다. 25년여 동안 임시정부를 유지해왔던 임시정부 요인들은 일개 개인 자격이었고, 그 가족들은 난민이 돼야 했다. 무거운 마음으로 부산항에 도착한 후에도, 콜레라와 같은 전염병 등을 확인하고 예방해야만 했기 때문에 마음대로 내릴 수 없었다. 그렇게 사흘 동안 배에서 지낸 후, 5월 19일이 되어서야 조국 땅을 밟았다.

■■■■■ 선택하지 않아도 되었던 독립투사의 삶을 택한 정정화

한국의 독립운동사에서 정정화만이 갖고 있는 세 가지 큰 특징이 있다.

첫째, 독립운동에 뛰어들었던 인물 중 보기 드문 조건과 환경에서 기꺼이 자진해서 독립운동가의 길을 택하고 활동한 대표적인 사례에 해당된다. 정정화는 권문세가에서 태어났고, 또 권문세가 집안으로 시집을 갔다. 더욱이 그의 친정이나 시댁은 모두 일제로부터 작위를 받은 집안이었다. 대한제국 시기에 고관을 지냈거나 일제로부터 작위를 받았던 인물과 그 집안이 독립운동에 참여한 경우는 거의 정정화가 유일하다.

둘째, 여성으로는 유일하게 임시정부의 특파원으로 활동하였다는 점이다. 정정화는 1921년 상해로 망명한 후 모두 여섯 차례에 걸쳐 상해와 국내를 오갔다. 적어도 이 중 세 차례는 임시정부에서 독립운동 자금을 모집하기 위해 파견된 특파원의 임무를 띤 공적 활동이었다. 임시정부에서 운용한 특파원은 현재를 예로 들면 특수임무를 부여한 정보요원이나 마찬가지다. 특파원 대부분은 남성이었다. 여성으로 특파원의 임무를 수행한 것은 정정화뿐이었다.

셋째, 임시정부의 맏며느리이자 안살림꾼으로서 임시정부를 유지·운영하는 데 커다란 역할을 한 숨은 공로자였다. 임시정부를 수립하고 운영하는 데 있어 주도적 역할을 하였던 정부 요인들은 대부분 가족과 떨어져 홀로 지냈다. 그 많은 요인들의 며느리가 되어 25년여 라는 오랜 시간 동안 뒷바라지한 것이 정정화였고, 임시정부의 안살림을 도맡았던 것도 그였다. 임시정부 요인들이 25년여 동안 임시정부를 지켜내고 유지할 수 있었던 데에는 정정화의 역할이 적지 않았다.

정정화는 1921년부터 1945년 귀국할 때까지 25년 가까이 임시정부에서 특파원으로, 그리고 임시정부의 맏며느리이자 안살림꾼으로 활동한 여성독립운동가이다. 해방을 맞아 환국하면서 정정화는 꼭 해야겠다고 마음먹은 것이 하나 있었다. 조국의 독립을 보지 못하고 죽어 간 수많은 독립운동가들을 대신해 "싸웠노라고, 조국을 위해 싸웠노라고." 이 말을 국민들에게 전하고 싶었다.

김마리아

1982~1944

우리가 나라를 되찾는 건
애국의 마음에 있다

역사의 주체로 살지 못했던 조선 부녀자들을 결집해,
남녀평등에 기반을 둔 민주적 독립국을 세우기 위해
'대한민국애국부인회'를 조직한 김마리아.
그는 실력양성과 경제력 성장이 있어야 독립의 목적을 이룰 수 있다고 믿고
또 몸소 실천했던 대한의 진정한 '잔 다르크'였다.

━━━ 일본으로 유학을 가 조국의 독립을 논하였던 김마리아

김마리아는 나라의 운명이 풍전등화와 같던 1910년 6월 정신
여학교를 졸업하고 광주 수피아여학교 교사로 부임하였다. 그해 8월 일
제는 결국 대한의 국권을 강탈하고 무자비한 무단통치를 행하였다. 김마
리아는 1912년 가을에 모교 교장 루이스Margo Lee Lewis의 추천으로 1년
간 일본 히로시마여학교에 유학하여 영어와 일본어를 공부하고, 귀국 후
모교 교사로 부임해 교육에 전념하였다. 그리고 1915년에 다시 루이스
교장의 추천으로 대학 과정의 기독교 학교인 도쿄여자학원으로 유학을
떠나게 되는데, 당시 그 학교에는 정신여학교 1회 졸업생인 막내 고모
김필례와 그의 동기 이혜경이 공부하고 있었다.

당시 일본은 자유주의사상을 구가하는 젊은이들에게 다소 관대함이 있어 조선 유학생들은 모여서 조국 독립을 논하는 기개를 보였다. 당시 동경에는 남학생 중심의 '조선유학생학우회'가 활동하고 있었고, 1915년 4월 3일에 여자 유학생 10여 명이 모여 '동경여자유학생친목회'를 조직해 김필례를 회장으로 선임하였다. 그런데 이듬해 봄 김필례가 귀국하게 되자 김마리아가 후임 회장직을 맡고 여자친목회 사업을 활성화했다.

첫 사업으로 1917년 봄에 조선 여자계를 계발·교육시킬 종합잡지 〈여자계女子界〉 제1호를 발간하고, 같은 해 6월 말 제2호를 발행하였다. 또한 김마리아는 일본 각 지방의 조선 여자 유학생을 결집하여 지회를 조직하였고, 점차 그의 조직력과 통솔력, 활동력 등이 일본 유학생 사회에 널리 알려지기 시작했다. 친목회 활동을 통해 황에스터, 나혜석, 차경신, 정경애, 김정송 등 영향력 있는 여자 유학생들과 깊은 교유를 하게 되었고 이광수, 전영택 등 남학생들과도 유대를 갖게 되었다.

1차 대전 후 서구 자유민주주의사상이 팽배하였던 일본에서 조선 유학생들은 서구 사조와 학설을 접하고 담론할 수 있었으며 구국독립에 대한 연설과 열띤 토론도 행했다. 유학생들은 미국대통령 윌슨의 '민족자결론'이 전후 강화의 한 원칙으로 제시됨을 알게 되었다. 민족자결론은 독일 및 오스트리아 동맹국 지배하에 있던 약소민족에게 해당하는 것이었으나, 당시 식민지배를 당하고 있던 세계 약소민족들에게도 자주독립의 기회를 갖게 될 수 있다는 복음과 같았다.

■■■■ 도쿄 한복판에서 "대한독립 만세"를 외치다

1918년 12월 15일자 〈재팬 애드버타이저The Japan Advertiser〉에 게재된 '한국인들의 독립 주장'과 12월 18일자 〈동경조일신문東京朝日新聞〉에 게재된 '약소민족들, 발언권 인정을 요구'라는 기사를 통해 재미동포들의 독립운동 소식이 들려왔다. 이를 접한 일본 유학생들은 자신들이 선봉이 되어 조선민족 전체의 의사를 표시하는 거족적 독립운동을 추진해야 한다고 주장하며 실질적인 운동에 들어갔다.

그들은 1918년 12월 29일 학우회 주최 송년회와 30일 조선기독교청년회관에서의 웅변대회에서 조선의 독립 문제를 의제로 삼아 열띤 토론을 벌였고 독립을 위해 신명을 바치겠다고 결의했다. 1919년 1월 6일에도 독립사상을 고취하는 신년 웅변대회를 개최하여, 윤창석尹昌錫, 서춘徐椿, 이종근李琮根 등 연사가 차례로 등단해 독립 쟁취를 절규하는 열변을 토하여 회중의 열광적 지지를 얻었다. 독립을 주장하는 학우회 주최의 모임에 김마리아와 황에스터도 참여하였으나 주최 측에서는 남자들만의 세상인 것처럼 책상을 치며 열변을 토할 뿐 참여한 여학생들을 주목하지 않았다.

그때 황에스터가 자리를 박차고 일어나, "국가의 대사를 남자들만이 하겠다는 것입니까? 수레바퀴는 한쪽만으로는 달리지 못합니다!" 하고 소리를 높였다. 이에 감동한 남학생들은 '2·8독립선언' 준비에 여학생들과 제휴했다. 그들은 유학생 독립운동 단체로 '조선청년독립단'을 조직하고 2·8독립선언을 준비했다. 김마리아는 조선여자유학생친목회 대표로서 운동 자금 30원을 출연하는 등 적극적으로 참여했으나 〈2·8독립선언서〉에 적힌 대표 11명 중 여학생 대표 김마리아는 포함되지 못했다.

〈2·8독립선언서〉 필사본

그때 그는 역사의 주체로 살지 못하는 조선 부녀자들을 결집해 남녀평등에 기반을 둔 독립운동을 할 수 있어야 한다고 생각했다.

1919년 2월 8일 오후 2시, 약 4백여 명의 재동경조선유학생들이 흥분한 가슴에 조선 독립의 희망을 안고 동경의 조선기독교청년회관으로 모여들었다. 김마리아를 비롯하여 황에스터, 노덕신盧德信, 유영준劉英俊, 박정자朴貞子, 최제숙崔濟淑 등 여자 유학생들도 참여했다.

명주에 쓴 〈2·8독립선언서〉가 걸린 단상에서 조선청년독립단 대표 백관수白寬洙가 독립선언서를, 김도연金度演이 결의문을 낭독했다. 동시에 천지를 뒤흔들 정도의 큰소리로 "대한독립 만세!" 하고 외치는 환호

김마리아

성 속에서 결의문이 만장일치로 채택되었다. 가슴이 벅차오른 학생들은 감격에 못 이겨 통곡하기도 했다. 식을 마친 뒤 시가행진을 계획했으나 일제 경찰들의 무자비한 제지와 강제 해산, 그리고 주모자 색출로 다수 학생들이 체포되어 취조를 받았고, 그중 대표위원 열 명이 검속되어 2월 10일에 출판법 위반으로 사법 처리되었다. 이들에 대한 취조 중 김마리아가 운동자금 30원을 지원한 사실이 드러나 그 역시 경찰에 구인되어 취조를 받은 후 풀려났다.

▬▬▬▬ 거족적인 운동을 일으키기 위해
2·8독립선언문을 몸에 숨기고 귀국하다

2·8독립선언운동은 3·1만세운동의 시동 역할로서 국내외 조선 민족에게 큰 충격과 감동을 주었다. 이러한 일본 유학생들의 독립운동 상황과 제1차 세계대전 종전 후 민족자결론이 대두되는 등 세계정세의 변화상을 속히 국내에 알려 거족적인 독립운동을 일으켜야 한다고 생각한 일본 유학생계에서는 그 임무를 김마리아에게 맡겨 국내에 밀입국하여 활동하게 했다. 김마리아는 귀국 준비로 먼저 〈2·8독립선언서〉를 미농지에 베꼈다. 황에스터는 곧 귀국하는 김마리아에게 다음과 같은 당부를 하였다.

"너는 일본 유학생계 대표로서 귀국·활동하는 것이니 동경의 독립운동 상황을 조선에 자세히 알리고, 또 조선에서의 독립운동 상황을 동경으로 알려주어야 한다."

2월 17일 아침 김마리아는 일본 여인으로 변장하고 기모노를 두르는 띠 속에 선언서를 숨겼다. 그는 애국의지가 강한 요코하마여자신학교 유학생이자 모교 후배였던 차경신車敬信과 동행했다. 부산에 도착한 후에는 기차를 타고 대구를 거쳐 광주로 가는 일정이었다. 이때 김마리아는 대구에서 독립운동을 위해 상해에서 밀입국한 고모 김순애金淳愛와 큰 고모부 서병호徐炳浩를 뜻밖에 만나게 된다. 이 해후는 실로 하늘의 뜻과 같이 느껴졌다. 이들은 각기 자신들이 부여받은 활동지를 향해 발길을 옮겼다. 김마리아는 연고지 광주로 향하였고 동지 차경신은 평안도로 떠났다.

광주는 김마리아가 정신여학교를 졸업 후 언니와 함께 수피아여학교 교사로 근무하던 곳이었으며, 막내 고모부 최영욱崔泳旭이 병원을 개업하고 있는 등 개인적으로 여러모로 관련 깊은 연고지였다. 그는 도착 즉시 고모부의 병원에서 복사한 〈2·8독립선언서〉를 들고서 학교와 교회, 병원 등을 찾아다니며 독립의 기회가 왔음을 알리고 부녀자들의 적극적인 참여를 독려하고 곧 서울로 올라갔다.

2월 21일 서울에 도착한 김마리아는 먼저 모교를 찾아 루이스 교장에게 귀국 인사를 하고 곧바로 임무를 위한 활동에 돌입했고, 26일 천도교계 지도자인 보성사 사장 이종일李鐘一을 찾아가 이렇게 말했다.

"동경 유학생들의 2·8독립선언 발표 활동 상황과 함께 세계정세가 크게 변하고 있는 지금이 독립을 할 수 있는 아주 좋은 기회이니, 국내에서도 거국적인 독립운동을 전개해야 합니다."

그러자 이종일은 김마리아가 예상하지 못했던 답을 했다.

"우리들도 지난 갑인년(1914년) 이래로 암암리에 독립을 모색하여 왔고, 민중들이 일거에 일어나 일제의 10년 질곡을 부숴버리고, 압박으로

　　　　　　　　　　　　　　　　　　　　　　　　　　　　김마리아

신음하는 기운을 모두 축출해버리고자 준비를 하고 있었다."

이종일의 말에 김마리아는 국내에서도 이미 독립을 위한 거사 준비가 진행되고 있었음을 알고 무척 기뻐했다.

김마리아는 이어 독립운동 자금 마련을 위해 자신이 나고 자란 황해도로 가서 모금 활동을 했다. 그러던 중 서울에서 3·1운동이 일어났다는 사실을 접하고 급히 상경하여, 마음에 품고 있었던 항일부녀단체 조직에 착수하였다. 3월 2일 그는 이미 귀국해 있었던 황에스터, 나혜석과 함께 이화학당의 명망 있는 교사 박인덕朴仁德의 방을 찾았다. 김마리아는 항일부녀단체 조직 활동의 근거지로, 지도자급 여성 인재를 많이 배출한 이화학당을 염두에 두었던 것으로 보인다. 박인덕의 방에는 박인덕 외 이화학당 학생들인 김하르논, 박승일朴勝一, 신준려申俊勵, 손정순孫貞順과 일반 부녀자인 안숙자安淑子, 안병숙安炳淑, 안병수安炳壽 등이 모여 있었다. 환희와 긴장이 감도는 그 자리에서 김마리아는 부녀들의 독립운동 참여 방략에 대해 다음과 같이 설명하였다.

"첫째로 부인단체를 만들어 독립운동을 하고, 둘째로는 여성단체와 남성단체 사이에 긴밀한 연락을 취해야 할 것이며, 마지막으로 남성단체가 활동할 수 없게 될 때는 여성단체가 그들을 대신하여 운동을 해야 한다."

김마리아는 3·1만세운동 초동에 처음으로 지도적 부녀 인사들에게 항일부녀단체의 조직과 활동 방략에 대해 힘을 주어 설명했고, 좌중들은 감동으로 찬동하였다. 이어 회장과 임원 선출을 위해 김마리아와 황에스터, 박인덕, 나혜석 4인을 간사로 선정하고 3일의 국장을 치른 다음 날인 4일에 다시 만나 구체적인 것들을 논의하기로 하였다.

■■■■ 평생의 고통을 남겼던 일제의 고문과 옥중생활

뼈 속까지 추위가 스며드는 3월 5일 서울 장안 학생들이 대대적인 만세 시위운동을 전개하였고, 일제 경찰들은 사나운 사냥꾼처럼 시위자들을 체포했고, 교육과 종교계 민족 지도자들도 마구잡이로 잡아들였다. 다음날 정신여학교에도 일제 경찰들이 들이닥쳐 김마리아를 체포했고, 그는 조선인들이 이름만 들어도 몸서리쳤던 총독부의 경무총감부 '왜성대倭城臺'로 끌려갔다. 누구든 왜성대에 한번 들어가게 되면 살아 나오기 어려웠고, 설사 살아 돌아오더라도 거의 폐인이 되는 것이 상례였다. 죄질이 무겁다고 분류된 독립운동 지도자들은 대개 왜성대로 끌려가 심한 고문을 받으며 심문을 받았다.

당시 김마리아를 고문했던 일제 경찰은 대나무 작대기를 가지고 피가 나지 않도록 기술적으로 일정한 간격을 두고 계속 머리를 때리면서, "네 년이 똑똑하면 얼마나 똑똑한가 보자"는 등의 폭언을 하며 극악한 고문을 이어갔다. 김마리아는 이 고문으로 인하여 코와 귀에 고름이 잡히는 메스토이병에 걸려 평생을 심한 두통과 신경쇠약으로 고생했다. 3월 14일 그는 얼마나 심한 고문을 받았던지 검사국으로 호송될 수 없을 만큼 심한 혼수상태에 빠지게 되고, 총독부 경성지방법원 검사국 검사가 왜성대로 직접 출장을 나와 1, 2차 심문을 하고 보안법 위반으로 김마리아를 서대문형무소에 넘겼다.

서대문형무소에는 황에스터, 나혜석, 박인덕 등 김마리아의 동지들과 3·1만세운동을 펼쳤던 개성의 어윤희, 신관빈, 권애라, 심명철, 수원의 김향화, 천안의 유관순 등이 고난의 감옥생활을 하고 있었다. 감옥의 일상은 참으로 비참했다. 당시 형무소에서는 감옥 규율을 조금만 어겨도

심하게 구타를 하고, 다리가 퉁퉁 붓도록 무릎을 꿇렸다. 식사는 작은 주먹만한 콩밥을 주었는데 쌀알은 눈을 씻고 찾아봐도 찾기 어려울 정도이고 모래가 어적어적 씹혔다. 부식은 배추 몇 조각이 둥둥 떠 있는 소금국이 나오고, 저녁에는 짜게 저린 가느다란 생선 한 마리가 나왔다. 특히 한여름 더위에 목이 타는 듯해도 마실 물을 제대로 주지 않아 목마름을 참는 것이 무척 고통스러웠고, 변기의 역겨운 냄새며 비위생적인 환경 등은 실로 견디기 어려운 것들이었다.

이화학당 선교사들의 보석금 지급으로 김마리아, 박인덕 외 일부 인사들은 4개월 18일간의 옥고를 치르고 7월 24일 가석방되어 8월 4일에 면소처분을 받았다.

■■■■ 조국 광복에 여성의 힘을 더하기 위해
대한민국애국부인회를 조직하다

김마리아가 감옥에 있는 동안 국내외 독립운동계는 상당히 활발하게 움직이고 있었다. 우리나라 최초의 민주공화국인 대한민국임시정부가 1919년 4월에 중국 상해에 수립되자, 국민들은 새 공화정부를 지원하고자 국내외에서 다수의 독립운동 단체들을 조직해 활동하였으며 부녀자들도 단체를 조직하여 활동하였다.

국내에서 활동한 첫 여성단체로는 1919년 3월 중순 정신여학교 출신의 현직 교사와 간호사들이 조직한 '혈성단애국부인회'가 있으며, 4월 중순경 임시정부 요원 임창준林昌俊 등의 시노도 소식된 '대소선녹립애국부인회'가 있다. 이 두 단체는 6월 상순경 활동 내용이 같다 하여 하나로 통합해 조직을 정비하고 강화하였다. 통합과정에서 중요한 직책은 혈성단애국부인회측이 주로 담당하였으며, 평양과 부산을 비롯해 10여 곳에 지부를 설치하는 등 세력을 확대하였으나 활동은 미미하였다.

조국의 독립 성취가 장기화되자 독립운동에서 손을 떼는 자가 늘어났는데 대한민국애국부인회에 가담했던 오현주吳玄州의 남편 강낙원姜樂園이 바로 그런 류의 인물이었다. 상해 등지에서 독립운동을 하던 강낙원이 9월 16일 귀국하여 아내에게 독립운동에서 빨리 손을 떼고 다시는 관여하지 말라고 강력히 제지했다. 오현주는 남편의 뜻을 따라 애국부인회 활동을 멀리하였고 애국부인회 활동은 자연히 침체하고 말았다.

출감한 후 김마리아는 세브란스 병원에 잠시 입원하였다가 퇴원하여 모교로 돌아가 부교장 천미례 선교사의 집 2층에서 기거하였다. 김마리아는 교단에서 학생들을 가르치면서도 자신이 계획하고 주장했던 항일여성단체의 조직과 활동을 실행하고자 했다. 그는 이정숙, 장선희 등을 통하여 애국부인회 활동이 지지부진하다는 사실을 들었다. 독립의 목적을 달성하기 위해서 여성들의 노력이 있어야 한다고 확신했던 김마리아는 새로이 애국부인회를 조직하고자, 9월 19일 자신의 숙소에 동지들을 모이게 하였다. 여성계의 대표 열여섯 명은 김마리아와 황에스터의 출옥을 위로하기 위한 다과회의 명목으로 모였다. 모인 사람들은 이화학당 출신이었던 황에스터를 제하고 대개 정신여학교 출신이었다.

이날, 모임은 오전 10시부터 오후 5시까지 장장 7시간에 걸쳐 진행되었으며 강력한 지도력을 가진 김마리아에 의하여 다시 '대한민국애국부인회'가 새로 태어났다. 김마리아는 종전의 애국부인회는 조선의 일부 지역 사람들만이 조직되어 활동한 것에 불과했으나, 이번에는 조선 각도

김마리아

에 지부를 설치하고 널리 회원을 모집하여, 전국 부녀자들이 남자들처럼 혁혁한 독립운동을 해야 한다고 강하게 말했다. 같은 날 모인 사람들은 김마리아를 회장 자리에 선임한 후 조직을 재구성하고 임원들을 새로 선출하였다.

그리고 그들은 서로의 임무를 분장하였다. 애국부인회의 활동 목적과 정신을 밝히는 취지문은 김마리아 자신이 직접 작성하고, 각 임원의 임무와 회의 규칙에 대해 명시한 본부 및 지부 규칙은 이혜경, 황에스터와 함께 맡아 같이 작성하였다.

당시 김마리아가 직접 작성한 취지문에는 그의 독립정신이 가장 잘 반영되어 있다. 취지문 전문은 다음과 같다.

고어古語에 이르기를, 나라를 내 집같이 사랑하라 하였으니 가족의 집이지만 가족 중 한 사람이라도 제 집을 사랑하지 않으면 그 집이 성립하지 못하고, 나라는 국민의 나라이라 국민 중에 한 사람이라도 나라를 사랑하지 아니하면 그 나라를 보존치 못할 것은 우부愚夫, 우부愚婦라도 밝히 알리로다. 개인이 집을 잃어도 이웃집의 수모가 막심하거든 민족이 제 나라를 잃으면 이웃 나라로부터의 수욕受辱이 어떠하리오.

슬프다. 나라의 귀함과 민력의 간난艱難을 만나 간적姦賊과 강린强隣이 내외로 핍박하는 시기에 재在하여 신세계, 신기원을 만들 방침이 어느 곳에 있느냐 할 것 같으면 사람들이 모두 말하기를 애국이라 하나니 과연 옳도다. 그러나 자강력自强力을 기르지 못하고 의뢰심을 가지고 앉아서 말만 할 것 같으면 무슨 공으로 이룰까. 어떤 방침으로 나라를 사랑하든지 시초에 고심 노력하여야 필경에 태평 안락할 것은 자연한 이치어니와 차此에 위반하여 언론과 행실이 부동不同하면 그 목적의 열매를 어떻게 맺으리오. 대저 인민의 근심은 사랑이 독실치 못한 데 있고 약한 데 있지 아니하니 사랑의 도는 극난하도다. 그 정성이 지극치 못하면 첫째 불가요, 그 국체國體가 견고치 못함이 둘째 불가요, 그 행함이 진중치 못하면 셋째 불가요, 그 말함이 신실치 못하면 넷째 불가요. 그 회會함에 단합치 못하면 다섯째 불가이라. 이 다섯 가지 근심이 있으면 사랑의 도가 미진未盡하리니 어느 여가에 다시 나라 약함을 근심하리오. 의사가 기술이 정교하지 못함은 근심하지 아니하고 병의 위중함만 근심하면 실로 용렬한 의사이며, 장수가 모략謀略에 부족함은 근심하지 아니하고 적의 강성함만 (논함은) 우매한 장수라. 애국하는 인민도 나라의 미약靡弱만 근심하고 사랑의 독실치 못함은 근심하지 아니하면 그 흐르는 폐가 멸滅에 이르리니 이와 같이 고유한 의무와 막대한 책임을 잃은 인민이 어느 땅에 설 수 있겠는가.

오호라. 우리 부인도 국민 중의 일 분자로 본 회가 설립된 지 수년 이래로 적의 압박을 입어 어떠한 곤란과 어떠한 위험을 무릅쓰고 은근히 단체를 이루며 비밀히 규모를 지켜 장래의 국가 성립을 준비하다가 독립국 곤란 중에 부인도 십十에 이二가 참가하여 세계의 공안公眼을 놀라게 하였으나 이것에 만족함이 아니요. 국권과 인권을 회복하기로 표준 삼고 전진하며 후퇴하지 아니하니 국민성 있는 부인은 용기를 함께 분거奮擧하여 이상을 상통相通할 목적으로 단합을 위주 하여 일제히 찬동하심을 천만 위망爲望하나이다.

대한민국애국부인회 아룀. 대한민국 원년 9월 20일

─유무식을 물론하고 빈부귀천 차별 없이 이기심을 다 버리고 국권확장

김마리아

네 글자만 굳건하온 목적 삼고 성공할 줄 확신하며 장애물을 개의 말고 더욱 더욱 진력하며 일심 합력하옵시다.

위의 취지문은 애국부인회 활동을 시작하고 한 달여가 지난 11월 1일부로 대한민국 임시정부의 대통령 이승만에게 군자금 2천 원과 함께 '대한민국애국부인회 회장 김근포金權圃' 명의로 송부했다.

대한민국애국부인회 본부 규칙을 보면 민주적 조직성이 잘 나타나 있다. 본부 규칙 제2조의 '본 회의 목적을 대한민국 국헌國憲을 확장하는 데 두고 있다'와 지부 규칙 제2조에 '대한민국에 의무를 다함에 있다'라 한 것은 민주국가 국민으로서의 권리와 의무를 지녀야 하는 부녀자들의 독립운동정신을 분명하게 나타내고 있는 것이다. 김마리아에게 있어 대한민국 임시정부의 민주주의 평등 이념은 항일 민족독립운동을 활성화시키는 기본 요소였다. 또한 규칙의 세칙에 의하면 애국부인회는 철저한 비밀 단체이며, 비밀 활동의 총 책임은 회장이 전적으로 진다고 되어 있다. 이렇게 작성된 원고를 서기인 김영순에게 건네고 본부 규칙 15매, 지부 규칙 20매, 취지문 20여 매를 인쇄해 보관하도록 하였다.

이와 같이 뚜렷한 목적의식을 가진 명민한 지도자 김마리아를 중심으로 결속된 대한민국애국부인회는 눈부신 활동과 놀라운 성과를 거두어 갔다. 애국부인회에 대한 신뢰가 커지면서 지원활동에 동참하는 애국 부녀자들의 수가 날로 늘어나 활동을 시작한 지 한 달여 만에 전국에 무려 2천여 명의 회원이 참여하였고, 하와이와 간도에까지 지부가 설치되었다. 실제 본부와 국내외 각 지부에서 모금된 6천 원이라는 거액의 군자금을 상해 임시정부에 송부하기도 하였다. 새로 출발한 대한민국애국부인회는 항일 독립전쟁에 부녀자들 역시 평등한 국민으로서 적극 참여하겠다는 뜨거운 애국정신과 태도를 가지고 임했다.

규칙에 적십자부와 결사부를 신설해 일본과의 전쟁에 대한 부녀자들의 각오를 나타내기도 하였다. 종래 군자금 수합에 머물렀던 여성독립운동 활동에서 벗어나 남성과 평등하게 조국 독립전쟁에까지도 적극 참여하겠다는 의지를 표명했던 것이다. 일본과의 독립 전쟁 준비를 위해 해외 독립운동 기지에 군관학교를 설립하고, 대한적십자회를 조직하여 간호원을 대거 양성하였다.

적십자회의 정신과 취지에 따라 서울에 적십자회 총지부를 두고, 신성한 독립전쟁에 참여할 동지를 전국에서 규합하였다. 적십자회 총지부의 조직은 각 도에 지부를 두고 학교나 직장 단위로 회원과 그 대표자를 두었는데, 여기에 참여한 중심인물은 대한청년외교단원과 대한민국애국부인회 회원들이었다. 일본 고등경찰에서 집계한 적십자회 관계자 77명 중 45명이 애국부인회의 임원과 회원이었다.

김마리아의 독립운동 정신과 그 방략은 오직 '애국'이었고, 민중이 행하여야 할 애국 독립의 정신과 행동을 다음 다섯 가지로 정리하였다.

첫째는 나라 사랑의 독실함과 정성의 지극함.
둘째는 국체의 공고함.
셋째는 진중한 행함.
넷째는 신실하게 말함.
다섯째는 단합.

김마리아

그는 나라를 사랑하는 민중만이 국권과 인권을 회복할 수 있으며, 이를 위하여 여성들도 단합하여 전진하여야 한다고 주장했다. 독립 성취에 대한 김마리아의 확고부동한 이념은 애국부인회 운동에 참여한 임원과 회원들에게 솟구치는 용기와 확신을 갖게 했다.

■■■■■ "나는 일본의 연호를 배운 바도 없고 알고 싶지도 않은 사람이오."

애국부인회의 활동이 활발히 진행되던 11월 말경, 대한민국애국부인회에 대한 대검거 선풍이 일어났다. 일제 사찰기관이 애국부인회 활동의 정보를 입수하게 된 것은 오현주를 통해서였다. 오현주는 11월 7일 저녁 경상북도 경찰국 제3부의 형사인 유근수를 상해 임시정부의 밀사라고 속이고, 김마리아와 재무부장 장선희를 자신의 집으로 인도하였다. 제3부란 독립운동가와 같은 사상범을 다루는 경찰 부서였다. 유근수는 오현주 남편 강낙원의 YMCA 격검 선생이었다. 강낙원은 독립운동에서 손을 떼고 귀국한 후, 일제 경찰의 박해를 모면하고자 애국부인회의 비밀 활동을 형사 유근수에게 밀고했던 것이다.

그리고 겨울에 접어든 1919년 11월 28일, 김마리아가 교실에서 수업을 하고 있을 때 종로경찰서 형사들이 왔으니 직원실로 곧 오라는 전갈을 받았다. 애국부인회 임원들인 교사 김영순, 신의경, 장선희 등도 교무실에 불려와 함께 종로경찰서로 연행되었다. 이후 저녁 무렵 다시 본정本町(지금의 충무로) 경찰서로 압송되었는데 그곳에 황에스터, 이성숙 외 나수의 애국부인회의 핵심간부와 회원들이 붙잡혀 와있었다. 이들은 밤기차로 대구경찰서 제3부로에 압송되었다. 당시 대한민국애국부인회 검거에 대한 경상북도 도지사 보고는 다음과 같았다.

본년 4월 이후 경성을 중심으로 각지의 예수교도로서 조직한 대한애국부인회(별명 대한독립애국부인회)라는 불온단체가 있음을 경상북도 제3부에서 탐지한 이래 수사 속행 중인 바, 이번에 유력한 증거품을 입수하고 또한 그 관계도 대략 판명함에 이르렀기 때문에 11월 28일 관계된 각 도 제3부와 연락을 하여 일제 검거에 착수했으며, 또한 속행 중이다. 그 개황은 다음과 같으며 추가로 상세히 후보後報하고자 한다.

그리고 그 보고 내용에는 '범죄의 개요'라는 제목으로 애국부인회의 활동 상황을 다음과 같이 적었다.

1) 본 회는 본년 4월 설립 이래 소위 상해가정부 및 재외 불령不逞 선인과 기맥을 통하여 경성에 본부를 각도 추요지樞要地에 지부를 설치하고 독립사상의 선전 불온문서의 배포 회원모집 및 독립운동자금의 모집 등에 종사하였다.
2) 회원은 각지를 통하여 백 수십 명이 있어서 입회금이라 하여 금원金員을 갹출케 한 것이 56명에 미치고, 그 금액은 1천 174원에 달한다. 또한 동 회의 자금 중에서 약 6천 원을 독립운동 자금이라 하여 소위 상해 가정부에 제공한 사실이 있다.

일제는 여성독립운동이 전국적인 조직으로 활동한 데 대하여 놀라움을 금치 못하였다. 경상북도 경찰국 제3부에는 이미 유인경 외 여덟 명 내외의 지방 지부장들이 잡혀 와 있었으며 원산과 북간도, 제주도에서도 애국부인회 회원들이 체포되어 와 있었다. 체포되어 연행된 애국부인회 관련자는 무려 52명이었다.

그중 첫 심문자는 오현주였으며 그는 이미 경찰국에 일체의 증거물을 넘긴 터라 자수조서를 쓰고 증인이 될 것을 약속하고 곧 석방되었다. 그리고 10여 일 후부터, 애국부인회 회원들이 하나씩 끌려 나가 본격적인 심문을 받았다. 자료를 확보한 경찰 측은 심문에 순순히 응하지 않으면 심한 고문을 가했다. 황에스터는 훗날 자신의 전기문에서 자신은 심문을 받을 때 선선히 시인을 하여 고문을 당하지 않았지만, 김마리아는 회장이었기 때문에 자료에 없는 숨겨진 전모를 더 분명하게 캐내기 위해서 일제 경찰이 악랄한 고문을 가하였다고 밝혔다. 그 고문은 참으로 끔찍했음이 다음의 글에 잘 나타나 있다.

마리아를 끌어다 취조실에 앉힌 놈들은 마리아의 두 무릎 사이에 굵은 장작개비를 넣었다. 그리고 수갑을 채운 두 팔 사이에는 쪼개진 대나무를 끼운 뒤 빨래 짜듯이 비틀어댔다. 그러나 마리아는 한 마디의 대꾸도 하지 않았다. 터져 나오는 신음 소리를 삼키며 혹독한 고통을 참았다. 그러자 놈들은 다시 악형을 가중시켜 왔다. 그것은 코에 고무호스를 끼우고 물을 넣는 수법이었다. …(중략)… 침묵으로 일관하는 마리아에게 그들은 무자비한 구둣발로 굵은 나무토막을 끼고 앉은 마리아를 걷어차는 것이었다. 앞으로 고꾸라지는 마리아의 얼굴과 입에서 피가 흘러내렸다. …(중략)… 고통에 못 이겨 실신해 늘어진 마리아를 가운데 놓고 놈들은 야만스러운

1920년 6월 7일자 〈동아일보〉에 실린 대한민국애국부인회 공판 기사문

김마리아

미소를 입가에 흘리며 수군거렸다. 그리고 죽은 듯 쓰러져 있는 그녀의 머리채를 휘어잡고 질질 끌어다가 그때부터는 독방에 집어넣었다.

당시 일제 경찰은 극심한 육체적 학대와 더불어 정신을 황폐화시키는 성고문도 감행하였다. 김마리아는 감옥에서는 메스토이병이 더욱 악화되어 신열이 높아져 몸이 불덩이 같았고 사지가 뒤틀렸다. 그는 얼음장과 같은 독방에서 음식도 들지 못한 채 그저 신음만 희미하게 내뱉을 뿐이었다. 김마리아의 당시 참혹한 투옥생활은 1920년 5월 24일자 〈동아일보〉에 '철창에 병중한 김마리아'라는 제목의 기사문을 통해 전해졌다.

왜성대에서 김마리아를 심문하였던 검사 가와무라가 대한민국애국부인회 사건도 자신이 담당하겠다고 자원하여 서울에서 대구로 부임해왔다. 가와무라는 대구경찰서 제3부가 확보한 애국부인회의 인장과 취지서와 규칙 등 각종 비밀 서류들과 지하실 땅 속에 묻어 두었던 등사판과 옛날 회원 명부 등의 증거물을 제시하면서 심문을 하였다. 붙잡혀 심문을 당한 임원과 회원 52명 중 43명은 증거불충분으로 불기소 방면되고, 핵심간부인 김마리아와 장선희, 황에스터를 포함한 9명은 대구지방법원 검사국의 기소로 예심에 붙여져 대구형무소에 송청되어 검사의 심문을 받아야 했다.

김마리아는 상한 몸으로 심문을 받기 위해 검사국 제1실에 끌려갔다. 그리고 그는 왜성대에서 자신을 심문하였던 검사 가와무라를 보고 깜짝 놀라 심장이 멎고 온몸의 피가 역류하는 듯했다. 김마리아를 본 가와무라는 "에이, 旹찍한 것. 지난번 그렇게 고문을 당하고도 정신을 못 차렸어!" 하고 버럭 소리를 지른 후 바로 심문을 시작하였다.

"이름은?"

"김마리아요."

"생년월일은?"

"서력 1892년 6월 18일이오."

"피고는 어째서 대일본제국의 연호를 쓰지 않고 서력 연호를 쓰는가?"

"나는 일본 연호를 배운 바도 없고 알고 싶지도 않은 사람이오."

여전히 굳건한 자주독립정신으로 일제에 항거하는 김마리아를 보고 가와무라는 분노가 치솟았다. 그는 구둣발을 쾅쾅 구르고 소리치며 다시 심문을 계속하였다.

"애국부인회는 무엇을 위한 단체인가? 그리고 목적이 무엇인가?"

"인격수양과 여성교육을 보급하는 것이 취지일 뿐 다른 목적은 없소."

가와무라는 각종 증거물을 확보하고 있었기 때문에 김마리아의 대답이 모두 거짓말이라며 사실을 말하라고 심하게 윽박질렀다. 김마리아는 여성독립운동이라는 사실을 감추고 끝까지 여성교육이 목적이라고 주장하였고, 가와무라는 끝내 김마리아를 꺾지 못했다.

김마리아는 병이 위중하여 거의 산송장과 같은 상태로 도저히 감옥생활을 더 지속할 수 없는 지경이 되었다. 병세가 더욱더 악화되자 김마리아의 언니 함라와 미렴이 병보석을 신청하였으나 받아들여지지 않았다. 1920년 5월 22일 정신여학교 부교장과 대구에서 선교활동을 하는 블레어W. N. Blair 목사의 노력으로 마침내 김마리아의 병보석이 허가되었다. 담당 검사는 블레어 목사에게 보석인들의 신병을 잘 감시하도록 당부하고 외부인과는 일체 접촉하지 말 것이며 만일 그런 일이 발각되면 즉시로 보석을 해제하겠다고 하였다.

김마리아

1922년 대구형무소에서 나온 대한민국애국부인회 간부들
(앞줄 오른쪽부터 시계방향으로 김영순 황에스터 이혜경 신의경 장선희 이정숙)

보석중인 6월 29일에 제1심 판결언도에서 김마리아와 황에스터는 징역 3년, 이정숙, 장선희, 김영순은 징역 2년, 유인경, 이혜경, 신의경, 백신영은 징역 1년에 처해졌다. 이들은 대구복심법원에 공소하였고 12월 27일 복심법원에서도 1심과 같은 형량으로 판결을 하자 다른 동지들은 그 판결을 받아들이고 형무소 생활에 들어갔다. 그러나 김마리아는 계속 공소를 하면서 판결에 불복하였다. 1921년 6월 20일 경성고등법원에 상고한 최종 판결에서 상고가 기각되었다.

■■■■■■ **대한민국 임시정부는 항일독립운동의 정신이다**

상고가 기각된 김마리아는 1921년 6월 29일 오후 4시에 병원을 나와 30일 새벽 1시에 서울을 출발, 인천으로 가서 중국행 배를 타고 7월 21일에 위해위衛海衛에 도착하여 망명에 성공하였다. 그러나 모험적

인 탈출과 2주에 걸친 항해로 탈진한 김마리아는 망명 목적지인 상해에
는 7월 말경에야 도착했다. 당시 그의 몸에는 비상악골 염증으로 인한
심한 두통에 심장병까지 덮쳐 3~4개월 동안 병원에서 입원 치료를 받아
야 했다. 그리고 그해 11월 25일이 되어서야 상해 애국부인회가 주최하
는 독립운동의 영웅 김마리아 환영회에 참석할 수 있었다. 김마리아는
이후 건강이 다소 회복되자 곧 남경의 금릉대학에 입학하여 중국어를 공
부했다. 교육을 통해 민력을 키워야 한다는 실력양성론이 평소 그가 주
장하는 국권회복론이었다. 망명한 이듬해인 1922년 2월 18일 그는 황해
도 의원에 선임됐으나 남경에 남아 학업에 열중하였다.

　김마리아가 상해로 망명했을 당시의 독립운동계는 분열과 갈등이 심
하였다. 임시정부를 적극 반대하는 창조파와 임시정부의 권위를 인정하
면서 개혁을 하자는 개조파 간의 분열과 갈등이 극심하여, 이를 해결하
고자 1922년 5월 10일에 국민대표회 준비위원회가 결성되었으나 실행
이 부진하였다. 그리고 약 반 년이 지난 1923년 1월 31일에야 비로소 개
회되어 5개월간 국민대표회의가 진행되었다. 그러나 임시정부를 지지하
는 개조파와 없애자는 창조파 간의 뜨거운 논쟁은 끝내 합의안을 끌어내
지 못한 채 분열의 골만 깊어진 채로 돌아섰다.

　국민대표회의에 자못 큰 기대를 가졌던 김마리아는 대한민국애국부
인회의 대표자격으로 참여하여, 수백 명의 국민대표자들 앞에서 뜨거운
개막연설을 하였고, 회의가 열린 지 36일째가 되는 날인 3월 8일에는 시
국문제에 대한 자신의 의견을 다음과 같이 피력하였다.

　　… 국내의 일반 인민은 상해에서 정부가 수립되었다는 말을 듣고 소수인

의 조직이거나 인물의 선불선을 불문하고 다 기뻐하여 금전도 아끼지 않고 적의 악형도 무서워하지 않았다. 설여 외지에서 정부를 반대하던 자라도 국내로 들어가 금전을 모집할 때에는 다 정부의 이름을 파는 것 보아도 국내 동포는 정부를 믿는 증거이다. 정부를 안 팔면 밥도 못 얻어먹는다. 적이 가끔 정부 몰락을 선전하여도 인민은 안 믿는다. 소수로 됨은 극명시에 불가면의 사요 인물은 변경할 수도 있다. 수만의 유혈로 성립되어 다수 인민이 복종하고 5년의 역사를 가진 정부를 만일 말살하면 소수는 만족할지 모르나 대다수는 슬퍼하고 외인은 의혹하겠다. 잘못된 것 있으면 개조하자.

대한민국임시정부는 수만 명의 유혈로 성립되었고 다수의 국민이 믿고 따르는 정부이므로 잘못된 것은 개조하여, 임시정부를 중심으로 통일된 독립운동을 해야 한다는 것이 김마리아의 기본적 주장이었다. 그는 항일독립운동의 역사적 정통성은 상해의 임시정부에 있어야 함을 거듭 피력하고, 대다수 국민의 의사는 정부 개조에 있다는 자신의 신념을 국민대표자들에게 끝까지 설득하고자 했으나 국민대표회의는 5개월의 난상토론 끝에 결렬되고 말았다. 그러나 김마리아는 국민대표회의의 결렬에 대하여 회의하거나 비판하지 않았다. 어느 쪽 주장이든 그것은 모두가 나라와 민족을 위한 노력이요, 활동이라고 평가하였다. 김마리아의 독립론은 국민 개개인이 자신이 처한 자리에서 나라의 장래를 위하여 최선을 다하는 것이었으므로, 3·1만세운동도 결코 실패로 보지 않고 그것의 민족사적 의미가 있음을 주장했으며 국민대표회의 결렬도 민족 독립의 희망적인 한 과정으로 보았다.

일평생 자신의 독립 사상을 몸소 실천했던 김마리아

국민대표회가 결렬되고 1923년 6월에 상해를 떠난 김마리아는 한 달 후인 7월 12일 샌프란시스코에 도착하여 제2의 망명생활을 시작하였다. 미주의 교포들은 독립운동의 영웅 김마리아를 통하여 조국 독립의 희망찬 메시지를 듣고자 했다. 아직 건강이 미처 회복되지 못하였으나 그는 그들의 갈망을 사양할 수가 없었다. 7월 22일 김마리아는 샌프란시스코의 대한애국부인단이 개최하는 환영회에 처음으로 참석하여 연설을 하였다. 그는 자기 일을 충실히 하는 것이 독립운동이므로 독립할 때까지 쉬지 말고 더 열심히 일해 달라고 말하고 연설 말미에 "실력을 양성하라!"라고 외쳤다. 그날 그의 연설은 참석인들을 감동시켰다.

7월 25일 저녁, 새크라멘토 50여 명의 교포들이 베푸는 환영회에서도 '3·1만세운동으로 독립을 성취하지는 못했으나, 이 운동은 나라의 독립에 있어 하나의 기회가 되었다'는 긍정론을 피력하고, 이곳에서도 마찬가지로 '독립운동이란 각기 맡은 바 일을 열심히 하면서 꾸준히 실력 양성을 해가는 것이 가장 중요하다'고 전했다. 7월 28일 다뉴브에서 열린 환영 연설에서는 국민대표회의 결렬에 대하여 비판을 하기보다는 모든 대표들이 단합을 위한 공부를 하였으니 오히려 큰 소득이며, 독립을 위해서는 무엇보다 인재와 경제력이 있어야 한다는 연설을 하여 교포들로부터 큰 박수를 받았다. 이후 8월 5일 다뉴브 대한여자애국단 주최의 환영 연설에서도 3·1만세운동의 가치를 높이 평가하였다.

김마리아는 모든 광복운동은 독립 성취의 길로 매진하는 역사적 의미가 있음을 강조하고 독립운동의 절대 요건은 인재와 경제력에 있다고 주장했다. 그의 독립 사상은 철저한 민족단결과 실력양성을 토대로 하는 것이었다. 그에게는 현실적으로 긍정적인 결과를 성취하지 못한 독립활동조차 독립을 지향하기 위하여 독립의 실력을 쌓는 값진 경험이었기에, 어떠한 경우의 독립 활동도 중단되거나 포기될 수 없는 것이었다. 그렇게 김마리아는 본인의 삶에서 그 신념을 실천하여, 어떤 역경에서도 지칠 줄 모르는 영원한 독립운동가로 살며 활동했다.

이후 김마리아는 미국에서 10여 년을 지내면서 실력양성을 몸소 실천했다. 미국에 있었던 시간의 대부분을 파크Park 대학을 비롯한 다섯 개 대학에서 수학하며 지도자로서의 실력을 키워갔다. 전문 교육지도자를 꿈꾸며 뉴욕 콜럼비아대 대학원에서 공부했던 시간은 김마리아에게 있어 무척 값진 시간이었다. 그는 당시 농촌교육과 인종문제, 특히 흑인에 대한 사회적 보장과 흑인 교육지도자의 훈련 양성 등에 권위 있는 마벨 카니Mabel Carney 교수와 이중언어 교육문제로 저명한 레스터 윌슨Lestor M. Wilson 교수의 수업을 들었는데, 그들의 강의를 통해 일제의 차별과 학대 속에 방치되다시피 한 조국의 현실을 타개하기 위한 구체적이고 완성도 높은 독립국을 지향하는 교육 방략을 배웠다.

1927년 말 시카고에서 뉴욕으로 간 김마리아는 그곳에서 뜻밖에도 황에스터와 옛 동지들을 만나게 된다. 9월 학기가 시작되기까지에는 약 8개월의 여유가 있었다. 이 시간을 헛되이 보낼 수 없다고 생각한 김마리아는 옛 동지를 규합하여 1928년 1월 1일 '근화회槿花會'를 조직하여 조국 광복을 위한 또 하나의 의지를 불태웠다. 근화회 조직의 목적은 민족적 정신을 고취하며 대동단결을 도모하고 교육과 실업을 장려하며 본국의 사정을 외국 사람들에게 널리 소개하여 건국대업에 원조함에 있었다. 이러한 목적에는 김마리아의 독립정신인 단결론과 실력양성론이 바

마르다 윌슨 여자신학교 교직원 일동과 김마리아(첫째 줄 맨 왼쪽)

탕이 되어 있었고, 목적 달성을 위하여 실업부, 교육부, 사교부와 같은 세 부서를 두어 광복 사업을 체계적으로 추진하기로 도모하였다.

근화회 발회식은 2월 12일에 뉴욕 한인교회당에서 거행하였으며, 식장에는 태극기와 근화회기를 걸고 벽 위에 무궁화 꽃송이로 장식하여 화려하면서도 장엄한 분위기를 이루었다. 참석자 일동의 애국가로 개회를 하자 김마리아는 그 감회를 이루 표현할 수가 없었다. 근화회의 취지는 민족을 사랑하는 마음을 더욱 길러보려는 데 있었다.

김마리아의 법적 시효 만료는 1931년 5월이었으며, 꿈에도 잊지 못하던 조국강산을 다시 밟은 것은 1932년 7월이었다. 일제 관헌 측에서는 김마리아가 서울에 머물러 활동하지 못하게 하였으며 오직 성경 강의와 종교 활동만 허했다. 이에 그는 원산에 있는 마르다윌슨여자신학교 교수로 봉직하면서 다니엘서와 요한계시록을 강의하고 제자들에게 조국 광복의 희망을 불어넣어 주었다. 한편으로는 장로교여전도회 회장직을 수행하면서 일제의 신사참배 강요를 끝까지 뿌리쳤다. 김마리아의 강

김마리아

인한 민족정신은 일제의 무자비한 탄압으로도 꺾이지 않았다. 그리고 그는 고문의 후유증인 극심한 두통으로 신음하다가 조국광복을 눈앞에 둔 1944년 3월 13일 새벽, 53세를 일기로 평양 기독병원에서 운명하였다.

김마리아는 민족 간, 국가 간 평등, 그리고 남녀평등의 이념을 토대로, 개인의 실력 양성을 독립운동의 최고 가치이자 목표로 삼고 직접 본보기로 그 가치를 실천하며 평생을 항일독립투쟁에 투신하였다. 한국의 잔다르크라 불렸던 김마리아. 그는 신념과 행동을 겸비한 독립운동가로서 국내외 독립운동가들에게 큰 신뢰를 받고 감동을 주었던 인물이었다.

권기옥

1901~1988

하늘에서 독립을 향해
날개를 뻗다

나이도, 성별도, 죽음도 권기옥에게 장벽이 되지 않았다.
항일투쟁은 그에게 '무조건'이었던 것이다.
하지만 그것은 현실적으로 쉽지 않은 일이었다.
그래서 그는 하늘을 택했다.
하늘에서 일제를 향해 독립의 날개를 펼친
최초의 여성비행사 권기옥을 기억해본다.

폭탄을 안고서 비행기를 몰고 일본으로 날아가리라

(일제의) 충칭 폭격이 더욱 심해진 하루는 아침부터 저녁까지 방공호에서 지냈다. 우리 임시정부도 충칭을 떠날 때까지 네 번 옮겨 다녔으니 그 고해파란苦海波瀾은 영원히 잊을 수 없다. 제1차는 양류가, 제2차는 석판가, 제3차는 오사야항, 제4차는 연화지에서 보냈다. 그날 충칭에서는 수많은 사람들이 폭사했다. 관청 보도는 4백여 명이라 하고, 시민의 말로는 8백 명이라 하여 내가 직접 가서 보았다. 옛 서적에서 시체가 산처럼 쌓였다는 구절이 있어 분인의 글재수로 알았는데, 그날 방공호에 산재한 시체를 보니 그 말을 이해할 수 있을 것 같았다. 참혹한 일은 살아 있는 사람들이 저

마다 가족들의 시체를 찾아 통곡하는 일이었다. 차마 눈뜨고 볼 수 없는 지경이었다.

—《백범일지》가운데에서

1939년 5월 4일 일본군의 무차별 폭격이 이뤄졌던 충칭重慶 대공습의 당시 상황을 김구의 《백범일지》를 통해 간접적으로나마 알 수 있다. 충칭은 대한민국임시정부(이하 임시정부)가 중국 땅에서 27년간의 떠돌이 생활을 마치고 마지막으로 정착한 곳일뿐더러 1945년 8월 15일 광복을 맞이한 감격의 땅이다. 나라를 잃은 수많은 독립지사들은 조국의 독립을 포기할 수 없어 중국 땅을 밟았고, 반기는 이 없는 망명지에서 애오라지 독립을 위해 맨손으로 하나하나 일구어 나갔다. 그들이 피땀 흘려 만들어낸 충칭 연화지 임시정부 청사를 가본 대한민국 사람이라면 누구라도 가슴이 뭉클해지지 않을 수 없을 것이다.

독립운동사에 큰 흐름을 이루었던 중국 땅에 한국 최초의 여성비행사 권기옥이 있었다. '비행기 타는 공부를 하여 폭탄을 안고 일본으로 날아가리라'는 굳은 의지로 상해 땅을 밟은 당찬 스무 살 처녀 권기옥은 1949년 서울로 귀환하기까지 약 30년 가까이 중국에서 살았다. 그가 중국으로 갔을 당시, 3·1만세운동에 앞장선 전력으로 일제의 고등경찰들은 권기옥을 체포하기 위해 호시탐탐 기회를 노리고 있었으며, 급파된 밀정에 의해 바로 코앞에서 붙잡혀 쥐도 새도 모르게 처단될 뻔한 상황이 부지기수였다. 험난한 시간을 용케도 살아낸 김구가 목격했던 불바다이자 피바다가 되어버린 중국 땅에서도 그는 의연히 살아남았다. 훗날 한 언론과의 대담에서 권기옥이 한 말에 그 저력의 배경을 알 수 있다.

권기옥

"근래에 내가 한국 최초의 여자비행사라고 사람들의 화제에 자주 오르는 것 같아요. 허나 내가 비행기를 탄 것은 무슨 '최초'가 되기 위한 사치스런 욕심에서가 아니었소. 오로지 나라를 되찾겠다는 일편단심으로 내 청춘과 열정을 바친 것이오."

인간 권기옥에 대한 찬사가 '최초의 여류 비행사'에만 맞춰지면 안 되는 까닭이 여기에 있다. 그 자신이 직접 밝힌 바와 같이 권기옥은 '최초' 혹은 '비행사'라는 것을 우선했던 것이 아니라, 그것은 모두 조국 독립을 위한 수단이었을 뿐이었기에 그가 조국 독립을 위해 일생 전부를 걸었던 열정과 희생, 헌신이 겉으로 보이기에 좋은 수식어에 가려져서는 안 될 것이다. 나라사랑을 말하는 이가 많아도 실제 적진에 비행기를 몰고 돌진할 자 몇이나 있을까를 생각하면 더욱 그렇다.

1977년 애국지사 권기옥의 남다른 공적에 대해 국가는 독립장으로 보답했다. 독립장의 훈격은 건국훈장 가운데 대한민국장, 대통령장, 독립장, 애국장, 애족장 순으로 매겨지고 있는데 독립장을 받은 여성은 유관순(1962년), 김마리아(1962년), 방순희(1962년)에 이어 권기옥이 그 뒤를 잇고 있다. 국가보훈처가 권기옥의 대표 공적으로 꼽은 것을 보면 1919년 평양 만세시위운동, 1920년 상해 임시정부 활동, 1925년 운남육군항공학교에서 비행사 자격 취득 후 중국군에서 독립운동을 지원한 일 그리고 1943년 한국애국부인회 사교부장으로 활약한 일 등이 있다. 이밖에도 다채로운 독립운동을 펼쳤던 그의 삶을 다시 꺼내어본다.

■■■■■ 어린 마음이었지만 항일투쟁에는 무조건이었다

1901년 1월 11일 평안남도 중화군 설매리에서 아버지 권돈각 權敦표과 어머니 장문명張文明의 1남 4녀 가운데 둘째 딸로 태어난 권기 옥의 어린 시절 이름은 '갈례'였다. 이는 당시 아들을 선호하는 전통사 회에서 딸만 내리 낳고 보니 권기옥의 출생이 그리 반갑지만은 않았던 아버지 권돈각이 농담 반 진담 반으로, '어서 가라'는 뜻에서 지어준 것 이었다. 하지만 그와는 무관하게 권기옥은 야무지고 당찬 아이로 성장 했다.

권기옥의 집안은 안동 권씨 가문으로, 임진왜란 때 고향인 안동을 떠 나 평양에서 왜군과의 전투를 승리로 이끈 뒤 대대로 평양에서 살았다. 그러나 점차 가세가 기울어 권기옥은 열한 살의 나이에 은단공장에 다 니면서 집안 살림을 도와야했다. 그러면서도 학업에의 열망을 버리지 못 해 열두 살이 된 그는 장대현章臺峴 교회에서 운영하던 숭현소학교에 입 학하였다. 남들보다 다소 늦은 나이였지만 권기옥의 향학열은 뜨거웠다. 그 결과 숭현소학교를 졸업한 뒤, 기독교계 명문학교였던 숭의여학교 3학년에 정식으로 편입하는 행운을 얻었다.

당시 일제는 조선인의 교육 수준이 높아지는 것을 경계했기 때문에 공부에 대한 열의가 높았던 권기옥이 배울만한 학교는 많지 않았다. 고 작해야 '충량한 황국신민을 위한' 소학교 수준의 학교가 조선인 교육시 설의 전부였던 시절이었다. 여성의 교육 환경은 더욱 열악했다. 평양의 구 제중원 자리에 세워졌던 숭의여학교는 1903년 10월 31일에 개교한 이래 여성들의 역사 · 문화 의식 수준을 높이는 데 큰 공헌을 한 학교다. 당시 숭의여학교는 경성의 정신여학교, 광주의 수피아여학교, 목포의 정

1918년 3월 25일 숭현소학교 졸업 사진(위에서 세 번째 줄 왼쪽 맨 첫 번째)

명여학교 등과 함께 여성교육기관으로 그 역할을 톡톡히 하고 있었으며 숭의여학교에 편입한 권기옥은 물 만난 고기처럼 신이 났다.

훗날 권기옥이 독립운동가의 길을 걷게 된 계기가 된 것이 바로 숭의여학교에서의 인연 때문이었다. 당시 수학 실력이 특히 뛰어난 권기옥을 유심히 지켜보고 있었던 그의 스승 박현숙朴賢淑이 그에게 비밀결사대인 송죽회松竹會에서 함께 활동할 것을 권유하였고 그는 기꺼이 합류하게 된다. 박현숙은 일찍이 1913년 숭의여학교에 재학 中에 김경희金敬喜, 황애덕黃愛德(황에스터) 등이 조직한 송죽회에 가입해 계속해서 활동을 이어온 투철한 항일민족의식을 지녔던 인물이었다.

일제 고등경찰이 검거의 기회만 엿보며 눈독을 들이고 있었던 송죽회는 독립군의 자금 지원, 망명지사의 가족 돕기, 독립을 쟁취하기 위한 회원들의 실력 양성을 목적으로 뭉친, '절개'를 중시하는 조직이었다. 그래서 이름조차도 절개의 상징인 소나무와 대나무를 합친 이름으로 지었던 것이다. 송죽회는 평양에 본부를 두고 활동하였으며, 별칭으로 이문회以文會, 유신회維新會, 공주회公主會, 기도동지회祈禱同志會, 송죽결사대라는 이름을 썼다. 송죽회는 회원들이 일본·미국 등지로 유학을 떠나면서 국외까지 회원이 늘어났으며, 3·1만세운동 당시 지방에서 여성들이 많이 참여하게 된 것은 바로 송죽회의 조직이 크게 작용한 데 기인한 것이었다.

송죽회 회원이 된 권기옥은 스승 박현숙의 지도로 3·1만세운동에 쓸 태극기를 밤새 만들었다. 그가 만든 태극기는 1919년 3월 1일 오후 1시 숭덕소학교에서 열린 고종황제 봉도식에서 군중들에게 나뉘어졌으며, 권기옥은 태극기를 든 군중과 함께 평양의 거리로 나와 만세 시위를 벌였다. 이후 3월 5일 숭의여학교 기숙사생들과 만세운동을 일으켜 현장 일선에서 시위를 주도하던 권기옥은 그만 일제경찰에 잡히고 말았다. 감옥에 끌려갔던 당시 그의 나이 열아홉 살로, 스승 박현숙은 평양의 3·1만세운동 주동자로 이미 경찰에 잡혀간 상태였다.

1919년 4월 15일자 〈북경데일리뉴스〉에는 3·1만세운동 당시 감옥으로 잡혀간 여학생들의 고문 상황을 생생하게 기록한 기사가 실려 있다.

일제경찰과 헌병은 만세 시위 세력을 꺾기 위해 잡아온 어린 여학생들에게 인간 이하의 모욕적인 성고문을 했다. 여학생들을 발가벗긴 채 기절하

도록 때리고 깨어나면 세워놓은 거울 앞에서 고양이처럼 기어가게 하기
도 하고 찬물을 끼얹고 인두 단근질을 번갈아 하였으며 또 음모를 뜯어내
는 등 비인간적인 악형을 가했다.

이러한 증언은 개성 3·1만세운동의 주역이자 유관순과 같은 감방에
갇혔던 어윤희 역시 적나라하게 전한 바 있다. 그는 3·1만세운동으로 감
옥에 잡혀가 옷을 벗기려 드는 일제경찰을 향해 바닥에 동그란 원을 그
리고 그 안에 서서 "여기 며칠을 서 있으라 해도 그대로 서 있을 나다. 내
몸에 손을 대지 마라." 하고 호통 치며 스스로 옷을 전부 벗어 형사들을
놀라게 했다. 또 배후가 누구인지 캐묻는 형사에게 어윤희는 단호한 목
소리로, "새벽이 되면 누가 시켜서 닭이 우는가? 우리는 독립할 때가 왔
으니 궐기한다"라고 소리쳤던 일화도 유명한 이야기다.

이처럼 만세운동으로 잡혀간 조선의 여학생들은 비굴치 않고 언제나
당당했다. 당시 그러한 광경을 보고 들었던 선교사 게일J.S.Gale은 한 보
고서에서 '남자라도 감당할 수 없는 일을 어린 여학생들이 용케도 감당
했다. 어느 민족 역사에서도 이처럼 용감하고 떳떳한 민족이 있었다는
이야기를 들어 본 적이 없다'고 했다. 기미년 평양의 만세운동에 참여한
권기옥도 그랬다. 만세운동을 하고 잡혀가 감옥에서 당했던 고문이 무서
워 독립운동의 길을 외면했다면 오늘날 기록에 남은 권기옥은 없었을 것
이다. 그러나 그는 뜨거운 불길 속에서 단련하면 할수록 강해지는 쇠처
럼 감옥에서의 고된 시간을 겪으며 오히려 가슴속 독립을 향한 뜨거운
불길을 더욱더 태우기 시작했다. 훗날 환갑의 나이가 된 권기옥이 잡지
〈여원〉의 인터뷰에서 죽음도 두렵지 않았던 항일투쟁에 대한 당시의 의

지를 이렇게 밝힌 적이 있다.

"어린 마음이었지만 항일투쟁에는 무조건이었습니다. 감옥이 아니라 죽음도 두렵지 않았지요. 나이가 어리고 여자라는 게 참으로 원통했습니다. 그때 하늘을 날며 왜놈들을 쳐부술 수 있는 비행사가 되려고 마음을 다졌지요."

▬▬▬▬ 독립을 위한 모든 활동에 온몸을 다해 뛰어들다

　　권기옥의 국내 항일운동은 크게 세 가지로 나눠 볼 수 있다. '만세운동'과 '독립자금 모금', '일제 수탈 통치기관 폭파 임무'가 그것이다. 권기옥이 펼친 만세운동과 관련된 활약은 1919년 3월 1일 평양 시내 만세운동 참여를 시작으로, 같은 해 10월 1일 숭의여학교생 주도로 이뤄진 만세시위운동과 10월 3일부터 11월 4일까지 평양 시내에서 펼쳐진 대대적인 항일시위운동 참여 등을 꼽을 수 있다. 만세시위운동으로 여러 차례 감옥을 드나들었던 그는 임시정부와 연계하여 군자금을 모금하는 일에 적극 가담한 일로 6개월간 옥고를 치른 후 생긴 고문 후유증으로 생사의 갈림길에 놓이기도 했다.

　　그러나 권기옥은 아픈 몸을 채 추스르기도 전에 1920년 5월 1일에 열린 장대현 교회 여자 전도대 발대식에 참여하여, 초청 강연 연사로 나서서 민중계몽과 독립정신에 관한 주제로 연설을 하였다. 이후에도 강연 활동은 이어졌으나 오래 지속하지 못했다. 임시정부로부터 일제 통치기관 폭파에 협력해달라는 요청을 받고 이에 적극 동참해야했기 때문이다.

그때 당시 일제가 조선의 경제 침탈을 목적으로 동양척식주식회사東洋拓殖株式會社와 조선식산은행朝鮮殖産銀行 등을 만들어 조선인의 재산을 착취하려 하자, 그에 대한 응징으로 나석주羅錫疇는 폭탄 투척으로 저항했다. 또한 당시 김상옥金相玉은 독립운동 탄압의 총본부 역할을 했던 종로경찰서에 폭탄을 던져 침략자 일제를 응징했다. 이와 같이 일제 수탈 통치기관을 폭파하는 임무에 권기옥 역시 뛰어든 것이다.

1920년 8월 권기옥은 임시정부로부터 국내에 있는 일제 통치기관 폭파 임무에서 폭탄 제조 역할을 맡아줄 것을 요청을 받는다. 이때 국내로 잠입한 독립투사는 문일민文一民, 장덕진張德震, 김예진金禮鎭, 안경신安敬信, 우덕선禹德善 등이었다. 그 가운데 유일한 여성이었던 안경신은 권기옥 보다는 열세 살 위였다. 권기옥은 이들을 장현소학교 창고에 숨겨주고 폭탄 제조를 도왔다. 밀고자라도 나오는 날이면 목숨을 보장할 수 없는 위험천만한 일이었다.

8월 3일 밤 천지를 뒤흔든 평남도청 폭탄 투척 사건이 벌어졌고, 그 배후에서 권기옥도 한 몫을 톡톡히 했다. 혼비백산한 일제는 주동자 색출에 나섰고 안경신이 검거되어 사형을 구형 받았다. 1920년 11월 4일자 일제의〈고경高警〉에 남겨진 내용에 따르면, 안경신은 평남도청에 폭탄을 던진 이유를 다음과 같이 말했다.

"3·1 만세운동 때도 참여하였지만 그때는 큰 효과를 내지 못했다. 나는 일제 침략자를 놀래게 해서 그들을 섬나라로 철수시키는 방법이 무엇인가를 곰곰 생각해 보았다. 그것은 곧 무력적인 응징방법으로 부탄投彈, 사살刺殺, 사살射殺 같은 일회적 효과가 주효할 것으로 믿고 있다."

국내에 폭탄 거사를 수행할 단원을 투입했던 대한광복군총영은 중국 동삼성 지역에 산재해 있던 각종 항일투쟁 단체를 통합한 전투단체로, 1920년 3월 임시정부의 승인을 받은 단체였다. 이 단체의 투쟁 목표는 일제의 착취기관 및 정책수행기관 폭파와 침략과 관련한 수뇌부 인사 사살이었다. 마침 이 무렵, 1920년 8월 미국 상하의원단 1백여 명이 동양 시찰차 한국을 방문한다는 귀중한 정보가 광복군총영에 입수되자 총영에서는 조국 독립에 관한 영문 진정서 43통을 작성, 임시정부를 통해 제출하게 한 뒤 국내의 일제 통치기구들을 파괴하고 일본 관헌들을 암살하여 세계의 여론을 환기시킬 계획을 세웠던 것이었다. 안경신이 사형 구형을 받자 임시정부에서는 김구와 장덕진 등이 탄원서와 석방 건의문을 보냈고, 결국 10년 형으로 감해지게 되었다.

한편, 폭탄 투척 대원으로 단원들을 숨겨주고 폭탄 제조를 도왔던 권기옥의 신변도 바람 앞의 등불 신세였다. 위태로움을 넘어 시시각각으로 체포하려드는 추격의 움직임이 조여오자 그는 국내에서의 독립운동의 어려움을 감지하고 중국 망명길에 올랐다.

▬▬▬▬▬ 낯선 이국땅, 선례에 없던 유일한 여학생으로
비행학교에 입학하다

1920년 9월 스무 살의 권기옥은 일제경찰의 감시망을 피해 멸치잡이 배에 숨어 중국 상해로 탈출하였다. 상해로 떠나는 길에는 숭현소학교 동창인 최순덕崔順德을 비롯한 여섯 명의 동지가 함께했다. 이들은 곧바로 상해로 가지 못하고 시골아낙네로 변장하여 진남포를 거쳐 황해도 송화에서 작은 목선에 몸을 싣고 산동반도로 떠났다. 그곳에서 다시 상해까지 가는 길은 멀고도 험했다. 무려 이십여 일이나 걸려 도착 한 것만 봐도 상해의 앞날이 순탄치 않음을 알 수 있다.

상해에 도착한 권기옥은 임시정부 임시의정원 의장인 손정도孫貞道 집에 머물렀다. 이어 대한제국 육군무관학교장과 육군연성학교장을 지낸 노백린盧伯麟과 임시정부 국무총리를 지낸 이동휘李東輝 집에도 기거하며 중국의 독립운동 상황에 대한 정보를 얻었다. 그렇게 독립을 위해 싸우고 있었던 운동가들 곁에서 한 겨울을 난 권기옥은 서둘러 중국어 공부에 착수하고자 했다. 그래야만 독립운동을 위해 되고자 했던 비행사의 꿈에 한 발자국 다가설 수 있기 때문이었다.

이듬해 봄 그는 김규식金奎植의 부인 김순애金淳愛로부터 서양인 선교사가 운영하는 항저우에 있는 홍따오弘道여학교를 소개 받았다. 당시 중국으로 망명했던 사람들은 난징을 선호했지만 권기옥은 한국인이 적은 항저우를 택했다. 홍따오여학교는 초급 3년에 고급 3년 과정으로 6년제 학교였다. 권기옥은 초급 3학년에 편입하여 2년 2개월 만에 고급과정까지 모두 마칠 만큼 중국어 공부에 매달렸다. 항공학교 진학은 중국어뿐만 아니라 영어도 어느 정도 구사하지 않으면 꿈도 꾸지 못할 일이었기에 그는 여름방학을 이용하여 선교사 집에서 식사와 바느질을 해주는 대신 선교사 부인과 아이들에게 영어를 배우는 지혜를 짜냈다. 그렇게 홍따오여학교에서의 생활은 권기옥에게 중국어와 영어에 자신감을 갖게 했고, 훗날 그가 항공학교 입학하는 데 큰 자산이 되었다. 홍따오여학교를 졸업한 뒤 다시 상해로 돌아온 권기옥은 항공학교 진학을 위해 끊임없이 백방으로 뛰었다.

1921년 경 중국 항저우 홍따오여학교 시절
(오른쪽 앉은 사람)

당시 중국에는 네 개의 항공학교가 있었는데, 북경의 남원南苑항공학교와 보정保定항공학교는 권기옥이 여자라는 이유로 입학을 거절했다. 다른 한 곳인 광동廣東항공학교의 경우, 다행히도 그의 입학을 허락했으나 이번에는 권기옥이 거절하게 되는데, 당시 광동항공학교는 비행기를 한 대도 보유하지 않고 있었기 때문에 입학을 해도 이론교육만 받게 될 것이라 판단했던 것이다. 그리하여 그에게 남은 선택은 운남雲南육군항공학교뿐이었다.

그러나 운남육군항공학교의 입학은 매우 까다로웠다. 항공학교 사상

권기옥

여학생을 받아 본적이 없었기 때문에 권기옥이 합격한다 해도 당장 기숙사도 문제였다. 그러자 임시정부 대표인사인 이시영李始榮이 그의 입학을 위해 추천서를 쓰는 일에 기꺼이 발 벗고 나섰다. 당시 임시정부는 1919년 11월부터 본격적으로 육군 항공대 창설을 구상해오고 있었는데, 때마침 1920년 7월 5일 임시정부 군무총장인 노백린이 미국 레드우드Redwood의 비행학교를 졸업한 오림하, 이용근 등 여섯 명의 비행사들을 주축으로 한 '한인비행가양성소'의 문을 열었다. 비행사를 양성할 목적으로 만든 이 학교는 1920년 11월 초 추수철에 닥친 대홍수로 한인 사회의 재정지원이 어려워지게 되면서, 그만 시작도 해보기 전에 문을 닫고 말았다. 이에 임시정부는 중국의 항공학교에 한국 청년들을 추천하여 비행사를 양성시키고자 했고, 이러한 임시정부의 비행사 양성 방침에 힘입어 권기옥도 추천서를 받을 수 있던 것이었다.

당시를 회상하며 "일단 결심한 일은 하늘이 무너져도 하고야 마는 타고난 고집을 꺾을 사람은 아무도 없었다"고 말한 권기옥의 고백처럼, 추천서를 받아들자마자 그는 운남육군항공학교를 직접 찾아가 입학 허가를 받기로 결심하고 상해를 떠났다. 지금과 달리 교통편도 여의치 않았던 당시는 상해에서 운남까지 가는 시간만 해도 한 달이나 걸릴 정도로 모든 것이 열악했다. 권기옥이 택할 수 있는 방법은 상해를 출발해 일단 하이난섬으로 가서 베트남 하이퐁 항까지 간 뒤 하노이로 이동하여 프랑스인들이 부설한 열차편으로 운남으로 들어가는 길이었다. 주저 없이 그 험난한 길을 나선 그가 물어물어 결국 찾아간 운남육군항공학교에서는 뜻밖에도 권기옥의 입학을 적극적으로 환영했다. 교장인 당계요唐繼堯(탕지야오)는 조선의 독립운동에 호의적인 사람이었고, 비행사가 되겠다고 이역만리를 찾아온 조선 처녀의 용기에 탄복하여 전격적으로 입학을 허가해주었을 뿐 아니라 이후에도 여러 편의를 봐준 고마운 사람이었다. 당시 권기옥의 나이 스물세 살 때의 일이었다.

입학허가서를 받아 든 권기옥은 만감이 교차했다. 1917년 5월, 열여섯 살의 소녀가 서울 여의도 비행장에서 미국의 곡예비행사 아트 스미스A. Smith의 곡예비행을 보면서 꿈꾸었던 일이 눈앞에 벌어지고 있었다. 그는 부지런히 비행술을 배워 일본으로 폭탄을 안고 날아가리라고 몇 번이고 마음속으로 굳게 다짐했다.

■■■■■ 간절히 바랐던 하늘 위의 비행에 최선을 다하다

운남육군항공학교 1기생은 모두 서른여덟 명이었는데, 한국인 은 권기옥과 이영무李英茂, 이춘李春, 장지일張志日까지 모두 네 명이었다. 이 학교의 유일한 여학생인 권기옥을 위해 학교에서는 숙소를 따로 마련 해 줄 정도로 호의적이었다. 학교에는 프랑스에서 구입한 스무 대의 비 행기가 있었고, 프랑스인 교관이 수업을 진행했다. 기초 이론과 지상 실 습교육을 마친 뒤에는 프랑스제 꼬드롱 쌍엽雙葉 훈련기에 탑승할 기회 가 주어졌는데 비행기 탑승 실습은 매우 까다로웠다.

탑승 적성검사는 서른여덟 명의 학생 가운데 절반이 불합격할 정도 로 어려웠으나 권기옥은 당당히 합격했다. 또한 대부분의 학생들이 20시 간의 비행 훈련 끝에 단독 비행의 기회를 얻을 수 있었던 반면 권기옥은 9시간의 훈련만으로도 단독 비행을 나서게 됐다. 비록 5분간의 단독 비 행이었지만 그 감격의 기쁨은 말로 형언할 수 없었다. 모든 것이 꿈만 같

재미 중국인 여성비행사 이월화와 이탈리아 비행교관과 함께(왼쪽에서 두 번째)

았다. 자신에게 천부적인 비행술 감각이 주어지기라도 한 것처럼 권기옥
은 우수한 실력으로 처녀비행을 끝마쳤다.

당찬 조선 여학생의 성공적인 비행 소식은 단번에 고국까지 전해졌다.
그러나 다음의 1926년 5월 21일자 〈동아일보〉 기사를 보면, 소식이 전
달된 것이 반드시 좋은 일만은 아니었음을 알 수 있다.

오직 한 사람뿐이던 조선 여자비행가로 한 번 진중에 나타날 때에는 군인

의 정신을 빼리 만큼 미인의 용모를 가진 권기옥 양도 그의 연인 이영무 비행사와 함께 금년 이월에 상해로부터 광동을 거쳐 북경으로 들어가 국민군 제일비행대에 나서서 남다른 천재를 발휘하여 많은 공로를 나타내었다.

당시 기사 제목은 '중국 창공에 조선의 붕익鵬翼, 중국 하늘을 뎡복(정복)하는 조선용사. 그 중에서 꼿가튼(꽃 같은) 녀류(여류)용사도 잇서(있어). 안창남安昌男, 최용덕崔用德, 여류비행가 권기옥 등 국민군國民軍에서 활약'이라고 뽑았다. 그런가 하면 1926년 5월 21일자 〈매일신보〉에도 권기옥의 이야기가 실려 있다.

청운에 뜻을 두고 지나동란(중일전쟁)에 참가하여 북경을 중심으로 활동하는 중에 조선인 비행가로 …(중략)… 여러 사람이 혹은 고국으로 혹은 행방까지 불멸하게 되었는데 …(중략)… 오직 한 사람의 여류비행가이며 겸하여 미인으로 유명하여 지나군인의 간담을 서늘하게 하던 전기 권기옥 양은 그의 애인으로 같은 비행가인 이영무 군과 같이 금년 이월에 상해로부터 광동을 경유하여 북경에 들어와서 국민군 제일비행대에 참여 하였더니 사월 십오일부터 그의 부부의 형용은 북경에서 다시 볼 수 없이 되었다.

두 기사문을 보면 알 수 있듯이 그에 대해 적힌 글들은 나라의 독립을 위해 독립운동 현장 제일선에 뛰어든 비행사로서의 권기옥이 아닌 여성성만을 부각하여 서술되어 있다. '정신을 빼앗을 만큼 미모' 라든가 '미

1925년 2월 28일
운남육군항공학교 졸업장

인으로 유명하다'는 말이 특히 그러하다. 이는 여성으로서의 흥미와 관심도를 높이려는 미사여구로 보이는데, 실제 권기옥은 빼어난 미모라기보다는 이목구비의 선이 얇고 안경을 쓴 모습이 지적인 분위기를 풍기는 외모를 가진 사람이었다. 그런데다가 운남육군항공학교 동창생인 이영무를 그의 연인이라며 보도했으나 그 역시 실제 사실과는 다른 이야기였다. 이러한 기사는 권기옥에 대한 정확한 정보를 알려주지 못하는 것이었으나 그를 여류 비행사로 확실히 세상에 인식시켜주는 계기가 된 것만은 틀림없다고 본다.

1925년 2월 28일 권기옥은 운남육군항공학교 제1기생으로 졸업하여 여성으로서는 한국 최초의 비행사가 되었다. 그러나 타국인 중국 땅에서 그가 활동할 수 있는 무대는 없었다. 하는 수 없이 5월에 상해로 돌아온 권기옥은 임시정부로 가서 조선총독부를 폭파할 테니 비행기를 마련해 달라고 했지만, 당시 임시정부는 비행기를 살 돈은 커녕 정부청사 비용도 감당 못할 상황이었다. 임시정부의 어려운 상황으로 권기옥은 불가피하게 중국군에서 복무를 하면서 독립운동에 관여하기로 마음을 먹는다. 당시 중국 역시 일제 침략에 맞서 싸워야 하는 입장이었기 때문이다. 그는 북경에 있던 개혁 성향의 군벌인 펑위샹군의 항공대에 들어갔다. 그러나 펑위샹군에서의 활동은 그리 오래가지 못했는데, 1926년 7월 장쭤린군의 공격으로 내몽골로 쫓겨 가게 되고 곧 해산하게 되어 권기옥 역시 설 자리를 잃게 된 것이다.

그러나 내몽골 땅은 권기옥에게 있어 평생 잊지 못할 곳이 된다. 그의 나이 스물여섯 살이 되던 해 그곳에서 생의 반려자인 이상정李相定과 혼례를 치른 곳이기 때문이다.

▬▬▬ 빼앗긴 들에 봄을 돌려주고자
결코 투쟁을 멈추지 않았던 독립투사들

권기옥은 이상정을 펑위샹군에서 처음 만났다. 이상정은 일본에 유학하여 역사학을 전공한 인텔리로, 1926년부터 펑위샹군의 서북국민부대에서 준장급 참모로 활약하였다. 이상정을 말할 때 흔히 그 동생 이상화李相和를 말하곤 하는데, 〈빼앗긴 들에도 봄은 오는가〉를 쓴 시인 이상화가 이상정의 동생이다. 이상화는 권기옥 부부가 난징에서 일본군 스파이로 몰려 8개월간의 감옥살이 끝에 무혐의로 풀려났을 때 난징에 와서 3개월간 지내다 갔던 남편 이상정의 살가운 피붙이였다.

권기옥은 이상화의 시 〈빼앗긴 들에도 봄은 오는가〉를 종종 음미했다. 일제에 빼앗긴 들과 산, 국토를 되찾기 위해 이역에서 고생스런 삶을 살아가면서 시동생의 시는 그 어떤 것보다도 그의 가슴을 울렸다.

1937년 3월 난징을 찾아온 시동생 이상화와 함께

지금은 남의 땅 빼앗긴 들에도 봄은 오는가

나는 온 몸에 햇살을 받고
푸른 하늘 푸른 들이 맞붙은 곳으로
가르마 같은 논길을 따라 꿈속을 가듯 걸어만 간다.

입술을 다문 하늘아, 들아.
내 맘에는 내 혼자 온 것 같지를 않구나!
네가 끌었느냐, 누가 부르더냐. 답답워라, 말을 해 다오.

…(중략)…

내 손에 호미를 쥐어 다오.

살진 젖가슴과 같은 부드러운 이 흙을

발목이 시도록 밟아도 보고, 좋은 땀조차 흘리고 싶다.

강가에 나온 아이와 같이,

짬도 모르고 끝도 없이 닫는 내 혼아

무엇을 찾느냐, 어디로 가느냐, 웃어웁다, 답을 하려무나.

나는 온몸에 풋내를 띠고,

푸른 웃음 푸른 설움이 어우러진 사이로

다리를 절며 하루를 걷는다. 아마도 봄 신령이 지폈나 보다.

그러나, 지금은 들을 빼앗겨 봄조차 빼앗기겠네.

　　　　　　　　　　　　　　— 〈빼앗긴 들에도 봄은 오는가〉 가운데에서

　권기옥은 내몽골에서 하객 없는 조촐한 결혼식을 올렸다. 그 시절 망명지 중국에서 혼례를 치룬 대부분의 독립운동가의 결혼식은 대동소이했다. 상해 임시정부 내무차장과 외무차장 등을 지낸 신익희申翼熙의 딸이자 임시의정원에서 활동했던 독립운동가 신정완申貞婉 역시 1937년 중일전쟁 속에서 청년 독립운동가 김재호金在浩와 혼례를 올렸으니, 신혼의 단꿈도 꾸지 못한 채 포탄이 떨어지는 산시 성에서 항일 전선을 방어해야 했다.

　또한 신채호申采浩와 박자혜朴慈惠 부부도 북경에서 고단한 삶을 이어

가긴 마찬가지였다. 박자혜는 간호부 출신으로 조선총독부 의원에서 일
했으나 독립을 위해 싸우고 부상을 입은 동포들을 마주하며 일제를 위해
일을 할 수는 없다는 생각에 조국에서 독립운동을 하다 체포된 후 풀려
나 망명한 중국에서 신채호와 가정을 꾸렸다. 그러나 일정한 수입이 없
던 신채호는 가족을 부양 할 길이 없자 결국 어린 아들과 함께 둘째를 임
신한 부인 박자혜를 귀국시키지만, 고국에 돌아온 박자혜 역시 삶의 방
편을 찾지 못해 전전긍긍했고 그의 가족을 기다리는 것은 왜경의 감시와
가난이었다. 1936년 남편 신채호가 뤼순감옥에서 세상을 떠난 뒤 홀로
키우던 아들마저 영양실조로 죽고 만다. 당시 정신적으로나 신체적으로
나 처참했을 그의 심정은 상상하기 힘들다.

　이국땅에서 모두가 그렇게 힘들게 버텨냈고, 권기옥 부부 역시 계속해
서 독립을 위해 싸웠다. 그들은 평위상군을 따라 내몽골까지 갔다가 다
시 무대를 난징으로 옮겼다. 권기옥은 가까스로 난징의 항공서航空署 제

1대 정찰대 소속 비행원으로 자리를 잡았다. 이제 겨우 조금이나마 안정된 생활이 찾아 왔나 했으나 이도 잠시뿐이었다. 남편 이상정과 함께 일본 스파이로 몰려 중국 경찰에게 체포되어 일본 영사관으로 넘겨지게 된 것이다. 당시 일본 영사관은 지금의 영사관과는 달리 지하 감옥을 만들어 놓고 혹독한 고문을 자행하던 곳으로 악명이 높았다. 이후 이들 부부는 고향인 평양으로 넘겨질 뻔한 일촉즉발의 상황에서 임시정부 요인들의 구명운동으로 가까스로 풀려났다. 중국에서의 두 사람의 삶은 하루하루가 살얼음판이었다.

■■■■■ 하늘에서 독립의 날개를 펼쳐 일본을 향해 총을 쏘다

난징에서 권기옥 부부를 사석에서 마주한 적이 있는, 〈동아일보〉 기자였던 주요한은 1928년 11월 23일자 기사에서 당시 만남을 다음과 같이 적었다.

예배 시간에 맞춰 들어온 사람이 있어 본즉 이 어인 만남인가? 여류비행사로 이름 있는 권기옥 여사 부부다. 들으매 서북군을 따라 활동하다가 현재는 남경비(행)기장에 몸을 붙이고 있다는 바 중국을 다 털어 놓고 보아도 유일한 여 비행사다. 단발, 군복의 여사는 이역 풍상으로 인함인지 전보다 훨씬 수척한 것이 눈에 띄었다.

당시 권기옥은 조선총독부 경무국이 만든 〈국외의 용의容疑 조선인 명부〉에 이름이 올라 있을 정도로 요시찰 대상 인물이었다. 실상 그는 고국에서부터 늘 쫓기는 신세였던 것이다. 하지만 권기옥은 계속되는 어려움에 심신이 지쳐도 절대 굴하는 법이 없었다. 그는 여성비행사 자격으로, 1927년부터 장제스蔣介石 총통이 북벌을 할 때 동로東路항공사령부에서 최용덕崔用德과 함께 일하는 등 10여 년 동안 중국 공군에서 복무하였다. 심지어 중국의 혁명 공군 초창기에 권기옥은 비행기를 몰고 일본군에게 기총소사를 하기도 하였다. 1931년에 만주를 기습·점령한 일본군이 1932년 상해전쟁을 일으켰을 때, 권기옥에게 비행기를 몰고 가 일본군을 향해 기총소사 역할을 맡는 임무가 주어졌고 그는 있는 힘을 다해 일본군을 격퇴했다. 상해전쟁에서 활약한 공로를 인정받은 권기옥은 중국 정부로부터 무공훈장을 받기까지 했다.

용감무쌍한 여류 비행사 권기옥의 이야기는 중국 항공위원회 부위원장이자 장제스의 부인이었던 쑹메이링宋美齡의 귀에 들어갔다. 쑹메이링은 한국의 독립운동에 깊이 관여하여 1966년에 대한민국 정부로부터 대한민국장을 받은 인물로, 권기옥에게 선전비행을 제안했다. 선전비행은 비행기가 무서워서 공군에 자원하지 않는 중국 청년들을 독려하기 위해 기획한 행사로, 조선의 여류 비행사 권기옥의 용기 있는 모습을 보여주려 했던 것이다. 쑹메이링이 기획한 선전비행 코스는 상해에서 북경까지 날아가는 화북선, 화남선, 그리고 동남아시아를 경유하여 일본까지 날아가는 남양선으로 진행될 예정이었다.

쑹메이링의 제안을 받아들인 권기옥은 남양선 비행의 마지막 순간 일본으로 기수를 돌려 황거皇居를 폭격할 마음을 굳히고 있었다. 선전비행용 비행기는 상해에서 모금한 3만 달러로 미국에 주문해서 석 달이 지나 도착하였다. 그러나 성능시험 비행 중 부주의로 사고가 일어나 시험 비행이 연기되었고, 상해에서 프로펠러를 만들어 끼우는 동안 2주일의 시간이 흐르고 말았다. 겨우 준비를 끝내고 출발을 앞둔 이틀 전, 일본군의 북경 근처 풍대(펑타이) 점령 소식이 들려와 결국 선전비행은 무산되고 말았다. 어린 시절 비행사가 되어 폭탄을 안고 일본으로 비행기를 몰고 가리라던 권기옥에게 주어진, 믿을 수 없었던 절호의 기회가 한순간에 산산 조각나 버린 것이다.

1937년 중일전쟁 발발 후, 권기옥은 충칭에서 육군참모학교 교관으로 근무하면서 영어와 일본어, 일본군 식별법 등을 강의했다. 이어 1939년 임시정부가 충칭으로 자리 잡자 당시 좌우로 분열되어 있던 독립운동계열의 부인들을 설득해, 1943년에는 '한국애국부인회'를 조직하여 활약하였다. 애국부인회 임원들은 3·1만세운동 이후 상해에서 독립운동을 지속하던 독립투사들과 임시정부요인 등의 부인들이었다. 1943년 2월 23일 충칭의 임시정부 집회실에 모인 오십여 명의 애국부인회는 주석 김순애金淳愛, 부주석 방순희方順熙를 비롯하여 조직부장 연미당延薇堂, 선전부장 김윤택金潤澤, 사교부장 권기옥, 훈련부장 정정화, 서무부장 최선화崔善燁, 재무부장 강영파姜映波 등이었다. 이들의 굳은 의지는 당시 작성한 선언서에 잘 나타나있다.

지금 우리 민족 해방운동은 공전의 혁명 고조高潮를 타고 활발하게 전개되었다. 30여 개의 동맹국이 모두 우리의 우군이 되어 원수 일본을 타도하고 있다. 정히 이러한 시기에 임시정부 소재지에 있는 우리 혁명여성들은 당파별이니 사상별을 불문하고 일치단결하여 애국부인회를 재건함으로써 국내와 세계만방에 산재한 우리 1천 5백만 애국여성의 총 단결의 제

1성이 되며, 3천만 대중이 철과 같이 뭉쳐서 원수 일본을 타도하고 대한 독립과 민족 해방완성의 거룩한 제1보를 삼으려 한다.

국가의 원수인 일제 타도에 대한 애국부인회 여성들의 각오는 남성 독립운동가들에 못지않았다. 권기옥은 그간 쌓아온 활동영역의 경력을 인정받아 애국부인회에서 사교부장직을 맡았는데, 그가 이끄는 부서는 일종의 외교역할을 담당했다.

애국부인회 활동뿐만 아니라 그는 1943년 여름에 중국 공군에서 함께 활동하던 최용덕, 손기종 비행사 등과 함께 한국비행대 편성과 작전 계획을 구상하기에 이른다. 1945년 3월에 임시정부 군무부가 임시의정원에 제출한 〈한국광복군 건군 및 작전 계획〉의 '한국광복군 비행대의 편성과 작전'이 그 결실이었다. 미국과 중국에서 비행기를 지원받아서 한국인 비행사들을 직접 전투에 참여시킨다는 것이 주요 골자였다. 그러나 다방면으로 펼쳤던 권기옥의 노력은 일본이 예상보다 일찍 패망하게 되면서 실행되지 못한 계획으로 남았다.

■■■■■■ 조국에 봄을 되찾아 주고도 남은 평생 헌신과 희생의 삶을 살다

1945년 8월 15일 충칭에 있던 권기옥 부부는 마침내 일본의 항복 소식을 듣게 된다. 이에 남편 이상정은 곧바로 상해로 달려가 귀국하는 동포들을 도왔고, 권기옥은 이듬해 2월 충칭에서의 생활을 정리한 뒤 상해로 뒤따라 돌아갔다. 얼마 후 시어머니의 별세 소식을 듣고 먼지 귀국했던 남편이 뇌출혈로 갑자기 사망했다는 소식을 접하게 된 권기옥은 큰 충격에 빠지게 된다. 이상정은 그에게 있어 피를 나눈 형제보다 더 진한 독립운동 동지이자 생의 반려자로 권기옥의 한 평생을 보듬어 주었던 사람이었다.

권기옥이 완전히 귀국한 때는 1949년 5월로, 당시 그의 나이 마흔아홉 살이었다. 생의 절반을 중국 땅에서 보내고 귀국길에 오른 그의 가슴속에는 독립을 향한 열정 하나로 살아냈던 지난 시절이 주마등처럼 스쳐지나갔다. 꿈에도 그리던 조국 광복을 맞아 고국으로 돌아온 권기옥은 여성 최초로 1950년부터 1955년까지 국회 국방위원회 전문위원으로 활약하였다. 그 뒤 1957년부터 1972년까지 15년간은《한국연감》발행인으로 활동하기도 했는데, 이 일로 그는 대한민국 최초의 여류 비행사뿐만 아니라 출판인으로도 기록되었다.

무엇보다 권기옥은 1967년에 감옥 동지 스무 명과 함께 '3·1여성동지회'를 창립하여 여성독립운동가의 존재를 이 땅에 각인시켰다. 또 1966년부터 1975년까지는 '한중문화친선협회'를 만들어 부회장으로 활동하였고, 1971년 10월에는 해당 단체의 초청으로 자유중국 정부로부터 '중화민국 비행훈장'과 '공군일급상장'을 받았다. 그밖에도 재향군인회 명예회원, 부인회 고문을 맡는 등 평생을 사회에 봉사·헌신하는 삶을 살았다. 실제로 1977년 2월 11일자 〈조선일보〉에 실린 '남몰래 장학 기금을 기부하는 할머니'라는 제목의 기사를 보면, 말년에도 '베풂'의 정신을 실천하고 있었던 그의 소식을 들을 수 있다.

홀몸으로 어렵게 살아온 우리나라 최초의 여류 비행사 권기옥 할머니 (77살)가 남몰래 장학금을 지급해온 사실이 지난 9일 밝혀졌다. 권 할머니는 지난 75년부터 1천만 원의 장학 기금을 마련하여 대학생 일곱 명과 고교생 두 명에게 매학기 마다 장학금을 지급해왔다. …(중략)… 권 할머니가 장학 사업에 뜻을 둔 것은 작고한 남편 이상정 장군의 유지에 따른 것이다. 20여 년간을 중국 대륙에서 독립투쟁에 몸 바쳤던 이 장군의 유지를 받들어 조국에 유익한 일을 해달라는 남편의 간곡한 당부를 한시도 잊은 적이 없다.

흑백 사진과 함께 소개된 기사에 수수한 머플러를 쓴 채 활짝 웃고 앉아 있는 권기옥 의 모습을 보면, 저 광활한 중국 대륙의 창공을 거침없이 날았던 그 당찬 여류 비행사가 맞는지 믿기지 않는다. 그는 조국으로 돌아와 1975년 75살의 나이로 1천만 원을 모아 대학생과 고등학생에게 장학금을 수여하기 시작한 이래 돈이 없어 학업을 이어가지 못하는 학생들을 위해 평생 살던 장충동 집을 팔아 1억 원의 장학 기금을 마련해 놓고 생을 마감했다. 권기옥은 한 푼이라도 더 장학 기금을 마련하기 위해 평생 낡은 검정 한복 한 벌로 지냈으며, 살고 있던 일본식 주택 아래층을 세놓고 자신은 2층 차디찬 마루방에서 기거하며 아끼고 아낀 돈을 모아 장학 기금을 만들었다.

기록에 남은 말년의 권기옥은 이웃집에서 흔히 볼 법한 소박한 할머니 모습이었으나 그의 눈빛은 여전히 살아 있었다. 그가 조국으로 돌아와 베풀었던 나눔의 삶은 조국 독립을 위해 투쟁했던 이국땅에서의 여류 비행사 삶만큼이나 강인하고 남다른 실천 애국의 의지가 느껴진다. 일생을 나라를 위해 살았던 여성독립운동가 권기옥을 기억하는 이는 얼마나 될까? 한국 최초의 여류 비행사 권기옥은 1988년 여든여덟 살을 일기로 서울 장충동 2가 낡은 목조건물 2층 마루방에서 숨을 거두었다. 유족으로 아들 권현 씨가 있으며 현재 광복회 이사로 있다. 정부에서는 고인의 공훈을 기리기 위하여 1968년에 대통령 표창, 1977년에 독립장을 수여하였으며 국가보훈처는 2003년 8월, 이달의 독립운동가로 권기옥 지사를 선정하여 최초의 여성비행사로 조국의 창공을 지켜낸 푸른 날개 권기옥의 업적을 기렸다.

나오면서

무명으로 잊힌 여성 영웅들을
되찾는 것은 우리의 몫이다

지금까지 대한민국 여성독립운동가 10인의 삶을 살펴봤다. 지금까지 사람들에게 잘 알려져 있지 않았던 그들의 삶은 온전히 독립운동가의 삶 그 자체임을 알 수 있다. '폭탄을 안고 뛰어들겠노라', '나라를 되찾는 데 남녀가 유별한가'라고 외쳤던 여성독립운동가 10인이 가진 독립을 향한 열망은 말에 그치지 않았다. 그 시대 여성으로서 여러모로 제약이 많았 겠으나 나라 안팎을 넘나들며 목숨을 걸고 독립운동 현장 일선에 뛰어든 그들의 활약에 절로 머리가 숙여진다. 또 이런 훌륭한 분들을 잘 모르고 살아왔다는 것에 죄송한 마음이 든다.

이런 '존경의 마음'만 가지고 있을 것이 아니라, 자신의 독립의지를 실 천했던 우리의 여성독립운동가들과 같이 나 역시 나의 역할을 통해 그들을 위해 할 수 있는 바가 무엇일지 많은 고민을 했다. 우선 대외적으로 한국 여성독립운동가들을 더 많이 알릴 수 있는 방법이 무엇일까 생각하던 차에 평소 한글을 세계적으로 홍보하는 활동과 연계하여 한글 캘리그라피 작가로 활동 중인 배우 조달환 씨와 함께 지난 2015년 10월 9일 한글날을 맞아 '광복70년, 한글로 우리의 영웅을 기리다'라는 전시회를 개최했다.

전시회는 삼성역 인근 큰 규모의 복합쇼핑몰 지하1층에 있는 스물두 개 기둥의 미디어 광고판을 활용해 독립운동가 스무 명의 캐리커처와 이름을 조합하여 새로운 영상작품을 처음으로 선보이는 자리로 기획한 행사였다. 광복 70년인 뜻깊은 해에 점차 잊히고 있는 독립운동가들을 다시금 기리기 위해 한글이라는 문화 콘텐츠를 활용하여 사람들에게 한국의 영웅과 한글의 위대함을 전하고자 했다. 당시 독립운동가라고 하면 익숙한 인물인 안중근, 윤봉길, 이봉창 의사와 함께 남자현, 박차정, 안경신, 조마리아, 유관순 열사 등 국내외 전 방위로 활동했던 여성독립운동가들도 소개함으로써 그들의 존재와 이름, 그리고 역사를 알릴 수 있는 기회를 제공했다.

전시회가 열린 곳은 한 달 평균 약 3백만 명의 유동인구가 있어 오가는 많은 사람들에게 아름다운 한글과 함께 담긴 우리의 여성독립운동가들을 인식시키는 데 최적의 장소였고, 뿐만 아니라 그곳은 한국을 방문한 외국인 유동인구도 많기 때문에 한글과 한국의 위대한 인물을 함께 알릴 수 있는, 일석이조의 뜻깊은 시간이었다.

당시 한글 캘리그라피 작업에 재능기부로 도움을 준 조달환 씨는 "독립운동가의 이름을 한글작품으로 표현하는 일이 결코 쉽지만은 않았습니다. 하지만 그들의 나라사랑 정신을 한국의 많은 젊은이들에게 널리 알리고자 지난 한 달간 온 힘을 다해 쓰게 됐습니다"라고 말하기도 했다. 그만큼 여성독립운동가를 알리는 첫 시작에 많은 사람들이 애써주었는데, 이 이야기를 전하는 이유는 딱 한 가지다. 무명으로 잊힌 여성 영웅들을 되찾는 것은 바로 우리의 몫이라는 것을 말하고 싶다. 한 편의 영화를 통해 시작된 여성독립운동가들에 대한 관심과 연구는 이제부터가 시작이다. 일찍이 그들의 발자취를 좇으며 조사하고 기록에 남기고 있는 감사한 분들도 참 많지만, 우리 역시 그 역사를 지키는 데 함께한다면 좋겠다.

그것은 실천하기 어렵거나 그리 큰일이 아니다. 자신의 자리에서 할 수 있는 바를 찾고 고민해보면 무슨 일이든 우리가 할 수 있는 일은 분명히 있다. 예를 들어 지금 이 책을 읽는 것도, 그들의 이야기를 다루는 영화나 연극, 전시회를 보는 것도, 길거리 광고판에 소개된 여성 영웅들의 모습을 관심 있게 보고 응원해주는 것도 모두 여성독립운동가들의 역사를 지키는 데 일조하는 실천방안이다.

나 역시 그러한 생각에서 '역사 지키기'를 시작한다. 그냥 존경하는 마음만 갖고 사는 것이 아니라 세상 사람들과 함께 나누는 것은 현재의 '문화한류'를 넘어 '역사한류'를 만들어가는 의미 있는 과정이라고 생각한다. 무엇보다 우리가 알고 있는 독립운동가들의 삶을 후손 입장에서 다시금 기릴 수 있는 좋은 기회를 만든다는 것은 굉장히 중요한 일이라 믿는다. 그렇기에 앞으로도 우리의 여성독립운동가들의 활약상을 더 다양한 문화콘텐츠를 활용하여 대중들에게 널리 알려 큰 자부심을 불러일으킬 수 있도록 끊임없이 노력할 것이다.

모쪼록 독자 여러분에게 이 책이 나와 같은 '마음'에서 '행동'으로 바뀔 수 있는 데 작은 매개체가 되기를 간절히 바라본다.

자, 그럼 이제부터 우리의 영웅을 세계인들과 함께 이야기해보자. 우리 다 함께.

2015년 12월

서경덕(한국홍보전문가·성신여대 교수)

유관순

마티 윌콕스 노블, 〈삼일운동, 그날의 기록〉, 1892~1934.

김기창 등 보각스님 인터뷰, 〈순국소녀 유관순 연구〉 창간호, 2003.

조병호·김교선, 〈유관순양과 병천장날〉, 〈신동아〉 3월호, 1965.

김교선, 〈유관순양과 병천장날〉, 〈신동아〉 3월호, 1965.

이화여자고등학교, 〈거울〉, 1956.

독립운동사편찬위원회, 《독립운동사자료집》 5, 1971.

조병옥, 《나의 회고록》, 1959

유근철, 〈어머님을 그리며〉, 《3·1여성》 16, 1997.

공주제일교회, 《공주제일교회팔십년사》, p. 72.

강덕상, 《현대사자료》 (삼일운동편) 2, 1967.

김삼웅, 《서대문 형무소 근현대사》, 나남, 2000.

박인덕, 《September Monkey(9월의 원숭이)》, Harper & Brothers, New York, 1954.

추영수, 《구원의 횃불》, 중앙여자중고등학교, 1971.

최은희, 《조국을 찾기까지》, 탐구당, 1991, pp. 128-130.

추영수, 〈어윤희 여사〉, 《구원의 횃불》, 중앙여자중고등학교, 1971.

김폴린, 《주님과 함께 한 90년》, 보이스사, 1989.

이정은, 〈매일신보에 나타난 3·1운동 직전의 사회상황〉, 《한국독립운동사연구》 4, 1990.

〈조선일보〉, 1970. 3. 3.

〈중앙일보〉, 1991. 3. 1.

〈조선일보〉, 1990. 3. 1.

윤희순

강대덕, '춘천항일의병과 여성의병장 윤희순의 활동', 〈춘주문화〉 제25호, 춘천문화원, 2000.

강대덕, 〈독립운동가 윤희순의 국내·외 항일독립운동〉, 한국독립운동사연구소 제241회 월례발표논문, 2008.

강대덕, '윤희순 의사의 민족의식과 항일 의병운동', 〈윤희순의사의 국내외 항일투쟁과 사상적 조명〉, 춘천국제학술대회, 애국지사윤희순기념사업회, 2010.

권오영, '개화파의 현실인식과 개화운동', 『한국민족운동사연구』, 나남출판, 2003.

국가보훈처, 《대한민국 독립유공자 공훈록》 제4편, 국가보훈처, 1987.

김남이, 〈의암 유인석의 민족자존론과 여성인식〉, 《대동한문학》 제18집, 대동한문학회, 2003.

김세은·유현옥, '공적영역과 여성의 글쓰기: 구한말 윤희순의 글을 중심으로', 〈미디어, 젠더 & 문화〉 6호, 한국여성커뮤니케이션학회, 2006.

김주황, 〈한말의병가사연구: 유홍석·윤희순·갑태식의 작품을 중심으로〉, 한국교원대학교 대학원 석사논문, 1999.

김승학(편), 《한국가립운동사》, 독립문화사, 1965.

김양황, 《압록강유역의 조선구족과 반일투쟁》, 료녕민족출판사, 2001.

김양, 〈중국에서의 한국인의 반일독립운동: 중국인의 마음속에 살아있는 윤희순의 반일 애국투쟁정신〉, 강원대출판부(편), 2003.

김양, 《의병항쟁과 국권회복운동》, 경인문화사, 2003.

김양, 〈평정산 난천자 고려구 의병근거지 재조명〉, 《한말 유인석장군과 윤희순의사 의 병항쟁의 재조명》, 의암학회·한국향토사연구전국협의회 학술대회 발표논문, 2007.

고순희, '윤희순의 의병가와 가사', 〈한국고전여성문학연구〉 제1호, 한국고전여성문학 회, 2001.

강재언, 《한국근대사연구》, 도서출판 한울, 1992.

김운태, 《일본제국주의의 한국통치》, 박영사, 1988.

박미현, '江原女性史 研究", 江原大學校 大學院 史學科 博士論文, 2008.

박민일, '한말 최초의 의병가와 의병아리랑 연구', 〈한국민요학〉 6집, 한국민요학회, 1999.

박영석, '대종교의 민족의식과 항일민족독립운동', 〈건대사학〉 제6집, 건국대학교사학 회, 1982.

박용옥, '윤희순 의사의 의병운동과 항일독립운동', 〈의암학연구〉 Vol. 5, 강원대출판부, 2008.

박용옥, 《한국근대화의 역사적 맥락》, 지식산업사, 2001.

박한설 편저, 《증보 외당선생삼세록》, 애국선열윤희순의사기념사업추진위원회, 1995.

박한설, 〈윤희순의사 항일독립운동의 역사적 의의〉, 《윤희순의사의 국내외 항일투쟁과 사상적 조명》춘천국제학술대회 세미나, 애국지사윤희순기념사업회, 2010.

박혜빈, 〈여성의병 윤희순과 의병가사〉, 세명대학교 교육대학원 석사논문, 2007.

서굉일, 〈단애 윤세복과 독립운동〉, 《경기사학》7권, 경기사학회, 2003.

신용하, 〈1894년의 사회신분제의 폐지〉, 서울대학교규장각(편), 《규장각 9》, 서울대, 1985.

심옥주, '윤희순의 구국운동과 그 성격에 관한 연구', 〈통일전략〉 제9권 제3호, 2009.

심옥주, '윤희순의 사상과 한반도통일의 상관성에 관한 연구', 〈민족사상〉 제3권 제1호, 2009.

심옥주, '윤희순의 구국운동의 사상상에 관한 연구', 〈민족사상〉 제4권 제2호, 2010.

심옥주, '한국여성독립운동의 연구동향과 현대여성의 역할', 〈민족사상〉 제5권 제3호, 2011.

심옥주, '한국여성독립운동가의 보훈예우현황에 관한 분석', 〈한국보훈논총〉 제12권 제2호, 2013.

심옥주, 〈3·1운동기 여성독립운동가의 특성에 관한 연구〉, 유관순연구소 국제학술세미나 2015.

심옥주, 《윤희순 평전》, 한국여성독립운동연구소, 2009.

심옥주, 《윤희순 연구》, 한국여성독립운동연구소, 2011.

심옥주, 《한국여성독립운동과 국가보훈》, 한국여성독립운동연구소, 2013.

이배용 외, 《통일의 길, 한국여성독립운동에서 찾다》, 한국여성독립운동연구소, 2015.

엄찬호, '윤희순의 생애와 항일운동', 〈의암학연구〉 Vol. 1, 강원대출판부, 2002.

이상익, 《서구의 충격과 근대 한국사상》, 한울아카데미, 1997.

이구용·김홍수·최창희, 《춘천항일독립운동사》, 춘천문화원, 1999.

이현희, 《민중구원과 동학사상》, 0000.

이광률 외, 《민족정신의 원류와 전개》, 경산대학교출판부, 2000.

오영섭, 《화서학파의 사상과 민족운동》, 국학자료원, 1999.

윤병석, 《의병과 독립군》, 세종대왕기념사업회, 2000.

안병욱, 《농민전쟁의 정치·사상적 배경》, 한국역사연구회, 1993.

이광수, 《도산 안창호》, 일신서적, 1995.

정금철, '항일투사로서의 윤희순의 삶과 여성적 담론 연구', 〈강원문화연구〉 제24집, 강원문화연구소, 2005.

정석승, '남만조선족의 항일근거지 왕청문', 《조선문보》, 2005.

정요섭, 《대한여성운동사》, 일조각, 1971.

조남호, '대종교의 삼교합일론', 《동방학》 17권, 한서대동양고전연구소, 2009.

조문기, '만주사변 후 윤희순·유돈상의 중국 항일부대와의 항일연합투쟁', 《윤희순의사의 국내외 항일투쟁과 사상적 조명》춘천국제학술대회, 애국지사윤희순기념사업회, 2010.

조지훈, 《조지훈 전집 7: 한국문화사 서설》, 나남 출판, 1996.

춘천시, 《윤희순의사항일독립투쟁사》, 도서출판 산책, 2005.

한국근현대사학회, 《한국독립운동사강의》, 한울아카데미, 2007.

한국독립유공자협회엮음, 《중국동북지역 한국독립운동사》, 집문당, 1997.

한국여성예림회강원도지부편, 《윤희순여사일대기》, 강원일보사, 1998.

윤희순, 《고흥-유씨항제처 해주윤씨서정록》

의암학회, 《윤희순의사자료집》, 2008.

의암학회, 《의암유인석자료집》 I, II, 2005.

화서연원, 《화서학맥도》.

KBS영상사업단, 〈사회를 바꾼 10인의 여성〉, KBS, 1999.

KBS영상사업단, 〈사국사 전(傳)-붓과 총을 들었던 여성의병장 윤희순〉, KBS, 2008.

조마리아

계봉우, 《만고의사 안중근전》(1914년 8월 9일, 갑인 6월 18일, 제123호), 《만고의사 안중근전(직해)》, 윤병석 역편, 《안중근전기전집》, 국가보훈처, 1999.

국가보훈처, 〈조마리아 공적조서〉, 2007.

김 구, 《백범일지》, 나남, 2002.

김삼웅, 《안중근 평전》, 시대의 창, 2009.

김호일 편, 《대한국인 안중근: 사진과 유묵으로 본 안중근 의사의 삶과 꿈》, 사단법인 안중근의사숭모회, 2010.

박용옥, 〈안중근의사 어머니 조마리아의 항일구국적 생애〉, 《안중근 및 김구가(家) 여성들의 항일구국활동》, 사단법인 3·1여성동지회, 제13회 한국여성독립운동사 학술연구발표회, 2007. 3. 19.

한국독립운동사편찬위원회, 《한국독립운동의 역사》, 제31권 여성운동, 2009. 8.

사단법인 안중근의사숭모회, 《대한의 영웅 안중근 의사》, 2008.

사이토 타이켄 저 / 이송우 역, 《내 마음의 안중근》, 집사재, 2002.

샤리앤성(夏聲生), 〈김신 선생과의 대화〉, 《순국》, 사단법인 대한민국순국선열유족회, 2006. 7.

안중근, 《안중근 의사의 삶과 나라사랑 이야기: 의사의 옥중자서전》, 사단법인 안중근의사숭모회, 2011.

오일환, 〈안중근의 구국활동과 그 정치적 의미〉, 《민족사상》, 제3권 제1호, 한국민족사상학회, 2009.

오일환, 〈안중근의 열린 민족주의 연구〉, 유병용 외, 《근현대 민족주의 정치사상》, 경인문화사, 2009.

윤병석,《안중근 연구》, 국학자료원, 2011.

사단법인 안중근의사 숭모회, 〈안중근 의사의 민족운동과 의열〉,《대한국인 안중근 학술연구지: 안중근의사의 위업과 사상 재조명》, 2005.

윤병석 편역,《안중근 문집》, 독립기념관 한국독립운동사자료총서 제28집, 2011.

윤병석 역편,《안중근전기전집》, 국가보훈처, 1999.

윤선자, 〈안중근의 천주교신앙과 애국계몽운동〉, 사단법인 안중근의사 숭모회,《대한국인 안중근 학술연구지: 안중근의사의 위업과 사상 재조명》, 2005.

이강, 〈내가 본 안중근의사〉(연도미상), 윤병석 역편,『안중근전기전집』, 국가보훈처, 1999.

이동엽, 〈안중근 의사 어머니, 조 마리아 여사〉, http://blog.daum.net/hiker/15711368.

이무성·이윤옥,《나는 독립운동가다: 항일여성독립운동가 30인의 시와 그림》, 얼레빗, 2013.

이전,《안중근혈투기》, 1947.

이청,《대한국인 안중근》, 경덕출판사, 2009.

이현희, 〈안중근 의사의 동양평화사상 인식〉,《민족사상》, 제3권 제1호, 2009.

조광, 〈안중근의 두 동생, 안정근과 안공근〉,《가톨릭뉴스 지금여기》(http:www.catholic-newes.co.kr, 2008. 11. 29).

〈안중근의 아내와 그 자녀들〉,《가톨릭뉴스 지금여기》(http:www.catholicnewes.co.kr, 2008. 11. 29).

홍종표, 〈대동위인안중근전〉, 1911.

〈국민일보〉, 2007. 3. 16.

〈대한매일신보〉, 1907. 5. 29.

〈독립신문〉, 1926. 9. 3.

〈신한민보〉, 1913. 12. 26.

남자현

강재언,《한국근대사연구》, 도서출판 한울, 1992.

권오영, '개화파의 현실인식과 개화운동',《한국민족운동사연구》, 나남 출판, 2003.

국가보훈처,《대한민국 독립유공자 공훈록》제4편, 국가보훈처, 1987.

김싱은, '내한민국 임시정부와 여성들의 독립운동: 1932~1945",《역사와 경계》68, 2008.

김승학(편),《한국독립운동사》, 독립문화사, 1965.

김용달, '한국독립운동사에서 의열단과 의열투쟁의 의의',『한국독립운동사연구 49』, 2014.

김운태,《일본제국주의의 한국통치》, 박영사, 1988.

김용달, '정제 유치명 종가의 3대 독립운동', 《한국독립운동사연구》 37, 2010.

김희곤, '안동 유림의 자정순국 투쟁", 『국학연구』 19, 2011.

김희곤 외, 《영양의 독립운동사》, 2006.

박영석, '남자현의 민족독립운동 – 중국동북地域에서의 活動을 중심으로', 《한국학연구》, 淑明女子大學校 韓國學研究所 1992.

박용옥, 《한국근대화의 역사적 맥락》, 지식산업사, 2001.

변창구, '일송 김동삼의 선비정신과 독립운동', 『민족사상』 제8권 제2호, 2014.

신용하, '1894년의 사회신분제의 폐지', 서울대학교규장각(편), 『규장각 9』, 서울대, 1985.

심상훈, '일제강점기 해외에서 경북여성들의 민족운동', 『동아인문학』 26, 2013.

심옥주, '한국여성독립운동의 연구동향과 현대여성의 역할', 『민족사상』 제5권 제3호, 2011.

심옥주, '한국여성독립운동가의 보훈예우현황에 관한 분석', 『한국보훈논총』 제12권 제2호, 2013.

심옥주, '3·1운동기 여성독립운동가의 특성에 관한 연구', 유관순연구소 국제학술세미나 2015.

심옥주, '남자현의 단지혈서', 〈천지일보〉 2015.11.27.

심옥주, 《한국여성독립운동과 국가보훈》, 한국여성독립운동연구소, 2013.

이배용 외, 《통일의 길, 한국여성독립운동에서 찾다》, 한국여성독립운동연구소, 2015.

이상국, 《나는 조선의 총구다》, 세창미디어, 2012.

윤병석, 《의병과 독립군》, 세종대왕기념사업회, 2000.

정요섭, 《한국여성운동사》, 일조각, 1971.

조지훈, 《한국문화사 서설》, 나남 출판, 1996.

조지훈, 《한국민족운동사》, 나남 출판, 2010.

한국근현대사학회, 《한국독립운동사강의》, 서울: 한울아카데미, 2007.

한시준, '신흥무관학교와 한국독립운동', 《한국독립운동사연구 40》, 2011.

〈조선중앙일보〉, 1933.

〈동아일보〉, 1946.

〈국민보〉, 1959.

〈국민보〉, 1959.

조화벼

《독립운동사》 2권, 국가보훈처, 1970.

《독립운동사》 9권, 국가보훈처, 1970.

《강원도 강일독립운동사》1, 광복회 강원도지부, 1991.

《3·1여성45년사》, 3·1여성동지회, 2012.

신용하, 《3·1 독립운동》, 독립기념관 한국독립운동사연구소, 1989.

박용옥, 《한국 여성독립운동》, 독립기념관 한국독립운동사연구소, 1989.

조동걸, 〈3·1운동 때 지방민의 참여문제-양양과 강릉의 경우〉, 《춘천교육대학논문집》 9, 1971.

이철휘, 〈양양지방 3·1만세운동의 연구〉, 완동대 교육대학원 석사논문, 1991.

최양섭, 〈일제하 양양지방 독립운동과 기독교인의 역할〉, 목원대 신학대학원 석사논문, 1997.

이정은, 〈강원도 양양의 3·1독립운동과 여성독립운동가 조화벽 선생〉, 제17회 한국여성독립운동사 학술연구발표회 초록, 3·1여성동지회, 2011.

이명화, 〈3·1운동과 조화벽의 삶〉, 제17회 한국여성독립운동사 학술연구발표회 초록, 3·1여성동지회, 2011.

이경자, 〈류관순 올케, 독립운동가 조화벽〉, 《역사속의 강원인물, 그들이 꿈꾼 삶》, 강원일보사·하이원리조트, 2014.

강대덕, 〈강원도 항일독립운동의 선각여성 조화벽〉, 《열사 유관순가의 항일여성 독립운동》, (사)유관순열사기념사업회, 2015.

심옥주, 〈호수돈여학교 비밀결사대와 독립운동가 '조화벽'〉, 《열사 유관순가의 항일여성 독립운동》, (사)유관순열사기념사업회, 2015.

안경신

〈매일신보〉, 1920, 1921, 1921, 1922.

〈신한민보〉, 1921.

〈비밀결사 대한애국부인회 검거의 건〉, 『조선소요사건 관계서류』, 1920. 11. 4.

김영범, 《한국독립운동의 역사: 의열투쟁 1》26, 독립기념관 한국독립운동사연구소, 2009.

박용옥, 《김마리아: 나는 대한의 독립과 결혼하였다》, 홍성사, 2003.

윤정란, 《한국기독교여성운동의 역사》, 국학자료원, 2003.

이현희, 〈안경신의 의열투쟁〉, 《한국학연구》2, 숙명여자대학교 한국학연구소, 1992.12.

박차정

강대민, 《여성 조선의용군 박차정 여사》, 고구려, 2005.

김준엽·김창순, 《한국공산주의운동사》, 청계연구소, 1986.

김학준·이정식,《혁명가들의 항일회상》, 민음사, 1988.
독립기념관 한국독립운동사 연구소,《한국독립운동사 자료총서》2, 1988.
동래학원,《동래학원 100년사》, 1996.
박태원,《약산과 의열단》, 백양사, 1947.
부산직할시 교육위원회,《부산교육사》, 1987.
염인호,《김원봉연구》, 창작과 비평사, 1992.
한홍구·이재화,《한국민족해방운동사자료총서》3권, 경원문화사, 1986.
강만길, '조선민족혁명당성립의 배경', 〈한국사연구〉 61·62집, 1988.
강만길, '민족혁명당의 태항산의 항일투쟁', 〈사회와 사상〉 12월, 1989.
김영범, '조선의용대연구',《한국독립운동사연구》2, 한국독립운동사연구소, 1988.
김창수, '의열단의 성립과 투쟁',《한국민족독립운동사》4, 국사편찬위원회, 1988.
남화숙, '1920년대 여성운동에서의 협동전선론과 근우회', 서울대학교석사 학위논문, 1989.
노경채, '김원봉의 독립운동과 사상', 〈백산학보〉 30·31합집, 1985.
박용옥, '근우회의 여성운동과 민족운동',《한국근대 민족주의운동사 연구》, 일조각, 1987.
염인호, '상해시기(1922-25) 의열단의 활동과 노선-진보적 민족주의 노선의 성립',《허선도선생정년기념한국사학논총》, 일조각, 1992.
이송희, '박차정 여사의 삶과 투쟁', 〈지역과 역사〉 창간호, 부산경남역사연구소, 1996.
이송희, '일제하 부산지역의 여성단체에 관한 연구',《국사관논총》83집, 국사편찬위원회, 1999.
한상도, '김원봉의 생애와 항일역정',《국사관논총》제18집, 1990.
〈동래신문〉, 1992, 1993.
〈동아일보〉, 1926, 1928, 1929, 1930, 1931, 1934.
〈조선일보〉, 1924, 1928, 1929, 1930, 1935.

정정화

정정화,《장강일기》, 학민사, 1998.
김구,《백범일지》(백범학술원 총서), 나남출판, 2002.
양우조·최선화(김현주 정리),《제시의 일기》, 혜윰, 1998.
한시준,《대한민국임시정부》(중경시기), 독립기념관 한국독립운동사연구소, 2009.
신명식,《대한민국임시정부의 안살림꾼, 정정화》, 독립기념관 한국독립운동사연구소, 2010.
장석흥, 〈조선민족대동단 연구〉,《한국독립운동사연구》3, 독립기념관 한국독립운동사연구소, 1989.

김용달, 〈대한민국임시정부의 국내특파원〉, 《대한민국임시정부수립80주년기념논문집》 상, 국가보훈처, 1999.

한시준, 〈대한민국임시정부의 정보활동〉, 《한국근현대사연구》 15, 한국근현대사학회, 2000.

한철호, 〈조지 엘 쇼의 한국독립운동 지원활동과 그 의의〉, 《한국근현대사연구》 38, 한국근현대사학회, 2006.

이준식, 〈대한민국임시정부와 여성 독립운동〉, 《한국민족운동사연구》 61, 한국민족운동사학회, 2009.

김마리아

〈조선일보〉, 〈동아일보〉, 〈신한민보〉, 〈독립신문〉, 〈매일신보〉, 〈우라키〉, 〈대한민국애국부인회 재판기록〉

Fishburn Archives, McAfee Library, Park College, Parkville, Missouri.

The Korean Student Bulletin, 국가보훈처, 1999 영인.

송상도, 《기려수필》, 국사편찬위원회, 1971.

《나라사랑》 제 30집 : 김마리아 특집호, 1978

김영삼, 《김마리아》, 한국신학연구소, 1983.

박용옥, 《김마리아 : 나는 대한의 독립과 결혼하였다》, 홍성사, 2003.

최은희, 《조국을 찾기까지 중》, 탐구당, 1978.

박화성, 《새벽에 외치다》, 휘문출판사, 1966.

단운선생기념사업회, 《만년꽃동산 : 장선희여사 일대기》, 인물연구소, 1985.

박용옥, 〈한국근대여성운동사연구〉, 한국정신문화연구원, 1984.

권기옥

정혜주 《날개옷을 찾아서, 한국 최초 여성비행사 권기옥》 하늘자연, 2015.

이윤옥 《서간도에 들꽃 피다 ; 시로 읽는 여성독립운동가 20인》 1-5권, 얼레빗, 2011-2015.

박용옥 《여성운동》 한국독립운동사편찬위원회, 2009.

김구 저, 도진순 주해 《백범일지 ; 백범김구 자서전》 돌베개, 2003.

박용옥 《한국 근대 여성운동사 연구》 지식산업사, 1996.

신정완 《해공 그리고 아버지》 성진사, 1981.

3·1여성동지회 문화부편 《한국여성독립운동사》 3·1여성동지회, 1980.

최은희《조국을 찾기까지》상중하 탐구당, 1973.

정요섭《한국여성운동사》일조각, 1971.

박찬일《심은대로 : 청해 박현숙 선생의 걸어온길 》숭의여자중고등학교, 1968.

윤선자〈한국독립운동과 권기옥의 비상(飛翔)〉한국근현대사연구. 제69집 (2014년 여름) pp.7-36.

이배용〈중국 상해 대한애국부인회와 여성독립운동 〉3 · 1 여성. 제17호 '3·1여성동지회', 2006.

박용옥〈청해 박현숙 선생(1896-1980)의 생애와 항일구국운동〉3·1 여성, 제17호 '3·1여성동지회', 2007.

박용옥〈일제시기 여성인물사연구의 성과와 과제 〉한국인물사연구 제1호, 2004.

이윤옥〈한국 최초의 여자비행사 '권기옥' 애국지사의 푸른 꿈을 찾아〉, pp.38-43, 기록인(IN) 제24호, 행정안전부 국가기록원, 2013.9.30.

최기영〈이상정의 재중독립운동(在中獨立運動)〉역사학보 제 200집, pp.345-370, 2008.

김영주〈한국최초의 여류비행사 권기옥〉역사와 실학, 제32집-하, pp.739-752, 2007.

이현희〈안경신의 의열투쟁〉한국학연구 제2집 숙명여대 한국학 연구소, 1992.

〈오마이뉴스〉정혜주, 우리나라 최초의 여자 비행사는 누구인가? 2005.

〈한국일보〉권기옥의 나의 이력서 1-24회, 1978.

〈조선일보〉남몰래 준 할머니 장학금 1977.

〈창공을 날던 여인 권기옥 여사〉pp.144-147 , 여원사, 1961.

〈경향신문〉, '이 여성을 보라, 어윤희 여사 별세', 1961.

〈조선일보〉, '공군의 날에 붙이는 공군의 할머니', 1965.

〈조선일보〉, 1962.7.3.

공훈전자사료관 http://e-gonghun.mpva.go.kr

국사편찬위원회 한국사데이터베이스, http://db.history.go.kr

한국역대인물종합시스템, http://people.aks.ac.kr

유관순
ⓒ국사편찬위원회
ⓒ독립기념관
ⓒ국사편찬위원회
ⓒ문화유산채널
ⓒ국가보훈처

윤희순
ⓒ독립기념관
ⓒ의암기념관
ⓒ국가보훈처
ⓒ맹우열(사료수집가)
ⓒ강원도민일보

조마리아
ⓒ국가보훈처
ⓒ독립기념관
ⓒ독립기념관

ⓒ길림신문
ⓒ안중근의사기념관
ⓒ동아일보

남자현
ⓒ독립기념관
ⓒ안산시 여성정보
ⓒ국민보
ⓒ세창미디어
ⓒ조선중앙일보

조화벽
ⓒ독립기념관
ⓒ국가보훈처
ⓒ독립기념관
ⓒ강원도민일보